Juan Belmonte,
matador de toros

MANUEL CHAVES NOGALES

Juan Belmonte, matador de toros

Su vida y sus hazañas

Ilustraciones de
MARTÍNEZ DE LEÓN & BARTOLOZZI

ALMUZARA

Primera edición en Almuzara: abril de 2025

Editorial Almuzara • Colección Memorias y Biografías
Edición de Antonio Cuesta

www.editorialalmuzara.com
pedidos@almuzaralibros.com - info@almuzaralibros.com

Editorial Almuzara
Parque Logístico de Córdoba. Ctra. Palma del Río, km 4
C/8, Nave L2, n.º 3. 14005, Córdoba

Imprime: Liberdúplex
ISBN: 978-84-10525-53-5
Depósito legal: CO-673-2025
Hecho e impreso en España - *Made and printed in Spain*

Índice

Nota de los editores

En Almuzara hemos cuidado durante años la obra periodística de Manuel Chaves Nogales. Hemos publicado numerosos libros de su autoría con gran éxito y notoriedad: *Bajo el signo de la esvástica*; *La ciudad*; *Andalucía roja y «la Blanca Paloma»*; *Semana Santa en Sevilla*; *Ifni: La última aventura colonial española*; *La España de Franco*; *La República y sus enemigos* o *¿Qué pasa en Cataluña?* Este compromiso —que nació gracias al entusiasmo y convicción de nuestro compañero David González Romero— nos ha llevado hoy a cumplir uno de nuestros mayores anhelos, publicar *Juan Belmonte, matador de toros*, obra emblemática para nuestra editorial, donde la taurología ha ocupado siempre un lugar preeminente.

Este libro representa la cumbre de la biografía periodística española. La extraordinaria capacidad de Chaves Nogales para captar la esencia de Juan Belmonte —revolucionario del toreo, pero también hombre complejo, autodidacta y figura fascinante de la España de su tiempo— queda plasmada en un relato que trasciende con mucho el ámbito taurino para convertirse en un retrato inolvidable de toda una época.

Contar con el prólogo del maestro Andrés Amorós ha sido un privilegio inestimable. Su profundo conocimiento tanto de la literatura como del mundo taurino, su sencilla elegancia estilística y esa capacidad suya —tan rara hoy— para ser erudito y a la vez cercano, o como diría el propio Belmonte, su «incapacidad para la petulancia», enriquecen enormemente nuestra edición. El mero hecho de haberlo tratado durante el proceso editorial ha sido un regalo para nosotros, una experiencia enriquecedora que va más allá de lo profesional.

Debemos expresar también nuestro agradecimiento a Juan José Primo Jurado, director general del Instituto Andaluz de Patrimonio Histórico, y al Archivo General de Andalucía, a través de Ana Belén Gómez, que nos facilitaron el acceso al original para que pudiéramos trabajar a partir de él, garantizando así la fidelidad a la obra tal y como fue concebida por su autor. Como explica Rosario Pérez Vargas, del AGAn, «el ejemplar conservado en la biblioteca posee un enorme valor por cumplir dos de los requisitos que hacen únicos a los libros: ser una primera edición [Madrid, Editorial Estampa, 1935] y estar firmado por el autor». Además, durante el proceso de recuperación de los textos estuvimos auxiliados por la eficacia de Cristina Ferraro.

Como complemento indispensable a esta recuperación, hemos incorporado el conjunto de dibujos que acompañaban al texto en su primera aparición editorial: las espléndidas creaciones de Andrés Martínez de León y Salvador Bartolozzi. Sus ilustraciones adornan el relato y dialogan con él aportando una dimensión visual que enriquece la narración. El trazo inconfundible de estos dos grandes dibujantes de la Edad de Plata captura la personalidad del diestro y el ambiente de la época con una expresividad que refuerza el carácter testimonial de la obra.

Tienen un libro que representa lo mejor del periodismo narrativo español, una obra donde la sencillez, la autenticidad y la maestría literaria crean un relato delicioso que trasciende, como bien ha demostrado, épocas y modas. Ojalá disfruten tanto de la lectura como nosotros editándolo; porque en *Juan Belmonte, matador de toros* no solo encontrarán la historia del Pasmo de Triana, también el pulso vital de una España genuina narrada por dos genios: el que supo preguntar y el que supo responder.

Manuel Pimentel & Antonio Cuesta

Un genio llamado Juan Belmonte

Andrés Amorós

A Salvador Balil y Antonio Amorós,
fervorosos lectores de este libro.

La Fiesta de los toros ha inspirado muchísimas obras literarias, en todos los géneros: novela, poesía, teatro, historia, biografía, crónica, reportaje, letras de canciones... Para los buenos aficionados, son fundamentales algunos libros sobre la técnica y la historia del toreo: los de Gregorio Corrochano, Domingo Ortega, Marcial Lalanda...

Cuando me preguntan por algún libro taurino que resulte atractivo para cualquier lector, sea o no aficionado a la Fiesta, no lo dudo, recomiendo tres: el *Llanto por Ignacio Sánchez Mejías,* de Federico García Lorca; los sonetos de Miguel Hernández, en *El rayo que no cesa,* y la biografía de Juan Belmonte, escrita por Manuel Chaves Nogales.

Éste último es un libro absolutamente extraordinario. Coinciden en él uno de los más grandes periodistas españoles de toda la historia, Chaves Nogales, y uno de los mejores toreros, Juan Belmonte, que era, además, un personaje absolutamente fuera de lo común.

Esta biografía puede compararse, por su interés y atractivo, a las mejores de Stefan Zweig, por poner un ejemplo. Atrae, sin duda, a cualquier lector, sea o no taurino; igual, por ejemplo, que la de *Fouché,* de Zweig, resulta fascinante incluso para los que no están especialmente interesados en las consecuencias de la Revolución francesa.

Por eso, me alegra mucho esta nueva edición. Además de ser un libro realmente magnífico, servirá para que nuevos lectores, de modo directo, sin discusiones teóricas ni inútiles polémicas, a través de la peripecia vital de un gran personaje, puedan comprender mejor la riqueza y la complejidad del mundo de la Tauromaquia.

Este libro se presta fácilmente a muchísimos comentarios. En esta introducción, me voy a ocupar brevemente del autor, Chaves Nogales. Del personaje, Juan Belmonte. De cómo fue la relación entre los dos. De la publicación. De las aportaciones básicas del libro, tanto en lo taurino como en lo psicológico. De Juan Belmonte, después de este libro: su último amor y su final.

El lector que sepa ya de qué va esto puede saltar las páginas de esta Introducción y zambullirse directamente en el texto de Chaves Nogales: el placer de la lectura está asegurado.

El autor: Manuel Chaves Nogales

Comienzo con una valoración para situar rápidamente. Opina Andrés Trapiello que Manuel Chaves Nogales es, simplemente, el mejor periodista español, después de Larra. En mi tríada de favoritos, yo añado, junto a ellos dos, al payés José Pla.

Ya sé que este tipo de valoración, puramente subjetiva, es indemostrable, pero algo indica, tiene un significado. El éxito actual de sus libros también parece avalarla.

Recuerdo los hechos. En la posguerra, durante muchos años, el único libro de Chaves Nogales que estaba editado era precisamente este, el dedicado a Juan Belmonte: lo publicó Alianza Editorial, en su colección Libro de Bolsillo, en 1969 y pronto quedó claro que su interés desbordaba el de su tema taurino. Se sucedieron las reimpresiones: en 1988, 1991, 1995, 1998, 2003...

La popularidad de Chaves Nogales se multiplicó a partir de 1993, cuando María Isabel Cintas, la gran «culpable» de su nuevo éxito, publicó su *Obra narrativa completa*. A partir de entonces, varias editoriales —incluida Almuzara— fueron publicando sus principales libros, que muchos lectores descubrimos con entusiasmo.

¿Puedo justificar con argumentos razonables ese entusiasmo? Lo intento. Ante todo, yo, que ignoraba casi todo sobre este autor, fui descubriendo algo que es privilegio de muy pocos: todas sus obras, absolutamente todas, me parecieron magníficas.

¿Cuál era la clave? La veracidad. La revela el propio Chaves Nogales en su prólogo, absolutamente extraordinario, en *A sangre y fuego*: «Comento lo que he visto y he vivido más fielmente de lo que yo quisiera [...] extraído fielmente de hechos verídicos».

Claro que no basta con copiar la realidad, como tantos intentan hacer, para conseguir esa sensación de verdad, de autenticidad: hace falta ser un gran escritor (o periodista, igual da).

En las obras de Chaves Nogales, como en las de Larra y Pla, advierto yo la unión de dos cualidades básicas: ante todo, la agudeza de visión, la lucidez, el no hacerse ilusiones. Además, la capacidad de expresar esa visión con verosimilitud, utilizando la técnica de «pequeños detalles verdaderos» que preconizaba Stendhal, otro maestro. Es decir, lo contrario de lo que hacen tantos periodistas que se creen genios: la hinchazón, el barroquismo innecesario, la falsa y retórica «literatura».

Me aplico el cuento y recuerdo yo algunos datos. Nació Chaves Nogales en Sevilla, en 1897, en una familia de buen nivel cultural: su abuelo, Chaves Ortiz, era pintor. Su padre, Manuel Chaves Rey fue periodista, autor de varios libros; entre otros, uno sobre Mariano José de Larra.

También le influyó el ejemplo de su tío, José Nogales, periodista y escritor, que dirigió la edición sevillana de *El Liberal,* defendió el regeneracionismo de Joaquín Costa y se hizo famoso en 1900, al ganar el concurso de cuentos de *El Liberal,* imponiéndose nada menos que a Pardo Bazán, Valle-Inclán y Cansinos-Asséns.

Diecisiete años tenía Chaves Nogales cuando falleció su padre, dejando a la familia en una complicada situación económica. Por ello, no pudo concluir sus estudios universitarios, tuvo que lanzarse a la azacaneada vida del periodista, siempre insegura, a pesar de sus éxitos y de su creciente popularidad.

Colaboró en diversos medios: primero, en Sevilla; a partir de 1922, en Madrid: *El Heraldo de Madrid, Ahora, Estampa...* A la vez, iba recogiendo en libros sus reportajes. Por ejemplo, el divertidísimo *El maestro Juan Martínez que estaba allí,* donde cuenta la increíble historia de una pareja de bailarines de flamenco a los que contratan para bailar en Rusia y les sorprende allí el estallido de la Revolución.

En 1928, Chaves ganó el Premio Mariano de Cavia, por sus reportajes sobre la aviadora Ruth Elder, que atravesó el Atlántico, en solitario. Al año siguiente, fue como corresponsal a París y dio *La vuelta a Europa en avión* (ese es el título del libro que recoge sus crónicas).

En 1930, fue nombrado redactor jefe de *Ahora* y se trasladó a su nuevo domicilio, en lo alto del edificio del periódico, en el Paseo de San Vicente. Llamó a colaborar en la revista a amigos suyos: Baroja, Azorín, Valle-Inclán, Ramón Gómez de la Serna, Madariaga...

Se adhirió desde el comienzo a la República. En 1931, publicó una serie de entrevistas a los ministros del primer gobierno: Alcalá Zamora, Fernando de los Ríos, Azaña, Lerroux, Largo Caballero, Marcelino Domingo...

En 1933, visitó Alemania e Italia, escribió una serie de artículos sobre «Cómo se vive en países de régimen fascista», que incluía una entrevista con Goebbels, el ministro de Hitler. Al año siguiente, cubrió la Revolución de Asturias; en 1935, la Semana Santa sevillana, antes de publicar sus reportajes sobre Juan Belmonte.

Hago una parada en la biografía para comentar brevemente la ideología de Chaves Nogales. En 1927, el año del nacimiento de la gran generación poética, ingresó en la masonería —entonces tan influyente, en la vida política y periodística—, con el muy significativo nombre de «Larra».

Fue siempre un firme defensor de la República, del liberalismo y de la democracia; radicalmente contrario al comunismo, al fascismo y al nacionalsocialismo. Se han repetido mucho las frases en las que se define, con cierta autoironía: «Un pequeño burgués liberal, ciudadano de una república democrática y parlamentaria. Antifascista y antirrevolucionario por temperamento. Odio insuperable a la estupidez y la crueldad».

Un libro absolutamente extraordinario es *A sangre y fuego. (Héroes, bestias y mártires de España)*. Lo escribió entre 1936 y 1937; lo publicó en el exilio.

Un personaje tan inteligente no podía dejar de sentir —igual que tantos otros— el horror ante lo que estaba sucediendo, la barbarie general: entre padres e hijos; contra las monjas; los comunistas, contra los socialistas y anarquistas; los extranjeros, perdidos en el caos; los sindicatos, peores que los antiguos caciques que condenan a muerte; el caos... El símbolo tragicómico puede ser —cuenta— esa niña que no sabe quién va a llegar y duda si saludar con el puño cerrado o con el brazo en alto: «Una nueva peste... Me encontré en pleno régimen soviético... La estupidez y la crueldad se enseñoreaban de España».

Con su habitual lucidez, señala Chaves a los culpables: «Los laboratorios de Moscú, Roma y Berlín, con las etiquetas de comunismo, fascismo o nacionalsocialismo». Y la raíz de todo: «El miedo del sectario al hombre libre e independiente». Todo ello le conduce al pesimismo: «La causa de la libertad no había en España quien la defendiese».

El prólogo de *A sangre y fuego* es un texto esencial, absolutamente estremecedor. Insiste en lo que ya denunció Antonio Machado: «El vano intento de señalar los focos de contagio de la vieja fiebre cainita... Idiotas y asesinos han actuado con idéntica intensidad en los dos bandos... La sangre derramada por las cuadrillas de asesinos que ejercían el terror rojo en Madrid...».

La lección final es absolutamente desengañada: «Yo he querido permitirme el lujo de no tener ninguna solidaridad con los asesinos. Para un español, quizá sea un lujo excesivo».

Ha elogiado enormemente este terrible prólogo Andrés Trapiello, en *Las armas y las letras*: «No se parecía a nada ni le conocíamos a nadie un coraje semejante, hablando de la guerra. Era el eslabón perdido que habíamos estado buscando a ciegas durante años».

También lo elogia muchísimo Antonio Muñoz Molina, que lo compara con Orwell y Grossman: «Enemigo de los sublevados contra la legalidad establecida, pero también de la sinrazón y el desorden, en un Madrid sin gobierno».

Después de las frases que hemos leído, en ese extraordinario prólogo, ¿puede extrañarnos que Chaves Nogales decidiera marcharse al exilio? Su lealtad con el Gobierno de la República llegó hasta que este salió de Madrid: «Cuando el Gobierno de la República abandonó su puesto y se marchó a Valencia, abandoné yo el mío. Ni una hora antes ni una hora después. Mi condición de ciudadano de la República no me obligaba a más ni a menos».

Se exilió, primero, en Francia; luego, ante el avance alemán, en Inglaterra. En los dos países, siguió dedicándose al periodismo, fiel a sus convicciones liberales y democráticas. Murió en Londres, de una peritonitis, el 8 de mayo de 1944.

Ahora mismo, Chaves Nogales ha pasado del olvido casi a la beatificación, como un santo laico: se multiplican las ediciones y homenajes; se anuncia que Juan Antonio Bayona quiere rodar una película sobre *A sangre y fuego*... Así suelen funcionar las cosas, en nuestro mundo cultural.

Tampoco han faltado las polémicas, sobre su actitud política y cómo calificarla. Su obra deshace los tópicos buenistas sobre esa Segunda República perfecta, inmaculada, que algunos pretenden vender.

Le adscriben unos a lo que se ha llamado «la tercera España», ni franquista, ni comunista; subrayan su cercanía a otros ilustres desencantados, como Ortega, Marañón y Pérez de Ayala: los tres que crearon la Agrupación al Servicio de la República. Eso, a otros historiadores, les indigna.

Si utilizamos el sentido común, me parece fácil de entender. Lo de la «tercera España» es sólo una etiqueta, siempre es dudoso decidir cuáles son sus límites y quién encaja dentro de ellos. Hay otra cosa que me parece indiscutible: tanto el firme compromiso republicano de Chaves Nogales como su desengaño, ante la realidad que vivió. De hecho, si alguna de las frases que él escribió las dijera hoy alguien, sin duda le tacharían de «franquista» o «facha». Pero las dijo un republicano azañista... Mi hijo Víctor, que no vivió nada de todo esto, me da la clave: «Les destruye el relato». Se refiere, claro está, a algunos presuntos dogmas de la izquierda.

Podemos coincidir o no con los análisis de Chaves Nogales y con su conducta: si hubiéramos vivido la Guerra Civil, quién sabe qué habríamos decidido hacer, cualquiera de nosotros. Lo que no se puede discutir es la ejemplar actitud cívica de Chaves Nogales, además de su lucidez y de su calidad literaria.

El personaje: Juan Belmonte

Joselito el Gallo (1895-1920) y Juan Belmonte (1892-1962) son las dos figuras máximas de la historia de la Tauromaquia, las dos referencias permanentes e indiscutibles. Llamamos Edad de Oro del toreo al período que va desde la alternativa de Belmonte (1913) hasta la muerte de *Joselito* (16 de mayo de 1920).

Los dos encarnan los dos polos opuestos y complementarios de la fiesta: José, la técnica, la razón, el dominio de todos los toros y todas las suertes; Juan, el arte, la magia, la inspiración. No es de extrañar que el primero fuera el modelo, para los profesionales del toreo, y el segundo, el ídolo, para los escritores y artistas. Algo así como Aristóteles y Platón, o Santo Tomás y San Agustín. Los dos fueron ídolos populares: España entera se dividió en gallistas y belmontistas. La imposible unión de los dos significaría algo así como el torero perfecto.

Aunque había nacido en la calle Feria de Sevilla, Belmonte se identifica con el espíritu de Triana. Era de familia humilde, hijo de un quincallero. De chiquillo, hacía travesuras con sus compañeros y jugaba al toro en el Altozano: la plaza de entrada a Triana, viniendo de Sevilla, donde hoy está su monumento.

Toreó una novillada sin picadores en Sevilla, en 1910. El 21 de julio de 1912, en la Maestranza, vivió una de sus tardes más dramáticas, llegando a encararse con el novillo. Tomó la alternativa el año siguiente, el 16 de octubre, en Madrid. El 22 de junio de 1917, realizó una faena histórica en la misma Plaza, en la corrida del Montepío.

Al morir *Joselito,* quedó como indiscutible rey absoluto de la Tauromaquia. Se retiró en 1927, a los 35 años. Volvió a los ruedos en 1934; los dejó definitivamente, como torero a pie, en 1935. (También actuó alguna vez como rejoneador). Vivió en Sevilla. Se suicidó en su finca de Utrera (Sevilla) el 8 de abril de 1962.

Con laconismo marmóreo, tituló su libro Chaves Nogales: *Juan Belmonte, matador de toros.* No buscaba acumular adjetivos, sino definir con exactitud (el ideal stendhaliano). Con igual actitud, se puede llamar a Belmonte artista genial: no es una ponderación sino una definición. Además de reconocer sus cualidades extraordinarias, eso indica el camino estético que siguió el diestro.

Llamamos genio al artista que descarta seguir por los caminos trillados y abre nuevas vías, que otros muchos seguirán. Es normal que, al comienzo, suscite polémicas, sea incomprendido: se anticipa al futuro, su huella durará mucho tiempo. Todo eso es aplicable al torero Juan Belmonte.

El mismo año en que toma la alternativa en Madrid, Stravinsky escandaliza al público de París al estrenar *La consagración de la primavera,* que choca con lo que hasta entonces era la música clásica. Ese año, Picasso realiza la primera escultura construida y pinta su serie de *Naturalezas muertas,* dentro del cubismo sintético. A la vez, Marcel Proust lleva al extremo el análisis psicológico en su magna obra *En busca del tiempo perdido.*

No son coincidencias sino sincronías. Únicamente el tradicional aislamiento con que se ha solido ver a la Tauromaquia, con respecto a las otras artes, ha impedido advertirlo. Ya es hora de proclamar que Juan Belmonte es una figura absolutamente paralela a esos genios que, en el período de entreguerras, revolucionan el arte contemporáneo con los movimientos de vanguardia: los llamados *Ismos* (Ramón Gómez de la Serna), «la aventura estética de nuestra edad» (Guillermo de Torre).

La revolución que trajo al toreo Juan Belmonte se puede resumir con bastante claridad: torear sobre los brazos y no sobre los pies, como hasta entonces se hacía; en el embroque, no quitar la pierna contraria; conducir con temple la embestida del toro, acompañarla con la cintura. El diestro ocupa unos terrenos y entra en unas distancias que, hasta entonces, parecían inverosímiles.

Con Belmonte, ya no hay terrenos del toro: todos los terrenos son del torero. Así, las suertes ganan una nueva plasticidad, predomina la estética sobre el dominio de la fiera: ha nacido el arte de la Tauromaquia, en el sentido actual del término.

Como todos los artistas rompedores, Belmonte tardó en ser comprendido: le llamaron torpe, *chalao. El Guerra,* el gran *califa* cordobés, advirtió: «El que quiera verlo, que se dé prisa, antes de que lo mate un toro». Las paradojas de la historia: al que mató un toro fue a *Joselito,* que parecía infalible; Juan, en cambio, se suicidó, a los 70 años.

Se han hecho famosas las frases de Valle-Inclán sobre Belmonte: «Es pequeño, feo, desgarbado y, si se me apura mucho, ridículo. Pues bien, coloquemos a Juan ante el toro, ante la muerte, y se convierte en la misma estatua de Apolo».

Todavía añadió Valle, «poniéndose estupendo» (como dirían Max Estrella o don Latino de Híspalis, en *Luces de bohemia*), esta frase, dirigiéndose al joven diestro: «Sólo te falta morir en el ruedo...». El inteligente e irónico Belmonte le contestó: «Se hará lo que se pueda, don Ramón...»

La trascendencia de la revolución estética que traía Juan Belmonte no se les escapó a los intelectuales. Cuando debutó en Madrid, antes de tomar siquiera la alternativa, ya convocaron un banquete de homenaje, en honor suyo, en el restaurante Ideal Retiro, un grupo de amigos: los escritores Valle-Inclán, Pérez de Ayala y Julio Camba; el pintor Romero de Torres; el escultor Sebastián Miranda. (Los dos últimos, también tomaron al torero como modelo). Los cronistas de la época cuentan la anécdota de que Valle se enfadó con un camarero porque no les habían puesto en el lugar destacado que merecían.

Si no me equivoco, el texto del homenaje lo redactó Ramón Pérez de Ayala, buen aficionado a los toros; responde a sus ideas y a su estilo: «Era menester que, en el arte de lidiar reses bravas, se produjese un artista máximo, de no menor jerarquía que otros artistas, de idéntica consideración en otras Bellas Artes. Y llegó Belmonte, el artista máximo, el redentor que salvo y purificó las corridas de toros de toda fealdad y repugnancia, que parecían serle consustantivas, hasta elevarlas a puro concepto estético».

Por eso, Pérez de Ayala proclamó rotundamente: «Soy taurófilo porque soy belmontista...». Un aprecio tan rotundo por un torero no se repetirá hasta la generación del 27 con Ignacio Sánchez Mejías.

Puedo aportar un dato sobre la relación casi fraternal que acabó uniendo a Pérez de Ayala con Juan Belmonte. Hace años, cuando estuve organizando los papeles en casa del escritor, vi colgada una fotografía del torero, en el campo, con sombrero de ala ancha. Eduardo Pérez de Ayala, el hijo del escritor, me contó que eran tan amigos que habían llegado a parecerse, físicamente (lo que se dice de algunos matrimonios). Por eso, de chico, él creyó que el de la foto era su padre y le preguntó qué hacía, con ese sombrero tan raro.

Con todos estos antecedentes, ¿puede sorprenderle a alguien que al sagacísimo periodista que era Chaves Nogales le interesase que su amigo Juan Belmonte le contara su vida?

La relación de Chaves Nogales con Belmonte

No era aficionado a los toros Chaves Nogales, pero tampoco cabe verlo como contrario a la Fiesta. Su abuelo, José Chaves Ortiz (1839-1903) fue un pintor costumbrista sevillano, especializado en temas taurinos. Dibujó 67 escenas para la famosa revista ilustrada *La Lidia,* aparecida en 1882: varias escenas, como *El salto de la garrocha* y *El quite,* a una mano, además de retratos de los más famosos diestros de la época. Es el autor del que se considera el primer cartel ilustrado de la Feria de Sevilla, en 1881. En el Museo de la Real Maestranza de Caballería de Sevilla pueden verse dos pequeñas tablas al óleo, dos cabezas de toros.

No era aficionado a los toros pero, según María Isabel Cintas, «se interesó mucho por los toros» su padre, Manuel Chaves Rey (1870-1914), fue periodista y cronista de Sevilla.

No sé cuándo se conocieron Chaves Nogales y Juan Belmonte. El diestro era solo cinco años mayor que él: Juan nació en 1892; Manuel, en 1897. A los dos les unía, indudablemente, el amor por Sevilla; desde Madrid, la nostalgia por su tierra natal, donde los dos vivieron su infancia. Pero no olvidemos que el ensayo de Chaves, *La ciudad,* dista mucho de los tópicos habituales.

Es lógico suponer que los dos se conocieron en Madrid, cuando Chaves ya era un periodista reconocido y Belmonte, un ídolo popular. Los dos tenían amigos comunes, en el mundo literario y artístico.

El nexo pudo ser Vicente Sánchez-Ocaña (1895-1962), periodista azañista, redactor jefe del *Heraldo de Madrid* y director de *Estampa,* tan vinculado a la carrera periodística de Chaves Nogales. Sánchez-Ocaña introdujo en el periodismo a su prima, Josefina Carabias, que escribió el epílogo al libro sobre Belmonte. Durante la guerra, se exilió a la Argentina, donde publicó también una revista con el mismo título, *Estampa.*

En 1932, Sánchez-Ocaña publicó en la revista una entrevista con el torero, «Juan Belmonte, en medio de la revolución social», donde este da su opinión sobre muchos temas candentes del momento. Parece lógico que esa entrevista suscitara el interés de Chaves Nogales por el torero. Algunos estudiosos opinan que Chaves acompañó a Sánchez-Ocaña, cuando fue a visitar a Belmonte, a su finca sevillana.

Sea cual sea el origen de esta relación, está claro que Chaves Nogales y Belmonte se entendieron muy bien, se hicieron buenos amigos: aunque procedían de niveles sociales muy diferentes y habían recibido una educación muy distinta, los dos eran extraordinariamente inteligentes.

Que lo era Chaves Nogales lo demuestran sobradamente sus escritos. En el caso de Belmonte, la opinión de sus amigos sobre este punto es absolutamente unánime. Elijo un solo testimonio, el de la actriz Conchita Montes, que pudo conocer bien al torero a través de Edgar Neville, su pareja: «Belmonte era tan inteligente, de inteligencia natural, que, cuando abría un libro y se leía el primer capítulo, ya se sabía todo el libro».

La pregunta inevitable es cómo se pasa de esta amistad a un proyecto que acabó convirtiéndose en libro. En la revista *Ahora,* Chaves Nogales había propuesto a los lectores que contestaran a esta pregunta: «¿Recuerda usted cómo era la vida en España en los principios de siglo? Las contestaciones de Juan Belmonte llamaron la atención de Chaves y le animaron a continuar hablando con el torero. Lo explicó así el propio periodista: «En aquella encuesta, me encontré sorprendido con que eran unas cuartillas de puño y letra de un torero, de Belmonte, las que más exactamente reflejaban el ambiente taurino tal y como yo anhelaba. Esto me hizo insistir con Belmonte en la faena de ahondar en sus recuerdos personales, y así nacieron estas *Memorias,* que al principio no iban a ser más que unos breves reportajes y, luego, por la sugestión que se desprendía de las palabras del torero, que sabía contar —raro caso—, se convirtieron en un libro».

La máxima especialista en Chaves Nogales, María Isabel Cintas, formula una atractiva teoría, subrayando la conexión del libro con el convulso momento político que España estaba viviendo. Según ella, lo que pretendía Chaves Nogales, con este proyecto literario, era transmitir «un mensaje de mesura, no revolucionario, no extremista». Belmonte parecía ser la persona adecuada para ello: «Símbolo del hombre que, habiendo salido de la nada, del pueblo, ha luchado contra todos los obstáculos y se ha hecho a sí mismo [...] En 1917, en el Montepío de Toreros, Belmonte consiguió unir en un solo grito de admiración ante su faena al Rey, los monárquicos y los republicanos que asistían a la corrida. Y ese es para Chaves su gran mensaje. Belmonte es el hombre que ha realizado la única gran revolución posible, la de su vida personal, a través de su oficio o su arte. Y esto es decir mucho en la España de 1935».

Todo eso parece indudable... pero no es exclusivo de Juan Belmonte. De todas las figuras del torero, prácticamente, se puede decir lo mismo: proceden del pueblo, de una familia humilde, han pasado dificultades económicas; han tenido que luchar en una profesión durísima; todo lo que poseen se lo han ganado jugándose la vida. Cuando cualquiera de ellos ha logrado una gran faena, lo ha aclamado el pueblo español entero, sin distinción de ideologías ni clases sociales.

Conocer la trayectoria taurina de Juan Belmonte nos permite entender mejor lo que suponía su imagen pública, en 1935.

No olvidemos que, en el primer tercio del siglo XX, la Tauromaquia era el gran espectáculo de masas, sin discusión alguna. Por eso y por la categoría de los dos diestros, España entera se dividió entre los partidarios de *Joselito el Gallo* y los de Juan Belmonte. A José le llamaron *Maravilla* y *Rey de los toreros*; a Juan, *El Pasmo de Triana, Cataclismo, Ciclón, Catarata, Diluvio universal...*

Su rivalidad se vivió con un fervor realmente religioso. Fernando Claramunt ha recordado un *Catecismo gallista,* que incluye *Nueve pecados antigallistas* y *El acto de contrición de un belmontista.*

Acierta María Isabel Cintas al señalar como una fecha clave, para la consagración popular de Juan Belmonte, la de la corrida que tuvo lugar en la Plaza de Madrid, a beneficio del Montepío de Toreros, el 22 de junio de 1917, en la que alternó con *Joselito* y Rodolfo Gaona, con dos toros de Gregorio Capos, uno de Salas y tres de Concha y Sierra. En los primeros toros, triunfaron rotundamente *Joselito* y Gaona, Belmonte parecía quedar eclipsado por los dos. Para molestarlo, el público comenzó a gritar: «¡Los dos solos!»; pero, en el último toro, Juan se tomó la revancha con una faena extraordinaria: para algunos, la mejor que nunca habían presenciado.

Sobre la actuación de Belmonte, esa tarde, tenemos un testimonio también extraordinario: la crónica que publicó en *ABC,* al día siguiente, Gregorio Corrochano. Hay que tener en cuenta que, por sus conocimientos y por su estilo, Corrochano es, para mí, el más importante crítico taurino de toda la historia; además, fue el máximo defensor de *Joselito,* cuyo arte le inspiró uno de los más clásicos tratados de Tauromaquia: *Qué es torear. Introducción a la tauromaquia de Joselito.*

En esa crónica, cuenta don Gregorio cómo la faena genial de Juan Belmonte le hace perder su habitual serenidad: «Siempre creí que el narrador de una fiesta de pasión debe ser desapasionado, que el comentador de una lucha de bandería no debe pertenecer a ningún partido. Jamás creí que yo, que tantas pruebas tengo dadas de serenidad, pudiera perderla. Confieso mi flaqueza: ayer, Belmonte me hizo perder la serenidad. Por primera vez en mi vida, he sido uno de tantos, en el tendido. Yo, que tantas veces conseguí dominarme a fuerza de una ruda gimnasia de la voluntad, ayer, en un supremo esfuerzo, se me saltaron los tendones y los nervios, y, perdido ya el dominio sobre mí, caí como un guiñapo en el tendido, y fui uno más, uno más a dar gritos, a llevarme las manos a la cabeza, a perder la serenidad. Lo confieso a fuer de hombre sincero y lo confieso sin rubor, seguro como estoy de que, en el mismo pecado, está la absolución».

Todavía remata brillantemente la crónica Corrochano, situándose imaginariamente en el futuro: «¡Cuánto siento tener que volver a los toros! ¡De qué buena gana me retiraría del tendido, para que otras tardes no vinieran a enturbiarme la visión que tengo de esta faena! Y, cuando cruzara la calle de Alcalá a la hora de los toros, yo me acordaría de esta tarde, y, cuando la gente me hablase de toreros que hicieron prodigios con la muleta, yo les contestaría maquinalmente: ‹¡Ah, sí, Belmonte! ¡Juan Belmonte!›».

Si tanto impresionó esta faena a alguien que intentó acercar la crítica taurina a la ciencia, imagínese con qué pasión la vivieron los aficionados.

Como ya he comentado, desde la muerte de *Joselito*, en 1920, Juan Belmonte quedó como rey único, absoluto, indiscutido, de la Tauromaquia. Avancemos hasta 1935, la fecha de las conversaciones con Chaves Nogales. Juan Belmonte ha dejado los ruedos un par de veces, en 1922 y 1927 pero pensando siempre en regresar, no en una retirada definitiva.

A fines de 1933, el empresario Eduardo Pagés le convence para que vuelva a los ruedos, a apoyarle en su pleito con los ganaderos. En realidad, Juan lo estaba deseando. Vuelve a realizar grandes faenas, pero está preocupado por la enfermedad de su mujer y por los avances de la revolución agraria en Andalucía, con el odio a cualquier propietario y la ruina de la economía campesina.

El 22 de septiembre de 1935, Juan vuelve a torear en la plaza de Madrid y obtiene un triunfo apoteósico. Me lo contaba con humor mi amigo Alfredo Corrochano, el hijo de don Gregorio, que alternaba con él, esa tarde: «Cuando iniciamos el paseíllo, la gente se volvió loca con Belmonte, se olvidó por completo de Marcial Lalanda y de mí. Antes del comienzo de la corrida, le hicieron dar una apoteósica vuelta al ruedo, en la que le tiraban de todo: sombreros, puros, niños de pecho... Me dijo

Marcial: ‹Si ahora mismo nos vamos tú y yo de la Plaza, nadie se entera›. Yo le contesté: ‹¡Pues se van a enterar!›»

Efectivamente, Alfredito hizo un esfuerzo, se sobrepuso a las circunstancias y también cortó un rabo, pero su testimonio aclara hasta qué punto era Juan Belmonte un ídolo popular, en esas fechas. Una semana más tarde, después de torear en Sevilla, volvía a retirarse de los ruedos.

La conclusión es clara: ¿había entonces, en España, un ídolo popular que estuviera más de actualidad que Belmonte, para atraer a un periodista de raza como era Chaves Nogales?

Evidentemente, fueron varios y no uno los motivos que le impulsaron a Chaves a esta tarea. Puedo añadir uno más, muy olvidado. En el archivo de Radio Exterior de España he encontrado unas interesantísimas declaraciones de Blanca Belmonte, la hija de Juan, que hizo en el programa *Fin de siglo*, de Mavi Aldana, grabado en 1999, en el que yo también intervine. (Blanca falleció a fines de 2011). Comenta, ante todo, cómo era la personalidad de su padre: «Era más genial como persona que como torero, poco hablador. Hablaba muy poco de sí mismo y de sus cosas; un poco más, en la vejez. Pero era interesantísimo escucharle, tenía una capacidad oratoria extraordinaria, le sacaba punta a todo. Era muy familiar y le gustaban mucho las tertulias. Escuchándole, estaban todos encantados, lo mismo los jóvenes que los mayores. Solía hablar de sus correrías taurinas, los tentaderos, los viajes; casi nada, de su infancia. Pero está claro que las dificultades, la pobreza, no le habían creado ningún trauma».

Cuando la entrevistadora le pregunta por el libro de Chaves Nogales, Blanca Belmonte aporta un dato nuevo: «Era un buen periodista, muy amigo suyo. Vino a pedirle ayuda, una vez, en un momento difícil. Mi padre le ofreció que escribiera la historia de su vida. El libro quedó muy bien: lo que mi padre dijo y lo que él interpretó».

Añado yo todavía un dato más. He leído que, cuando Chaves estaba exiliado en París, tenía el proyecto de hacer dos biografías, la de Maurice Chevalier (que quizá comenzó) y la de Charles Chaplin. Los dos coincidían en haber superado con éxito los difíciles comienzos de su carrera: el francés, en los *cafés concerts* de Ménilmontant; el inglés, en los modestos espectáculos de variedades.

Igual que hizo Juan Belmonte, toreando de noche, en los campos de Tablada. ¿Cómo no le iba a interesar escribir su vida a Manuel Chaves Nogales?

La publicación

El texto de Chaves Nogales apareció primero, como folletín, en la revista madrileña *Estampa,* en 25 capítulos, del 29 de junio al 14 de diciembre de 1935. Cada uno de los capítulos tenía cuatro páginas. El texto iba acompañado de numerosas fotografías de actuaciones del torero, más 98 ilustraciones de Andrés Martínez de León, el gran dibujante sevillano, y 20 dibujos de Salvador Bartolozzi, que ilustró la serie de *Pinocho* para la editorial Calleja, y *Las aventuras de Pipo y Pipa,* también en *Estampa.* La revista lo anunciaba así: «Emocionante folletín reportaje, escrito expresamente para la revista ESTAMPA. El gran torero ha dictado sus *Memorias* a Manuel Chaves Nogales con tan íntimo acento, tan desacostumbrada sinceridad y tal fuerza narrativa, que esta novela de la realidad será indiscutiblemente uno de los folletines más intensos, emocionantes y sugestivos de la vida española, en los últimos treinta años».

Como iba apareciendo por entregas y tuvo amplio eco, la revista publicó también algunas rectificaciones de lectores, que se sentían injustamente retratados, en él.

Así sucedió con el hijo del *Niño del Buzo,* el propietario de una fonda de la calle Echegaray de Madrid; también, con el matador de toros bilbaíno Diego Mazquiarán, *Fortuna* (1895-1940), que se hizo famoso, en 1928, cuando se enfrentó a un toro que se había escapado por las calles de Madrid y, usando su abrigo como muleta, logró sujetarlo hasta que le trajeron su estoque y pudo despacharlo de un certero volapié. Así decía la nota de la redacción: «Cuya vida, tanto taurina como privada, tenemos una gran satisfacción en declararlo, no permite suponer en él ninguna extravagancia ni incorrección».

Con un pequeño desfase cronológico, el texto de Chaves Nogales fue apareciendo también semanalmente en *La Nación,* de Buenos Aires, del 12 de julio al 27 de diciembre de ese año, sin fotografías: «Belmonte. Su vida, narrada por él mismo y transcrita por Manuel Chaves Nogales».

Ese mismo mes de diciembre de 1935, al concluir la publicación por entregas, *Estampa* publicó también el texto completo, como libro. Confirma su éxito que se celebró un banquete en el hotel Nacional (cubierto: 18 pesetas), en homenaje a Chaves Nogales y a Belmonte. El torero no quiso asistir, para dejarle el protagonismo al periodista. Sí acudieron, entre otros, Azorín, Gómez de la Serna, Ortega, Julio Camba, Sebastián Miranda y Luis Montiel, el propietario de la revista.

En ella se publicaron, el día de Navidad, unas ingeniosas frases de Chaves Nogales: «Y, cuando algún erudito de otro siglo descubra que estas *Memorias* fueron un libro popular y halle una edición que aún ostente mi nombre al frente, aspiro sencillamente a disfrutar de esa gloria discreta y regateada de aquel Per Abat que signa el manuscrito del

Poema del Cid. ¿Quién era este?, se preguntará. ¿El que escribió el libro? ¿El que sencillamente lo manuscribió? ¿El periodista que sacó de él provecho? ¿El editor? ¡Quién sabe!».

La crítica inmediata fue ya muy buena. Juan José Domenchina, en *La Voz,* consideraba la obra «una prueba ejemplar de lo periodístico». Miguel Pérez Ferrero, en *Heraldo de Madrid,* la comparaba nada menos que con la poesía de García Lorca y Rafael Alberti...

Tratándose de la biografía de un matador de toros, no deja de sorprender que el libro se publicara muy pronto, en 1937, en ciudades tan poco taurinas como Londres, Nueva York y Toronto. Lo tradujo al inglés Leslie Charteris (1907-1993) el conocido creador del popular personaje Simon Templar, *El Santo.* Un año después, se publicó en Santiago de Chile. En 1939, de nuevo en Nueva York, fragmentado, en una curiosa edición escolar, para facilitar el aprendizaje de la lengua española, a cargo de Carolina Bourland y Edith Helman (esta última es la autora del muy interesante libro *Trasmundo de Goya*).

La edición que ha servido más para popularizar este libro es la de bolsillo de Alianza Editorial, con epílogo de Jasefina Carabias (1969).

En 1990 aparecieron dos ediciones francesas; luego, la facsímil, que publicó el Ayuntamiento de Coria del Río (1992). Está incluido este libro en la *Obra Narrativa Completa* (2009), editada por María Isabel Cintas. Ese mismo año, lo han publicado editorial Renacimiento, con prólogo de la misma profesora, y Libros del Asteroide, con prólogo de Felipe Benítez Reyes. Evidentemente, este libro ha rebasado el ámbito de los lectores de temas taurinos y es la obra más leída de Manuel Chaves Nogales.

El género literario

Quiero subrayar, ante todo, un dato que me parece básico, para el atractivo y el éxito del libro: la elección del punto de vista. No es una «tecniquería». Para la credibilidad de un relato, es fundamental que esté escrito en tercera o en primera persona.

Recuerdo algún ejemplo. Nos impresiona el *Lazarillo de Tormes,* ante todo, porque nos habla en primera persona: «Pues sepa vuestra merced... que a mí llaman Lázaro de Tormes». El fino análisis psicológico de *Pepita Jiménez,* de don Juan Valera, nos llega con toda su sutileza porque leemos las cartas del protagonista y cualquier lector va descubriendo nuevas cosas sobre el personaje antes que él mismo. Scott Fitzgerald escribió nada menos que dos versiones completas de su novela *Tender is the night,* en tercera y en primera persona, que resultaron muy diferentes.

Comienza Chaves Nogales hablando de Juan Belmonte en tercera persona: «Juan es un niño atónito... Juan es muy poquita cosa... Vive Juan en una casa...». Muy pronto, el punto de vista cambia, escuchamos hablar directamente al propio Juan Belmonte: «Me mandaron a la escuela, como castigo». Así continuará toda la obra.

A varios comentaristas del libro de Chaves Nogales les preocupa mucho el problema del género literario en el que deben encasillarlo. Álvaro Pérez Álvarez le dedicó a esto buena parte de su tesis doctoral, que dio lugar al libro *Manuel Chaves Nogales y su retrato de Juan Belmonte.*

En su prólogo al libro, comenta Felipe Benítez Reyes: «Se anunció como ‹biografía novelada›, como ‹novela de la realidad› y como ‹novela vivida›. Y era todo eso, sin duda: la novela sobre Juan Belmonte que Juan Belmonte no podía escribir y que se encargó de idear —y de inventar como tal novela— Chaves Nogales».

Como ya hemos visto, en la revista *Ahora* se anunció el libro como un «emocionante folletín reportaje». Conviven, en efecto, las dos acepciones de «folletín: novela por entregas y, además, con episodios melodramáticos, sugestivos...».

Antón Castro añade otras denominaciones genéricas: «confesión... autorretrato»; Cintas, «reportaje biográfico... periodismo narrativo». Álvaro Pérez lo pone en relación con la moda europea de la biografía.

Si acudimos al propio texto, en el último capítulo encontramos dos menciones: Belmonte lo llama «mis Memorias»; en la página siguiente, insiste: «estas Memorias». No olvidemos que la edición norteamericana se presentaba como *The Autobiography of a Matador.*

Creo yo que todas estas denominaciones son etiquetas, a las que no conviene dar más valor. El simple sentido común nos informa con toda claridad de lo que es el libro: un personaje popular cuenta su vida y un buen escritor le da la forma literaria adecuada: no otra cosa hace el llamado «nuevo periodismo norteamericano», tanto si presenta a criminales (Truman Capote) como a deportistas (Gay Talese).

Para hacer más atractivo el libro, utiliza Chaves Nogales una técnica narrativa acertada: lo escribe casi todo en primera persona, como si el periodista no existiera y el torero se dirigiera directamente al lector. No es nada raro: yo hice lo mismo, por ejemplo, en *La Tauromaquia de Marcial Lalanda.*

¿Resta todo ello credibilidad histórica a lo que leemos? Creo que no: básicamente, debe de ser verdad, pero todos, conscientemente o no, maquillamos nuestros recuerdos. Y el narrador también suprime cosas, realza otras, les da estructura... Esa es la verdad de la literatura. Como nos enseña Cervantes, «tanto la mentira es mejor cuanto más verdadera parece. Y tanto más agrada, cuanto tiene de lo dudoso y posible».

Como señala agudamente Josefina Carabias, en su epílogo a la edición de Alianza, «como habrán observado los lectores que conocieron a Belmonte, no hay en el libro nada que él no pudiera haber dicho o pensado. Y, sin embargo, los que conocimos también a Chaves Nogales distinguimos fácilmente en la lectura todo lo que el periodista buscó y encontró en su interlocutor».

Me extraña que no se haya señalado un detalle muy concreto: a Belmonte se atribuyen algunos párrafos muy literarios que, por inteligente que él fuera, no encajan fácilmente en la conversación de un torero. Por ejemplo, la evocación de una *siguiriya,* que canta un torerillo, en una barca: «La angustia arrastrada y morosa del cante gitano rodaba sobre la estela que iba dejando nuestra barca y se quedaba cuajada en las juncias de la orilla».

O la explicación del encanto de México: «La inseguridad en que se vivía, el dramático proceso de las ideas nuevas en la cabeza caliente de los mexicanos, la exaltación de las malas pasiones populares y, al mismo tiempo, el soberbio desprecio por la vida que sentían aquellas gentes, capaces de morir o matar por no importa qué causa; aquella turbina puesta por la civilización en el alma cruel y heroica del indio, daban al país en aquel tiempo un ritmo de vértigo, por el que uno se sentía fatalmente atraído».

Lo mismo se puede decir del relato de una tempestad tropical, en un barco, mientras se lanza al mar un cadáver. O el canto a los manjares que puede hacer un campesino andaluz solamente con «pan, aceite, carne y luz».

En teoría, intercalar estas frases, tan literarias, en medio de las confesiones de un torero sonaría a falso. Sin embargo, aquí —creo— eso no sucede. ¿Por qué? Sencillamente, porque la verosimilitud no es un criterio absoluto, depende del contexto (y del talento del narrador). Si aceptamos, en *Cien años de soledad,* que una joven sea tan guapa, tan guapa, que suba al cielo, ¿por qué no vamos a aceptar que un personaje tan extraordinario como Juan Belmonte se exprese en ocasiones con esta riqueza?

También se advierte la presencia —para bien— de Chaves Nogales en otro recurso retórico: cerrar un episodio con una frase brillante. Alguna vez, se trata, simplemente, de un efecto de anticlímax, después de una historia dramática: «Y no pasó nada». O de sorpresa: «No había más». O de un quiebro irónico: «Un fantasma que no sabía torear no podía ser serio y respetable». O de un efecto dramático, implacable, después de unas frases muy literarias: «Pocas noches después, la Guardia Civil le partió el pecho de un balazo a un torerillo. ¡Cómo lloraba su madre!».

Aumenta el efectismo cuando se trata de cerrar un capítulo del libro (en la publicación periódica, una de las entregas). Es algo propio de la técnica del folletín, que ya utilizaron autores tan clásicos como Dickens y Galdós. Se trata de dejar abierta la historia para el siguiente episodio, manteniendo viva la curiosidad del lector: «Liamos nuestro hatillo y salimos otra vez al camino».

Pilar Chaves, la hija de Chaves Nogales, recordaba que Juan Belmonte acudía a la casa del periodista y que se encerraban en su despacho para charlar durante largos ratos. Los ejemplos que he citado prueban claramente que Chaves no se limitaba a transcribir lo que Belmonte le decía, sino que le añadía el estilo y la estructura de una obra literaria.

Los ambientes

Para componer su cuadro, Chaves Nogales se preocupa mucho de situar a los personajes en el ambiente adecuado. El costumbrismo —en el mejor sentido de la palabra— es uno de los valores evidentes del libro. Ante todo, evoca varias ciudades, partiendo, por supuesto, de Sevilla.

Puede leerse también el libro como una serie de estampas sevillanas históricas, comenzando por una calle popular, la calle Feria: un símbolo del mundo entero y una escuela donde el niño Juan Belmonte moldeó el carácter que le permitió luego afrontar todas las dificultades.

Además de eso, nos sitúa Chaves en diversos lugares sevillanos, como la calle Sierpes y el mercado del *Jueves*, un rastrillo que todavía hoy existe. Y, cruzando el puente, en Triana, los escenarios de las aventuras juveniles de Juan: el Altozano, el mercado, la calle San Jacinto...

En las afueras de la ciudad, por supuesto, los campos de Tablada, donde los maletillas acuden por la noche a torear. (Luego, esas llanuras se convirtieron en un aeropuerto militar).

Es muy curiosa la relación de Chaves Nogales con su ciudad. No se regodea con el narcisismo de algunos escritores sevillanos, sino que la considera una ciudad «hermética, dividida en sectores aislados, que son como compartimientos estancos».

A la vez, Sevilla es su raíz. La forma de vivir sevillana le sirve de criterio para decidir si una ciudad le gusta o no. Por el contraste con su ciudad natal, no le gusta Nueva York: «Aquí en Nueva York, donde un hombre no es nadie y una calle es un número, ¿cómo se puede vivir?».

En cambio, le encanta Lima porque «era como Sevilla. Me maravillaba haber ido tan lejos para encontrarme como en mi propio barrio». Allí conoce a su mujer y se siente feliz.

A Juan le gusta Madrid, donde se instala en 1914. Es el centro de su carrera taurina y el lugar donde se hace amigo de grandes intelectuales: Valle-Inclán, Pérez de Ayala, Sebastián Miranda... Pero también entiende a su amigo sevillano, un «cliente» al que protege su apoderado y vive como un marqués... pero echa de menos las costumbres sevillanas:

«Sacaba una silla y se sentaba a la puerta de su cuarto, en el rellano de la escalera. Cada vez que subía y bajaba un vecino, el buen sevillano lo saludaba con la mejor de sus sonrisas, dispuesto a pegar la hebra: ‹—¡Vaya usted con Dios, vecino!›». Cuando este personaje descubre que ha muerto un vecino y que nadie de la casa se ha enterado, decide inmediatamente volver a Sevilla: esa no le parece la forma adecuada de vivir ni de morir...

En Venezuela, protegido por el Presidente Juan Vicente Gómez, Belmonte lo pasa muy bien, en las tareas de campo. Su cuadrilla, en cambio, siente la nostalgia de Sevilla: «Porque los sevillanos que iban conmigo se obstinaban en llevar sus relojes por el horario de Sevilla, que era el bueno, según ellos. En todo el mudo no había hora más cierta que la del reloj del Ayuntamiento de Sevilla o la que cantaban las campanas de la Giralda, que, aguzando el oído, se hacían la ilusión de escuchar a lo lejos».

Uno de los episodios más conmovedores del libro es el que relata cómo, en La Habana, un pícaro español estafó a un grupo de compatriotas, vendiéndoles unas pólizas que les permitirían no morirse sin volver a estar algunas semanas en España... Luego, desapareció.

Aunque el irónico Juan Belmonte no era ningún paleto, en sus viajes por el mundo no dejaba de sentir, de vez en cuando, el aguijón de la nostalgia por sus raíces, en Triana.

También forman parte de este costumbrismo y son, quizá, lo más llamativo del libro las pintoresquísimas anécdotas del mundillo taurino, visto desde dentro, con su mezcla de picaresca, disparate, inconsciencia, heroísmo... Así ha sido siempre la Fiesta.

La psicología

Joselito era el torero perfecto: su vida entera se centraba casi exclusivamente en el toreo. Por eso se le identifica simbólicamente con ese arte: igual que a Bach, con la música. Fuera de los toros, no era un personaje especialmente interesante.

A Belmonte, en cambio, le interesaban muchísimas cosas: los amigos, la aventura, las mujeres, los libros, los caballos... A una inteligencia natural fuera de lo común unía una curiosidad y una amplitud de horizontes enorme. Resulta inevitable pensar que, fuera de los ruedos, habría triunfado también en cualquier otra actividad, si se lo hubiera propuesto.

Además de contar los hechos principales de su biografía, el libro de Chaves Nogales es, sobre todo, el análisis psicólogo de este personaje extraordinario. Para ello se basa, naturalmente, en sus propias confesiones, tamizadas y valoradas por la sensibilidad de un gran escritor.

Hasta que alcanza su triunfo como torero, la vida de Juan Belmonte no es nada fácil, pero eso no le lleva a lamentarse ni a pedir compasión. Lo que sí está claro es que todo ello le marca, para bien y para mal: «el amargo y exacto sentido de la vida que le ha hecho tener su origen».

Su primer recuerdo data de cuando únicamente tenía dos años: la noticia de la muerte del *Espartero,* aunque no sepa nada de él, le causa ya una triste sensación de soledad y abandono. Advierte pronto el contraste entre la muerte heroica de un torero y la penosa muerte de un ahorcado. Descubre en seguida el dolor físico y, en la escuela, el mal trato. Siendo un chaval, siente ya la amargura por la muerte de su madre.

A los diez años, Juan tiene una timidez patológica; sobre todo, con las mujeres. La lectura de novelas le abre el afán de aventura pero, cuando se escapa de casa para ir a África, descubre que el mundo es duro e inclemente (lo mismo que sintió Lázaro de Tormes cuando el ciego le dio la calabazada contra el toro de piedra): tendrá que valerse por sí mismo.

Eso le produce una enorme inseguridad, una «susceptibilidad enfermiza», que le acompañará mucho tiempo. Años más tarde, los triunfos, en los ruedos, le servirán para vencerla y sentirse «cada vez más seguro de mí mismo».

En esa barojiana «lucha por la vida», posee un arma casi única: «una voluntad heroica que me sostenía y empujaba a través del dédalo de tanteos, vacilaciones y fracasos de mi adolescencia. Una voluntad tenaz me llevaba, pero sin saber adónde».

Con legítimo orgullo, comprobará, mucho más tarde, que «el torero, en contra de lo que se cree, es un pobre hombre, de claudicante voluntad, que se halla siempre propicio a doblegarse ante todo lo que le sirva para darle ánimos». Por eso, suele caer en tantas supersticiones.

Pronto descubrirá Juan que su tenaz voluntad tampoco es suficiente. Cuando un guardia le sorprende toreando como furtivo, saca del arriesgado trance una enseñanza: «Yo aprendí aquel día que, con el corazón solo, no basta...».

Desde chico, Belmonte se ha sentido distinto de los demás, un bicho raro. Por eso, sin ánimo de llamar la atención, hace cosas que sorprenden a todos. Por ejemplo, romper una vieja tradición taurina: «Un día entré en una peluquería y me corté la coleta». Así, sin mayor reflexión ni sentir ninguna duda.

Siempre ha tenido amigos, pero ha sido muy poco social. Al hacerse mayor, advierte su «repugnancia instintiva a las ceremonias». Esa razón le parece suficiente, sin más, para justificar que contrae matrimonio por poderes.

De las pillerías de sus años mozos, en Triana, le queda siempre un cierto fondo de anarquismo (algo que Chaves Nogales subraya, con evidente simpatía): «Tengo también un gravísimo defecto para la vida social, que es el de no acostumbrarme nunca a aceptar las jerarquías sociales, que no responden a lo que para mí es el orden natural».

Gracias a eso, no tiene en cuenta a la corte de aduladores que acompañan a cualquier torero triunfador (y él lo ha sido como casi ninguno). Se salva de la vanidad por «aquella incapacidad que tuve siempre para la petulancia».

Sabe que está hecho de contradicciones. «El mejor año de su vida torera, el más completo y de mayor rendimiento económico», coincide con su momento de mayor hastío: «el año más angustioso, el de más dolorosas vacilaciones y mayor desfallecimiento espiritual». (Esa complejidad de ánimo le hace más atractivo para un escritor tan inteligente como Chaves Nogales).

A pesar de ello, la dureza de su aprendizaje le ha enseñado que hay que afrontar la realidad: «Mi más firme convicción, mi superstición, si se quiere, es esta: no vale escurrir el bulto».

En las charlas con su amigo Chaves Nogales, cuando repasa los avatares de su biografía, encuentra un hilo conductor: «Aquella angustiosa necesidad de afirmar mi personalidad».

Ha conseguido, en los ruedos, todo lo que pudo haber soñado y mucho más. Al preparar este libro, cuando advierte que está llegando la hora de la retirada, se siente satisfecho, sobre todo, de haber sido capaz de asumir su responsabilidad: «Si de alguna hazaña de mi vida estoy orgulloso es de esta: aguantar el tipo...».

No es extraño que sus amigos adoraran a Juan Belmonte: además de un gran torero, era un verdadero filósofo, un personaje extraordinario.

El torero

Llegamos ya a lo que anuncia el título: Juan Belmonte como matador de toros. Pero esto incluye dos ámbitos diferentes, aunque estén lógicamente conectados: el repaso que da a su carrera taurina y las consecuencias teóricas que saca de ello: lo primero es más atractivo, desde el punto de vista anecdótico; lo segundo, sin duda, mucho más trascendente.

Comencemos por el principio, que está muy claro. Juan era uno más de los niños que, en el Altozano, jugaban al toro, incluido un simulacro de acoso y derribo (que será, toda su vida, una de sus mayores aficiones).

A aquel grupo de chiquillos, la rebeldía de adolescentes les lleva a un cierto anarquismo: en el toreo, a desdeñar a los triunfadores y apuntarse al mito del trianero Antonio Montes, cuya herencia les llega a través del banderillero Calderón, que se convierte en el primer protector de Belmonte.

La lectura de novelas le impulsa a escaparse de casa para irse a África. Cuando esta quimera fracasa, a los catorce años, se refugia en el sueño de otra aventura, el toreo: «Lo toreaba todo: perros, sillas, coches, ciclistas; le daba media verónica y un recorte a una esquina, a un cura, al lucero del alba».

La enorme inseguridad que entonces sentía se extiende también a este terreno: «Nunca creí que fuese capaz de ponerme delante de un toro». Con ironía, el triunfador en los ruedos que está hablando con Chaves le confiesa que nunca ha vencido esas dudas: «Todavía hoy no lo creo. Cuando voy a la plaza como espectador y sale el toro, tengo siempre la íntima convicción de que yo no sería capaz de lidiarlo».

Para aquel chiquillo soñador, torear era un placer: «¡Qué revelación tan maravillosa aquella del toreo!». A la vez, suponía un desafío, vencer a ese miedo que toda la vida le acompaña, como el más fiel compañero: «¿Va a poder con nosotros, ese toro?». Pero, como no ha dejado de tener los pies en el suelo, se justifica: viene de intentar torear porque eso supone también «buscarle el pan a toda esta gente».

Toda la vida mantendrá Juan esa concepción hedonista del toreo como una aventura personal, vivida en soledad. Su primer gran triunfo como novillero, en Sevilla, va unido a ese ideal: «Conseguí, por primera vez en mi vida, entregarme por entero al placer de torear, haciendo abstracción de la muchedumbre».

Por eso, con una «convicción revolucionaria» que Chaves se esmera en subrayar, se opone instintivamente Belmonte a lo que él considera «la torería castiza», a los habituales convencionalismos del toreo.

De todas las anécdotas taurinas, tan divertidas, que recoge el libro, quiero mencionar únicamente dos, de los comienzos de su carrera. La parte del libro que se ha hecho más popular es la que narra sus correrías nocturnas por Tablada, para torear furtivamente algunas reses. Las comenta al comienzo del libro y vuelve sobre ellas setenta páginas más tarde: «Una tarde, estaba yo toreando en Tablada junto a la orilla del río; había cruzado el cauce a nado y toreaba completamente desnudo. Desde la orilla de Triana, unas muchachas que volvían de trabajar en algún cortijo me saludaban a lo lejos, agitando alegremente los brazos».

La escena es tan pintoresca, tan insólita, que, por desgracia, ha dado lugar a muchas novelerías baratas. (Es algo semejante a lo que ha sucedido con algunos hermosos poemas del *Romancero gitano*).

A mediados de los cincuenta, cuando ya tiene sesenta años, a Juan Belmonte, siempre amigo de contradicciones, le gustaba romper su propia leyenda, en unas declaraciones al crítico Antonio Bellón: «Lo siento, porque eso es bonito. Pero yo no sabía nadar».

Con los adornos literarios que se quiera, Belmonte y Chaves Nogales habían aportado a la leyenda taurina una escena inolvidable: el toreo nocturno en Tablada.

También lo es, y está documentada, la historia de la tarde terrible de su repetición, en Sevilla, cuando, en su segundo novillo, sonó el tercer aviso, para que salieran los cabestros: «Súbitamente, me entraron una rabia y una desesperación incontenibles. Me incorporé, juntando todas mis energías, y, sobreponiéndome al agotamiento, me planté de un salto ante el toro y, sin muleta ni estoque, que para nada me servían, me hinqué ante él de rodillas y le desafié frenético: ‹¡Mátame, ladrón, mátame!›».

Una fotografía certifica la veracidad de la historia, que también ha pasado a los mitos del toreo. Según Jesús Cuesta Arana, por haber toreado en Sevilla esa novillada y la anterior, cobró Belmonte, en total, veinte duros.

Dejo ya las anécdotas y paso a comentar brevemente las teorías taurinas que, a partir de su experiencia en los ruedos, elabora Juan Belmonte. Como son muy conocidas, pero muy importantes, las resumo en esquema:

1. Para dominar a un toro, lo primero que hay que hacer es pararlo: «Me convencí entonces de que en la lidia —de hombres o de bestias— lo primero es parar. El que sabe parar, domina. De aquí mi ‹técnica del parón›, que dicen los críticos».
2. Tradicionalmente, se hablaba de los terrenos del toro y los del torero. Para Belmonte, en el toreo, no existen terrenos: «El toro no tiene terrenos, porque no es un ente de razón, y no hay Registrador de la Propiedad que pueda delimitárselos. Todos los terrenos son del torero, el único ser inteligente que entra en el juego y que, como es natural, se queda con todo».
3. Las facultades no son esenciales. El toreo es «un ejercicio espiritual, un estado de ánimo». Igual que el amor: «El torero, solamente cuando está hondamente emocionado —cuando sale a la plaza con un nudo en la garganta— es capaz de transmitir al público su íntima emoción».
4. «Lo más importante en la lidia es el estilo... Se torea como se es».

Ruego al lector que disculpe el esquematismo de mi síntesis. En el libro, Belmonte desarrolla ampliamente cada uno de estos preceptos, que suscitan tantas reflexiones a cualquier aficionado. Únicamente en una cosa —creo— está claramente equivocado Belmonte y es cuando se disculpa: «Soy un mal teorizante». No es cierto: la originalidad y la profundidad de sus reflexiones son indiscutibles.

Menos se ha comentado algo que también me parece decisivo: cuando siente Juan que ha perdido el gusto por torear, su única salida es «volver atrás y comenzar de nuevo». Como subraya Chaves Nogales, Belmonte ha sido un revolucionario, sin duda, pero, como defiende Salvador Balil, su gran revolución —quizá, como todas— ha sido volver a los orígenes, a «las viejas reglas clásicas del toreo». Igual que Salvador Dalí, cuando le preguntaron quién era el pintor más moderno, en el Museo del Prado, no lo dudó: «¡Velázquez!».

Al final de sus charlas, se plantea Juan Belmonte el futuro de la Fiesta. Un detalle curioso: se pregunta si algún día «han de ser abolidas las corridas de toros y desdeñada la memoria de sus héroes» y contesta: «Puede ocurrir que los socialistas, cuando gobiernen...».

No es una ocurrencia ocasional. Unas páginas después, recuerda cómo vive un torero el día de la corrida: «Sueña que un gobierno socialista ha abolido las corridas de toros...». Por desgracia, el tiempo le ha dado la razón.

Menos de lo que merece se ha comentado su diagnóstico del futuro de la Fiesta: «Las corridas interesan cada vez menos [...] Cada vez, el pobre toro está más absolutamente dominado [...] Se fabrica el toro tal y como los públicos lo quieren [...] Subsiste la belleza de la fiesta, pero el elemento dramático, la emoción, la angustia sublime de la lucha salvaje se ha perdido. Y la fiesta está en decadencia».

Aunque muchos intenten negarlo, con la consabida apelación a la modernidad y la vieja fórmula de que «hoy se torea mejor que nunca», me temo que Juan Belmonte tenía toda la razón.

Él paró de torear varias veces, pero nunca creyó que su retirada fuera definitiva. No podía aceptarlo. Desde la madurez, recuerda una de sus grandes faenas: «Un momento como aquel vale por todas las amarguras de la vida del torero». El toreo fue, simplemente, la razón de su vida.

Juan Belmonte, después de este libro: su último amor

La publicación del libro de Chaves Nogales coincidió prácticamente con la retirada de Juan Belmonte: acabó de consagrarlo y de fijar definitivamente su imagen, como una especie de monumento. Para todos los aficionados, él era el testimonio vivo de la Edad de Oro del toreo.

Después de la guerra, actuó algunas veces como rejoneador. Salvo eso, tuvo una vida apacible. Su hija Blanca recuerda su pasión por el campo: «Le gustaba todo lo relacionado con el campo; sobre todo, el acoso y derribo, su locura: montarse en el caballo y coger la garrocha. En eso, era incansable. La prueba: es lo que hizo, antes de morir».

Le agradaban las tertulias, en Sevilla y en Madrid. Tenía amigos de todas las tendencias políticas. Asistía a algunas corridas de toros. Cuentan que, en las tardes grises, sentado en la Plaza, solía canturrear por lo bajo una copla: «Siempre te estoy esperando / y nunca llegas / a horita cierta».

Así de imprevisible es el arte... Le gustaba mucho el flamenco. Iba a veces al fútbol pero sin gran afición. Llevaba con paciencia su popularidad, pero prefería pasar inadvertido.

Tenía más tiempo para leer, una de sus grandes pasiones, desde joven. De becerrista, sorprendía ya a sus compañeros porque, en el esportón, además de los trastos de torear, llevaba un montón de libros. Siendo ya matador de toros, en la temporada de 1919, leyó noventa libros: casi tantos como corridas toreó. Tenía buen criterio: entre sus favoritos estaban Stendhal y Dostoiewski. Él mismo corroboró una anécdota que parece increíble: «Es cierto lo que dijo Corrochano en *ABC*, delatándome. Aquella tarde que no me presenté en la Plaza por ‹prescripción facultativa›, en realidad fue porque preferí quedarme en el hotel, leyendo la novela *El señor Bergeret*, de Anatole France. Aún estoy viendo la cara de Antoñito cuando se lo dije, a medio vestirme de torero. Creyó que me había vuelto tarumba...».

No se trataba en absoluto de una pose intelectual: simplemente, los genios son así... Lo confirma su hija Blanca: «Le apasionaban los libros. Leía y releía todo lo que caía en sus manos: novelas, las biografías de Stefan Zweig, historia... Sentía una admiración enorme por Dostoiewski. En el campo, si se le agotaban los libros, se ponía a leer la *Enciclopedia Espasa*... En una época, en la que me dio a mí por leer novelas policiacas, él también las leía, pero, luego, me decía que le había estropeado el gusto».

El periodista Paco Montero anotó los últimos libros que leyó: tres tomos de Maupassant; *La pródiga,* de Pedro Antonio de Alarcón; *La pata de la raposa,* de su amigo Pérez de Ayala; *Romance de lobos,* de Valle-Inclán, otro gran amigo; *La azucena roja,* de Anatole France; *La hermana San Sulpicio,* de Palacio Valdés; *Fortunata y Jacinta,* de Galdós; *Pipá,* de Clarín; *La noche del sábado,* de Benavente...

En su pequeña biblioteca de la finca *Gómez Cardeña* había también libros de Ortega. Stefan Zweig, Papini, Lajos Zilahy, François Mauriac, Oscar Wilde, Chesterton, Blasco Ibáñez, Montherlant, Hemingway, D'Annunzio... No es, desde luego, lo habitual en un matador de toros; tampoco, en alguien que apenas fue al colegio.

Nunca ocultó que, desde chico, le gustaron las mujeres. Su profesión le proporcionó ocasiones para algunas aventuras galantes, que cuenta Chaves Nogales. Se lo dijo a Antonio de la Villa, compañero de algunas correrías: «A los dieciséis años, me gustaban ya las mujeres y he de confesar que a ellas dediqué tiempo y energías».

Antes de tomar la alternativa, se lo confesaba a *El Caballero Audaz*: «¡Hombre, sí, me gustan mucho! ¿A quién no le agrada una *gachí* bien puesta?».

En sus últimos años, le atribuyeron algunas relaciones sentimentales: varias, sin fundamento. Pero no todas. El día 8 de abril de 1962, Juan

Belmonte se quitó la vida de un disparo en su finca Gómez Cardeña. En Sevilla, corrió el rumor de que una mujer le había sido infiel y él no pudo soportarlo.

Se hizo eco de esto Antonio Gala, en el retrato de Belmonte, en el tomo I de sus *Paisajes con figuras* (que primero fueron guiones de televisión). El monólogo del diestro, que recuerda su vida, antes de pegarse un tiro, comienza así: «No sé si hice bien esta mañana, dejándole a Enriqueta la carta en que me despedía. Claro que el joyero no lo abrirá antes de la Feria. Y, además, le añadí un montón de dinero, para que se lo gaste con quien quiera».

Luego, Gala añade un juicio despectivo, que a ella le irritó mucho... También menciona a esta mujer Barnaby Conrad, el singular escritor norteamericano, que llegó a torear con Belmonte: «Enriqueta se niega a hablar de cualquier fase/etapa de su larga relación con él. Por la forma en que lo dice, cualquiera se da cuenta de que, para ella, se escribe con mayúsculas, y será así, para el resto de sus días».

Lo confirma Jesús Arana, en su documentada biografía: «Es cierto que Juan Belmonte tuvo un amor otoñal, que nadie desmiente o prefiere ignorar o callar [...] Era un secreto con altavoces, toda Sevilla lo sabía: Juan Belmonte, a pesar de sus años, ‹se ve› con una mujer joven. Aquel amor oscuro sin duda iluminó, en la paradoja, los últimos días de Juan. Se amaban de verdad».

Gracias a la generosidad de mi amigo Pablo Ferrand, pude identificar a Enriqueta Pérez Lora: vivía en Sevilla. Con más de noventa años, era una señora pulcra, simpática, con inteligencia natural y restos de su atractivo.

Su historia parece sacada de un folletín. Había nacido en Camas, en 1920 (era veintiocho años menor que Juan). Siempre estuvo muy unida a su hermana mayor, Patrocinio, que, al comienzo de la guerra, se casó con un hombre que le sacaba quince años. Cuando el matrimonio se trasladó a Sevilla los acompañó: ayudaba en las tareas domésticas y trabajaba en una fábrica de azafrán.

Murió Patrocinio en el parto de su segunda hija y Enriqueta, con las dos niñas, volvió a casa de su madre, en Isla Cristina. La madre y el viudo la presionaban para que se casara con él, en un «matrimonio blanco», para evitar que las niñas fueran a un colegio de huérfanas. Movida por su cariño a ellas, al fin, accedió a esa boda. Antes de un año, el marido reclamó sus derechos conyugales; al negarse ella, la maltrataba.

Enriqueta decidió escaparse. Vendió a una vecina los pendientes y, con ese dinero, huyó a Sevilla. Un párroco la alojó en un convento de monjas adoratrices. A pesar de que un médico certificó su virginidad, no logró la anulación del matrimonio. Para alejarla del marido, las monjas la recomendaron a la hija de Juan Belmonte, que la contrató para el servicio, en el cortijo *Gómez Cardeña.*

Enriqueta, junto a la Maestranza, con mantilla blanca y vestido negro.

En 1942, Enriqueta tiene veintidós años; Belmonte, retirado de los toros, cincuenta. Ella no le conoce ni sabe nada del mundo taurino. Al verla, Juan pregunta: «¿De dónde ha salido este bicho tan feo?». La joven no se corta: «¡Anda que *usté*! ¡Como que no es feo! ¿Cuánto hace que no se mira al espejo?». Tienen que avisarla de que está hablando con el señor de la casa, que se ríe a carcajadas.

Cuando Enriqueta cae enferma, la atiende el médico de cabecera de la familia, Joaquín Mozo (tío de Miguel y Rafael Ríos Mozo, grandes belmontistas). Diagnostica dos manchas en el pulmón: necesita reposo, vitaminas y buena alimentación. Juan le busca un alojamiento, pagando él todo, en Higuera de la Sierra (Huelva), con la promesa de que, cuando esté bien, le encontrará un trabajo. Allí vive dos años y medio: la visita el médico, para las revisiones, y Belmonte, para los gastos.

Ya recuperada, Enriqueta le pide el trabajo prometido, pero, Juan se ha enamorado de ella. (Está separado de su mujer, pero en España no existe el divorcio). Contaba ella que él se arrodilló a sus pies, con la cabeza en su regazo, y suplicó: «¡No me dejes, por favor! Soy un hombre que está solo y te quiero».

Así comienzan quince años de discreta convivencia. Ella vivía en una casa de la calle San Vicente. Se veían a diario. Iban los dos a los toros pero a localidades distintas. Hubo etapas muy felices y, también, conflictos.

A los cuatro años, se pelearon, Enriqueta lo dejó, se vino a Madrid: con el dinero que había ahorrado, montó una perfumería. Juan no aceptó renunciar a ella: la localizó y consiguió que volviese con él.

Contaba Enriqueta que, cuando se despedían, ella, en broma, solía lanzarle una zapatilla: él la guardaba para devolvérsela, al llegar, el día siguiente.

La mañana del 8 de abril de 1962, Juan, que estaba a punto de cumplir setenta años, la visitó por última vez. Le llevó un sobre con dinero, un maletín con varios objetos personales y varias fotografías dedicadas: «Cuando yo me muera, si necesitas dinero, véndeselas a una revista extranjera, que te las pagarán bien». Ella replicó. «Estás más loco que cuando yo te conocí».

En el maletín, también había —yo las he visto— unas hojitas de papel, escritas a lápiz, que él solía enviarle, con cortos mensajes. Al despedirse, como tantas veces, ella le tiró una zapatilla, pero él ya no pudo devolvérsela: esa tarde, él se encerró en su despacho y se pegó un tiro.

Todavía no había cumplido Enriqueta los cuarenta y dos años. Asistió, en Madrid, a un homenaje a Belmonte que le dedicaron sus amigos (que también lo eran de ella). Su vida dio un brusco giro. Logró un trabajo, fuera de España: durante una decena de años, cuidó a los hijos del actor Anthony Quinn. Por su alegre simpatía, él la llamaba «Torre del oro».

La vida ofrece, a veces, extrañas coincidencias. El 24 de septiembre de 2013, se presentó en Sevilla una exposición, dedicada a *Joselito* y Belmonte. Ese mismo día, en Sevilla, murió Enriqueta. En el catálogo de la exposición figuran un portacalcetines en oro; un bolígrafo para el frac; una pitillera de oro, con el hierro de Belmonte, dedicada a ella; un curioso reloj de oro, en el que aparecen sustituidos los números por las doce letras de Juan Belmonte. Es decir, los objetos que yo vi en el pequeño maletín, que conservaba Enriqueta: los que le entregó él, la mañana de su último día.

Ella volvió luego a Sevilla, a su piso de la Avenida República Argentina. Rechazo ofertas sensacionalistas. Además de algunos objetos, fotos y papeles, ella guardaba sus recuerdos. Su vida no fue fácil, pero el destino le otorgó un gran regalo: haber sido el último amor de un genio llamado Juan Belmonte.

El final

Uno de los primeros recuerdos que conservaba Belmonte era haber visto, en una calle de Sevilla, el cadáver de un hombre que se había ahorcado. También le cuenta a Chaves Nogales que, en su primer viaje a Nueva York, desembarcó «apretando nerviosamente una pistola que me había comprado en París» y que llevaba siempre consigo.

En 1915, siendo ya matador de toros, cuando ha iniciado su rivalidad directa con *Joselito* y realiza alguna de sus mejores faenas, la lectura de una obra de D'Annunzio le impresiona muchísimo: «Llegué a estar tan sugestionado por las lucubraciones literarias, que terminé pensando en suicidarme. No sé por qué me asaltó aquella monomanía [...] Tenía en la mesilla de noche una pistola y muchas veces la cogía, jugueteaba con ella y la acariciaba, dando por hecho que de un momento a otro iba a disparármela en la sien. Terminaba guardándome la pistola y diciéndome, en son de reproche: ‹¿Para qué haces todas esas pantomimas si eres un cobarde, si no te vas a matar? ¡Si no es verdad que quieras suicidarte!›».

A Blanca Belmonte le preguntaron por el trágico final de su padre: «Es lo más atroz que me ha pasado, en la vida. Tenía arterioesclerosis y depresión: estaba muy triste, con miedo a envejecer. Lo que más le afectó fue ver a su amigo Julio Camba, en el hospital, lleno de tubos, sufriendo. Dijo que eso no se podía hacer a un hombre.

«Fue algo extraño. El sábado se fue al campo. Invitó a varios amigos a que fueran con él: mi marido, mi tío, Luis Bollaín. Ninguno pudo. Eso hace pensar que no lo tenía premeditado. Pero otros detalles...».

El sevillano Andrés Martínez de León (1895-1978) fue uno de los ilustradores de la primera edición de este libro. Es una figura extraordinaria, que merece ser mucho más recordada. Fue un magnífico humorista, ilustrador y escritor; amigo, entre otros, de Blas Infante, García Lorca, Jorge Guillén y Miguel Hernández. *Oselito,* su popularísimo personaje, encarna al sevillano alegre, amigo de todos.

Entre las páginas de un viejo libro encontró Salvador Balil una carta de Andrés Martínez de León, en la que cuenta a un amigo las circunstancias de la muerte de Belmonte. La publicó Balil en su libro *Juan Belmonte, en la soledad de sus atardeceres* (editado por Almuzara). Luego, la Fundación Martínez de León encontró el original, con algunas variantes, y me permitió cotejarlo. Doy aquí un texto refundido de las dos versiones.

Escribe Martínez de León en Cercedilla, el 3 de agosto de 1962, cuatro meses después de la muerte de Belmonte, a su amigo José Pérez Gómez, *El Nili,* en México. (Nueve días después, el 12 de agosto, la publicó el semanario mexicano *El Redondel*). Alude en la carta a «la novia» de Belmonte (es decir, Enriqueta) y a Andrés Gago, que fue apoderado de Carlos Arruza y suegro de Manolo Vázquez. Dice así:

«Querido Pepe:

[...] No sé qué habrá llegado hasta ti sobre la muerte de Belmonte, pero lo cierto es que Juan se suicidó de un solo disparo por encima de la oreja derecha, tremenda decisión que, por lo visto, tenía tomada hace tiempo.

Ni amores contrariados, ni absurdos problemas económicos. Juan se ha negado a pararle, aguantarle y mandarle al último toro de su vida: al de la vejez. No ha querido que este toro último lo zarandee y ponga en ridículo y ha dado la *espantá* (la única de su vida), precisamente en el momento que Corrochano calificó de ‹la hora de Belmonte›, un atardecer, allá en su finca de Gómez Cardeña.

Su horror a la postura final belmontiana era conocido de todos nosotros. Tal vez pensara que Belmonte el trágico, Belmonte el misterioso, debía tener un epílogo dramático que levantara por última vez de sus asientos a los espectadores. De ahí su verdadero pánico por ser atropellado por una bicicleta, motos o camiones; por una larga enfermedad, llena de claudicaciones físicas...

El gesto de Hemingway, matándose, le quedó fijo. La muerte reciente de Julio Camba, a quien vio morir en medio de penosas claudicaciones físicas, acabaría por decidirlo. Su leyenda, su vida auténtica, con el ¡ay! de la cornada siempre encima; *Gallito,* muerto como un héroe, en los cuernos de un toro... y él, vivo. Todo

El genial Andrés Martínez de León (1895-1978) [Archivo F.M.L].

esto, y hasta la literatura volcada sobre él, actuaba fuertemente sobre su espíritu trágico, de andaluz desesperado. Y la solución era el tiro, el tiro de un revólver, como de juguete, que siempre le acompañaba, en el bolsillo.

‹*Pue... pue* entonces —decía, ante cualquier problema— no queda *má* solución que *er* tiro; *er* tiro y *er* montoncito de tierra... *er* montoncito›.

El día antes de matarse me lo anunció, sin que yo, naturalmente, me diera cuenta. Estábamos los dos solos, a la puerta de *Los Candiles.* No era la época en que yo suelo ir por Sevilla, pero un asunto particular me hizo anticiparla. No sé qué le encontraba de sombrío. Para mis referencias de ciertas conferencias, en Madrid, de *Los de José y Juan* —la más formal peña de toros—, no tenía el comentario vivo, zumbón y un poco cruel de otras veces.

Casualmente, pasó por allí el periodista tan conocido tuyo, López Grosso, quien me saludó, extrañado de mi anticipada llegada a Sevilla. Luego, dirigiéndose a Juan, le dijo: ‹Juan, a ver cuándo me da usted una buena noticia taurina para la *Hoja del Lunes.* ¡Pero una noticia *bomba,* que yo me luzca›! Juan estaba a mi derecha, encogido en su asiento, como si quisiera ocultar la cabeza entre los hombros, y le contestó: ‹Pues quizá mañana... o *pasao...* le dé una com... completamente *bomba›.*

Como esto lo dijo Juan en tono sombrío, todos nos quedamos serios, sin comprender. Fui yo el que rompió el embarazoso momento: ‹Es que Juan te va a anunciar su reaparición en la Maestranza›, le dije. Nos reímos y la conversación siguió, pero al enterarnos, al día siguiente, de cuál era ‹la noticia *bomba*›, Grosso y yo nos impresionamos aún más.

El día de su muerte, se vistió Juan de corto, con esa elegancia varonil de nuestros ganaderos. Muy de mañana, fue a Triana, para entregar a su... *novia* un fajo de billetes: ‹Ahí tienes 450 000 pesetas —le dijo—. Si de aquí a Semana Santa no te las pido, quédate con ellas. Son para ti›. Luego, oyó Misa y salió para Gómez Cardeña*;* quince días antes había hecho testamento.

Su recorrido a caballo por la finca fue una auténtica despedida callada. Con todo el mundo habló y todos los rincones vio. Luego, acosó y derribó. Los médicos le habían prohibido este gran esfuerzo y Juan se aliviaba, haciendo que los criados le trajeran la becerra del rodeo y, ya embalada la vaca, Juan sustituía a uno de la collera y derribaba. Ese día, prescindió de este alivio y él mismo sacó a las vaquillas, las corrió y derribó, ante la sorpresa de la gente.

Luego, a la caída de la tarde, quiso encerrar en la placita de tientas a un semental que pastaba en el campo, algo lejos del cortijo, el cual semental tenía apalabrado para su venta a Andrés Gago.

‹—Don Juan —le advirtieron—, mire *usté* que *hace mucha caló* y *er* toro está muy lejos... va a *bregá* mucho. Si quiere *usté* tentarlo, no hay quien le ayude, en la faena›.

Juan desistió, en silencio.

¿Quiso despedirse de la vida enfrentándose con un toro de verdad? ¿Quiso dejarse matar por el toro?... ¿O desistió, ante el temor de que solamente lo lastimara la fiera aquella y pasara por loco, ante los sensatos cortijeros?

Ya anocheciendo, casi entre dos luces, en ‹la hora del Belmonte misterioso›, se encerró en su despacho, entornó las ventanas, puso en marcha el ronroneo del pequeño motor que da luz al caserío y se pegó el tiro. Cuando, al cabo de un tiempo, entró la criada, lo encontró muerto, con la cabeza inclinada sobre la mesa ante la que estaba, sentado en un sillón frailuno, con el revólver en la mano. Dejó carta al Juez.

Amigo Pepe, me temo que todo esto te resulte largo y penoso; y a mí, también. Ya no hay más remedio que continuar: falta poco.

Al entierro no fue mucha gente. A sus funerales, nadie. La Iglesia pasó por alto el suicidio. A muchos les pareció, el acto de Juan, una cobardía; a otros, un acto de entereza, digno de Belmonte. La gente joven no se emocionó: siguió hablando de fútbol.

Abrazos a todos, de nosotros, muy cordiales. Para ti, de tu buen amigo de siempre

Andrés Martínez de León».

Veo yo ahora, en viejos noticiarios cinematográficos, a Juan Belmonte toreando, en una plaza de toros francesa: me sigue asombrando su personalidad, su temple, su dramatismo.

Lo contemplo, luego, fumándose un puro, en su finca. Al dar una calada y echar el humo —el mismo gesto que haría cualquier otro mortal—, su cara, surcada por arrugas, parece una escultura. No lo harían de modo más impresionante grandes actores como Marlon Brando o Robert de Niro. ¿Qué profundas experiencias vitales y estéticas han ido modelando ese gesto? ¿Qué abismos de melancolía disimula púdicamente esa mirada?

¿Es un mito Juan Belmonte? Sí, lo fue en las plazas y en el ruedo de la vida. Más de sesenta años después de su muerte, continuamos admirando al artista genial que fue. A la vez, seguimos intentando asomarnos al misterio de su personalidad.

Gerardo Diego nos da la mejor conclusión: «Todo el ruedo se ha abierto en horizonte. / Y cómo lanceaba y qué armonía. / Apiádate, Señor, de Juan Belmonte».

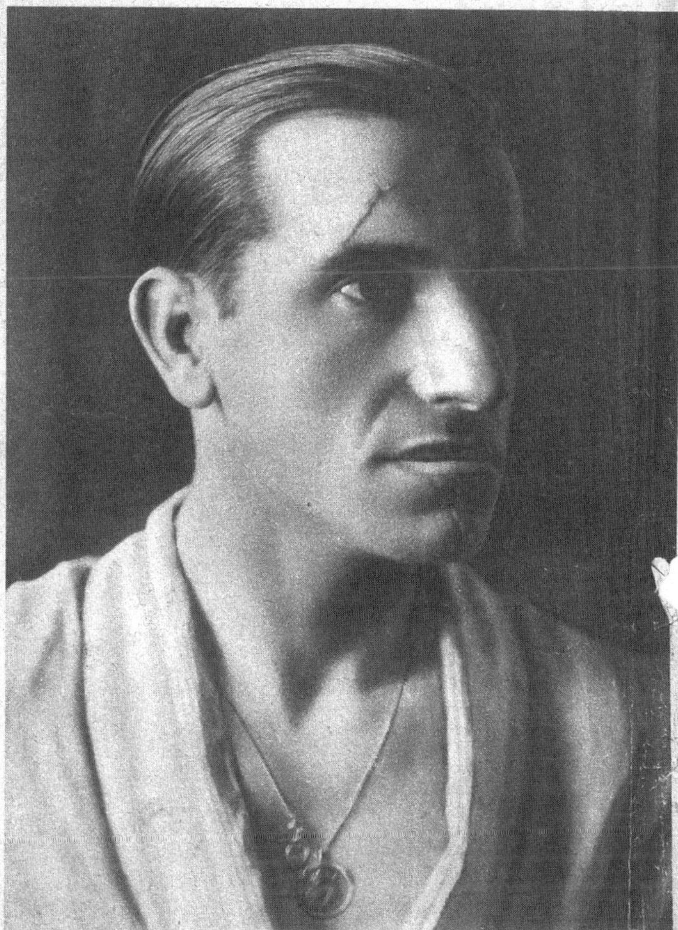

Juan Belmonte, matador de toros.

I

UN NIÑO EN UNA CALLE DE SEVILLA

Juan es un niño atónito, que cuando asoma por las tardes al portal de su casa con el babadero recosido y limpio, llevando en las manecitas la onza de chocolate y el canto de pan moreno que le han dado para merendar y contempla el abigarrado aspecto de la calle desde la penumbra del zaguán, se siente sobrecogido por el espectáculo del mundo, y se queda allí un momento asustado, sin decidirse a saltar al arroyo. Cuando, al fin, se lanza a la aventura de la calle, lo hace tímidamente, pegándose a las paredes, con la cabeza gacha, la mirada al sesgo, callado, paradito, atónito.

Juan es muy poquita cosa, y la calle, en cambio, es demasiado grande, tumultuosa y varia. Es una calle tan grande y tan varia como el mundo. Juan no lo sabe pero la verdad es que lo que él quisiera, callejear libremente, ser amo de la calle, es tan difícil como ser amo del mundo. Los niños que no se asustan en una calle como aquella y a fuerza de heroísmo la dominan, podrán dominar el mundo cualquier día. En todo el mundo no hay más de lo que hay en aquella calle de Juan; ni más confusión, ni peores enemigos, ni peligros más ciertos. Vive Juan en una casa de la calle Ancha de la Feria —la casa señalada con el número 72—, en la que ha nacido. Nacer en la calle Ancha de la Feria y encararse con la humanidad que hierve en ella apenas se ha cansado uno de andar a gatas y se ha levantado de manos para afrontar la vida a pecho descubierto, es una empresa heroica, que imprime carácter y tiene una importancia extraordinaria para el resto de la vida, porque súbitamente la calle ha dado al neófito una síntesis perfecta del Universo. Los sevillanos, que son muy vanidosos, advierten la importancia que tiene esto de haber nacido en la calle Ancha de la

Feria y lo exaltan. Es algo tan decisivo como debió serlo el nacer en el Ática o entre los bárbaros. Lo que no saben los sevillanos —y si se les dijese no lo creerían— es que tan importante como haber nacido en la calle Ancha de la Feria es nacer en cualquiera de las quince o veinte calles semejantes —no son más que hay por el mundo. Calles así las hay en París, en los alrededores de Les Halles, en cuatro o cinco ciudades de Italia, sobre todo en Italia, y aun en Moscú, allá por el mercado de Smolensk. Hasta quince o veinte en el vasto mundo. Aunque los sevillanos no quieran creerlo.

Estas calles privilegiadas son el ambiente propicio para la formación de la personalidad, el clima adecuado para la producción del

La calle de la Feria en 1892, cuando nació Belmonte.

hombre, tal como el hombre debe ser. Son esas calles que milagrosamente llevan varios siglos de vida intensa, sin que el volumen de su pasado las haya envejecido; son viejas y no lo parecen; sin que se les haya olvidado nada, viven una vida actual febril y auténtica, vibrando con la inquietud de todas las horas; en cada generación se renuevan de manera insensible y naturalísima: a las tapias del convento suceden los paredones de la fábrica, el talabartero deja su hueco al stockista de Ford o Citroën, en el corralón de las viejas posadas ponen cinematógrafos y por la calzada donde antes saltaban las carretelas zigzaguean los taxímetros. Esta evolución constante les da una apariencia caótica por el choque perenne de los anacronismos y los contrasentidos. Ya ha surgido el gran edificio de las pañerías inglesas, y aún hay al lado un ropavejero; todavía no se ha ido el memorialista y ya está allí empujándole a morirse la cabina del teléfono público; junto a la Hermandad del Santísimo Cristo de las Llagas está el local del sindicato marxista; aún no se ha arruinado del todo el señorito terrateniente y ya quieren comprarle la casa para edificar la sucursal de un Banco; los quincalleros, con sus puestecillos ambulantes, disputan la calzada a los raíles del tranvía; los carros de los entradores del mercado llevan a su paso moroso a los automóviles que vienen detrás bocinándoles inútilmente; los pajariteros tapan las bocacalles con sus murallas de jaulas; tapizan las aceras los vendedores de estampas y libreros de viejo; los taberneros sacan a la calle sus veladores de mármol y sus sillas de tijera; en las esquinas hay grupos de campesinos y albañiles sin trabajo que toman desesperadamente el sol, y mocitos gandules y achulados que beben vasos de café y copitas de aguardiente; los chicos se pegan y apedrean en bandadas, gruñen las viejas, presumen las mozuelas, discuten las comadres, los perros merodean a la puerta de las carnicerías y el agua sucia y maloliente corre en regatos por el arroyo. Todo está allí vivo, palpitante, naciendo y muriendo simultáneamente. Y así, en Sevilla como en París y en Nápoles y en Moscú.

La calle es una buena síntesis del mundo. Lo que intuitivamente aprende el niño que se ha criado en su ámbito tumultuoso tardarán mucho tiempo en aprenderlo los niños que esperan a ser mayores en la desolación de los arrabales recientes o en el fondo de los viejos parques solitarios. Los niños que nacen en estas calles se equivocan poco, adquieren pronto un concepto bastante exacto del mundo, valoran bien las cosas, son cautos y audaces. No fracasarán.

Pero de momento, ¡cuánto sobresalto y cuánta angustia! El niño del quincallero, que es un niño endeblito y guapo, uno de esos niños decentes que viven esclavos de que no se les caigan los calcetines y de que no se les ensucie demasiado el trajecito, cuando se lanza a la aventura heroica de la calle lleva cuajada en los ojos una mirada atónita. ¿Por dónde me vendrá el golpe? —se pregunta asustado—. ¿Qué carro me salpicará de fango al pasar? ¿Qué golfillo desesperado querrá guerra conmigo? ¿De qué lado vendrá la pedrada que hiere o la pella de barro que humilla? ¿Qué perro malhumorado tirará su dentellada a mis pantorrillas? ¿Qué chalán receloso me sentará la dura mano? Juan teme todo esto y mucho más; teme al mundo hostil que le amenaza y al mismo tiempo le atrae.

Una vez a la semana, los jueves, se fragua en medio de la calle un pintoresco mercadillo, un auténtico zoco marroquí, al que acuden los baratilleros de toda Sevilla, los ropavejeros, traperos y botelleros, los que compran y venden papel, libros, loza y hierros viejos; vienen también los piñoneros serranos y los hortelanos de la vega con sus nísperos y sus alcauciles. En el Jueves se venden, además, garbanzos tosta-

El mercado del Jueves en la calle Ancha de la Feria.

dos, pipas de girasol, avellanas verdes, palmitos, cigarrillos de cacao y unos peces y unos gallos de caramelo rojo maravillosos. El jueves es el gran día de la calle y de Juan. Irse a merodear alrededor de los puestecillos es la ilusión de la chiquillería. Todos los granujas del barrio andan escurriéndose como anguilas entre la muchedumbre de chalanes y compradores. Juan se escapa cuando puede y se junta con ellos gozoso y un poco atemorizado.

El abuelo de Juan tiene en la calle Ancha de la Feria una tiendecita de quincalla, que, andando el tiempo, será de su padre y de su tío. Es un negociejo humilde y saneado, que permite vivir con cierta holgura. La madre de Juan, con su orgullo de menestrala acomodada, cuando le fregotea la cara y las orejas y le coloca bien estiradas, por encima de la rodilla, las medias negras de lana, advierte con cierta vanidad a su hijo:

—No te juntes, Juan, con esos granujas de la calle. No aprenderás nada bueno.

Pero Juan está rabiando por aprender todo lo que saben del mundo aquellos granujas de la calle. ¡Qué más quisiera que ser como ellos! ¡Cómo los admira! ¡Con qué entusiasmo los ve organizar pedreas y merodear por los puestos para hurtar un puñadito de piñones! ¡Con

La Alameda de Hércules, en Sevilla.

qué ciega y heroica fe les sigue en sus correrías, aunque para él, menos listo, menos granuja, niño atónito y paradito, sean al final los golpes que se pierden y los obstáculos en que se tropieza! Juan vuelve de estas correrías roto, manchado, con la cabeza dolorida, el corazón batiéndole a la desesperada, los ojos encendidos por la fiebre. Cuando se le ve en la tienda de quincalla, al lado de su madre, niño limpio y decentito, nadie se imagina esta otra vida aventurera y heroica de Juan.

—¡Qué bueno es su niño! —dice, aduladora, una vecina a la madre de Juan.

—¡Pero si es malísimo! —protesta la madre con grandes aspavientos—. ¡No sabe nadie los disgustos que nos da esta mosquita muerta!

«Ocho o diez hombres leen trabajosamente un papel debajo de un mechero de gas: ‹Un toro ha matado al Espartero›» [Martínez de León].

Juan cree que el primer recuerdo de su vida es la muerte del Espartero. Cuando esto ocurrió, Juan tenía poco más de dos años. ¿Se enteró entonces de aquel suceso o por haberlo oído contar después muchas veces cree de buena fe recordarlo? El error es frecuente; aunque existe, es verdad, una memoria precoz que nos permite acordarnos de un hecho, de un rasgo que nos hirió vivamente mucho antes del despertar normal de nuestra sensibilidad. Juan insiste en que se acuerda de la muerte del Espartero, y ahondando perfila netamente el recuerdo:

—Yo no sabía nada de nada. Del limbo en que vivía extraigo este recuerdo auténtico. Estoy subido en el pescante de un coche. Acaso es la primera vez que me suben a un coche, y este hecho nuevo ha sacudido mi sensibilidad, dormida aún. Alguien viene y dice: «Un toro ha matado al Espartero». Yo no sé entonces lo que es un toro, ni quién es el Espartero, ni lo que es la muerte. Pero aquellas palabras, el efecto desastroso que causan, el desconcierto que producen en torno mío y, sobre todo, el abandono, la soledad en que repentinamente me dejan, quedan grabados en mi mente para toda la vida.

No es difícil reconstruir la escena. Aquella tarde de domingo, la familia de Juan ha alquilado un coche para dar un paseo por las ventas de los alrededores. Al niño le suben al pescante, junto al cochero. «Mira, Juan, mira el caballito», le dicen para excitar su atención. «¡Arre, caballito, arre!». El niño está contento y palmotea de júbilo. Va cayendo lentamente aquella tarde serena y gozosa de domingo. Vuelve el coche despacito a la calle de la Feria, y el niño va todavía en el pescante contemplando el panorama del mundo con sus ojos azules muy abiertos. Al detenerse el coche junto a la puerta de la casa, un amigo se acerca presuroso: «¿No sabéis? —dice—. Un toro ha dado una cornada al Espartero y lo ha matado». Gran sensación. Todos se tiran precipitadamente del coche para inquirir detalles. El niño se queda solo en lo alto del pescante, y al verse allí abandonado se formula la primera interrogación de su vida. ¿Qué ha pasado? «Un toro ha matado al Espartero». «Un toro ha matado al Espartero», oye repetir. Y no lo entiende. Sabe solo que le han dejado allí en lo alto del pescante con aquel caballito cansado, que agita lentamente la cola y de tiempo en tiempo hiere el empedrado con el hierro de su pezuña. Va haciéndose de noche. La gente, emocionada, forma corrillos en las aceras. El padre de Juan se ha acercado a uno de aquellos grupos que cuchichean. Ocho o diez hombres leen trabajosamente un papel debajo de un mechero de gas que el farolero, con su palo largo, acaba de encender. Las mujeres forman corros también a la puerta de las casas. Y nadie se acuerda del niño que ha quedado solo allá, en lo alto del pescante. «Un toro ha matado al Espartero». Juan, asustado, mira a su alrededor. La calle se ha puesto rara, triste. El niño percibe desde su atalaya la sensación que la muerte del Espartero ha causado en la calle, y sin saber por qué se acongoja. Le entran ganas de llorar y al final llora. ¡Un toro ha matado al Espartero!

Esta primera sensación de la vida de Juan parece auténtica. A reafirmarla y vestirla viene luego el pomposo espectáculo funeral con que Sevilla señaló la muerte del torero. Tras la pompa del entierro vinieron los tanguillos tristes que lo evocaban: *Cuatro caballos llevaba / el coche del Espartero...* Y los pasodobles elegiacos: *Manuel García, el «Espartero» / el que fue rey / de los toreros...*

La infancia de Juan está presidida por este culto popular a la muerte heroica del torero. Es el acontecimiento más importante de su niñez. Años después, cuando Juan se da ya cuenta de todo, siguen cantando aquella muerte gloriosa los corros de niñas que se forman al caer la tarde en el fondo de las plazuelas solitarias.

LAS MONJAS DE SANTA CLARA

La familia de Juan va a vivir más tarde a la calle Roelas, una callecita estrecha, situada a espaldas de la calle Hombre de Piedra. La tapia del convento de Santa Clara corría a lo largo de esta callecita, y la chiquillería del barrio se ejercitaba en trepar por el paredón conventual y asomarse a las celosías de las ventanas para escandalizar a las monjitas con sus picardías: *Tienen un loro / las monjas del convento / de Santa Clara...*

Juan iba con los granujillas a gatear por la tapia del convento para asustar a las monjas. Una mañana apareció un hombre ahorcado en aquel paredón, lleno de desconchones y coronado por los jaramagos. Alguien pintó con almagra una cruz grande en el sitio de la tapia donde estuvo colgado con la lengua fuera aquel desdichado, y a partir de entonces fue aquel un lugar sagrado y temible para la chiquillería.

—De noche —dice Juan— no se pasaba por aquel sitio. Ningún chiquillo del barrio se hubiese atrevido. No sé qué terror a lo desconocido nos infundía aquella cruz roja y grande marcada en el muro. Al toque de oraciones, entre dos luces ya, me encontraba yo muchas tardes al otro lado de la calle, y para ir a mi casa tenía que dar la vuelta a la manzana. Algunas veces me quedaba en la esquina con los pies clavados en el suelo, viendo a lo lejos la cruz de almagra iluminada por el parpadeo triste de un farol de gas. ¿Y si me atreviese? ¿Qué me pasaría? Una noche me atreví. Eché a andar con los dientes apretados y el corazón saliéndoseme por la boca. Pasé. ¡Cómo sonaban mis pasos en aquella callecita estrecha y solitaria! Nunca me he sentido más hombre. Serio, serio, con los puños crispados, apretándome el fondo de los bolsillos y los ojos clavados en la cruz de almagra, pasé junto a ella desafiándola. ¡Con qué fuerza respiré cuando me vi al otro lado! ¡Qué placentera sensación de confianza en mí mismo!

Había hecho mi primera heroicidad. Parecerá grotesco, pero nunca he estado tan contento y tan orgulloso de mí mismo como aquella noche.

«Serio, serio, con los puños crispados, apretándome el fondo de los bolsillos y los ojos clavados en la cruz de almagra, pasé junto a ella desafiándola» [Martínez de León].

Juan se iba volviendo malo. Sus incursiones llegaban ya hasta La Alameda, sede de toda la granujería del barrio. Al final de La Alameda se alzaba un palacete llamado El Recreo, a cuya entrada había una rampa para salvar el desnivel del suelo, sostenida por un muro que remataban artísticamente dos esfinges de bronce, a las que no se sabe por qué los sevillanos llamaban sirenas. Lo que más divertía a los niños de La Alameda era encaramarse al paredón y avanzar por su borde, guardando el equilibrio hasta llegar a las sirenas que quedaban a considerable altura.

—La hombrada —dice Juan— consistía en llegar hasta la sirena, montarse en su grupa y abrazarla por detrás, llegándole con las manecitas al pecho duro y frío.

Una tarde, por alcanzar con mis brazos cortos el pecho de bronce de la sirena, me caí y me abrí la cabeza. Me llevaron sangrando a la Casa de Socorro de la plaza de San Lorenzo. Sentado al fresco en la plaza estaba un practicante gordo, que con mucho sosiego recogió su silla, su paipay y su periódico y se dispuso a curarme.

—Te va a doler mucho, mocito. A ver cómo te portas —me dijo con un aire tan natural y sencillo que me serené por completo.

Con sus dedos grandes y carnosos, el practicante estuvo lavoteándome y cosiéndome la cabeza sin que yo chistase. Fue la primera sensación de desgarramiento, de dolor de la carne, de gasas y vendas que tuve en mi vida. No me desagradó demasiado. Todavía recuerdo con una rara complacencia aquella cura dolorosa, aquel practicante impasible y aquella tarde suave en la plaza de San Lorenzo, cuando al salir de la Casa de Socorro me encontré en ella con la cabeza entrapajada.

Al volver a casa fue más doloroso y más feo. Era ya en mis oídos una obsesión aquella cantinela: «Este niño se está volviendo más malo cada día».

ALIMAÑAS CAUTIVAS

Me mandaron a la escuela como castigo. Era, de verdad, un castigo aquel caserón triste, con aquellas cuadras húmedas y penumbrosas y aquellos maestros malhumorados, en los que no suponíamos ningún humano sentimiento. Se decía que el edificio de la escuela había sido en tiempos una de las prisiones de la Inquisición, y había corrido la voz entre los niños de que en los sótanos se conservaban los aparatos de tortura que usaron los inquisidores. Todo aquello daba a la escuela un aire siniestro. Lo temíamos todo, y cuando traspasábamos aquel portalón sombrío, era como si nos metiésemos en la boca del lobo. Frente al maestro teníamos una actitud hostil y desesperada de alimañas cautivas. El miedo real a la palmeta y un terror difuso a no sé qué terribles torturas inquisitoriales que nos imaginábamos, nos acorralaban ordenadamente en los duros bancos de la escuela. Una vez un maestro se entusiasmó golpeando a un niño. Le tiramos un tintero a la cabeza y nos fuimos.

Yo no fui a la escuela más que desde los cuatro hasta los ocho años. Me enseñaron a leer y escribir dolorosamente, es cierto, pero muy a conciencia. Esa fue toda mi cultura académica.

CUANDO SE ME MURIÓ MI MADRE

Por entonces nos fuimos a vivir a Triana. Caímos en una casa de vecindad de la calle Castilla. Allí murió mi madre. No recuerdo de ella sino que era muy joven y muy guapa. Cuando se murió, las vecinas la amortajaron y le soltaron las trenzas, poniendo su gran mata de pelo extendida sobre la almohada. Me acuerdo del perfil sereno de mi madre aquel día y de su pelo negro, caído sobre los hombros afilados y el pecho hundido. Pusieron la cama de la muerta junto a una ventana que daba a un corredor, por el que toda la mañana estuvieron desfilando las vecinas que iban a llorarla. Debieron sentirla mucho: por joven y por guapa.

Las vecindonas de todo el barrio, haciendo un alto en sus faenas, acudían arremangadas y con los hijuelos a rastras para ponerse delante de la ventana de nuestro cuarto a mirar a mi madre muerta, a gemir por ella y a ponderar su mata de pelo. Yo, desde el rincón del patio donde me habían confinado, las veía ir tristes y volver sollozando. Nadie me hacía caso. Cuando, poquito a poco, me acercaba, un pariente o un vecino me empujaba suavemente diciéndome:

—Anda, Juan, vete a la puerta de la calle a jugar con los niños.

Por la tarde, a la hora del entierro, me pusieron un babadero negro y me echaron a la calle a jugar. Vinieron, mandados por sus madres, unos niños y me propusieron que jugásemos a las bolas. Mientras jugaba con ellos, yo seguía disimuladamente con la vista los preparativos del entierro, el entrar y salir de los deudos y amigos, todo aquel ajetreo lento y silencioso. A medida que caía la tarde, una gran tristeza iba cayendo sobre mí. Yo estaba allí jugando con mis amigos como si tal cosa, pero allá en lo hondo me nacía una amargura, un desconsuelo que antes no había sentido. Era una sensación de soledad, de vacío, de no ser nada. No me hacían ningún caso. «Tú, a jugar con los niños», me habían dicho, y, resignadamente, yo jugaba con ellos y jugando me distraía mientras se llevaban a mi madre muerta, pero sin que se me cayese del pensamiento aquella cavilación de la soledad en que me dejaban, aquella pena discreta, contenida, de niño que se da cuenta y no quiere que lo adviertan, aquella amargura de que no me hiciesen caso, de que no me diesen vela en aquel entierro que, lo adivinaba, era el entierro que más hondo había de llegarme en la vida. Con esta maquinación jugaba a las bolas, y jugando me divertí hasta que fue de noche y vino mi padre a llevarme consigo de la mano.

Esto fue lo que yo sentí cuando se me murió mi madre, siendo yo un chavalillo.

II

LOS CAZADORES DE LEONES

Como a todos los niños a los que se les muere pronto la madre, me dieron —o me tomé yo— un aire prematuro de hombrecito. Dejaron de llevarme a la escuela y me metieron en la tienda de quincalla para que ayudase a mi padre. Con el establecimiento de la calle de la Feria se había quedado en definitiva un tío mío al hacer las partijas de la herencia de mi abuelo, y mi padre abrió por su cuenta una tiendecita en un hueco del mercado de Triana. Era un tenderete que teníamos que montar todos los días al amanecer, sacando a la calle los tableros, los caballetes y las cajas con los géneros. Los jueves, además, desmontábamos el puesto, y en un carrillo de manos lo trasladábamos a la calle de la Feria. Empujando el carrillo iba conmigo otro tío mío, que tendría los mismos ocho o diez años que yo tenía. ¡Cómo nos regocijaba meter las ruedas del carrillo en los raíles del tranvía y lanzarnos a carrera abierta por las calles en cuesta abajo! Estas faenas eran divertidas. Lo terrible para mí era estar en el puesto, y, sobre todo, vender.

LAS MANOS Y LOS OJOS DE LAS ALGABEÑAS

Antes de dejarme solo en la tienda, mi padre, cuando iba a tomarse una copa en la taberna de la esquina, me hacía prudentes advertencias:

—Fíjate bien a cómo vendes, aguanta el regateo, no te dejes convencer, suena bien la moneda que te den para pagarte, y, sobre todo, ¡no le quites ojo a las manos de las algabeñas!

Las mujeres de La Algaba tenían fama de ladronas en el mercado de Triana y en los puestos del jueves. No sé si merecida o inmerecidamente, se les atribuía una extraordinaria habilidad de manos para escamotear los géneros a los comerciantes pazguatos, y mi obsesión, cuando mi padre me dejaba solo en la tienda, eran aquellas manos ladronas de las algabeñas. En cuanto se me acercaba al puesto una de aquellas mujeres que por el aire o el acento me parecía de La Algaba, empezaba a sufrir. ¿Se habrá llevado ya algo? —me preguntaba, angustiado, apenas me daba la mujer los buenos días—. Porque lo que no sabía mi padre, ni lo sospechaba, era que a mí podía robárseme impunemente, sin ninguna habilidad de manos, por la sencilla razón de que yo no me sentía capaz de acusar a nadie de haberme robado, aunque le hubiese echado mano a la cosa en mis mismas nari-

Juan Belmonte a los doce años.

ces. En aquella edad era yo de una timidez casi patológica; no estaba seguro de nada; el mundo tenía para mí muchas sorpresas y mucha confusión; no sabía separar netamente las fronteras de la realidad y de la fantasía, y tenía tan poca fe en mis sentidos, que habiendo visto que alguien me robaba, no me hubiese atrevido a asegurarlo, por temor a que no fuese cierto. ¿Y si acusaba de ladrona a una mujer y luego resultaba que me había equivocado? ¿Y si, siendo verdad, no podía demostrárselo? ¡Qué vergüenza y qué pena! No, decididamente las algabeñas podían venir a saquear la tienda en mis narices si se les antojaba. La suerte era que ellas no sabían la triste disposición de ánimo en que estaba aquel vendedorcito atónito. Gracias a que no lo sabían no anticipé en unos años la ruina de mi padre.

Lo que sí adivinaban era mi impotencia para resistir al regateo, y se aprovechaban de ella. Parecía que estaban esperando a cogerme solo en el puesto para presentarse a comprar. Al principio de la batalla yo mantenía heroicamente los precios marcados, pero las muy ladinas empezaban a discutir, y poco a poco iban envolviéndome con sus razonamientos, súplicas, desplantes y zalamerías. Me daba vergüenza resistir tanto tiempo. Me ponía rojo como un tomate, olvidaba la precaución elemental de mirarles las manos, les miraba, en cambio, a los ojos, pidiéndoles un poco de piedad para mi invencible timidez, y terminaba aceptando, sin contarlas ni mirarlas siquiera, las monedas que buenamente querían ponerme en la mano, asqueado de tener que discutir y regatear tanto con aquellas mujeres, cuyos ojos, hasta los de las viejas, tanto me impresionaban y aturdían. Yo, huérfano de madre, no estaba habituado al trato con mujeres, y cuando las tenía cerca me azoraba. A veces volvía mi padre de la taberna en el momento preciso en que me habían dado coba, cuando ya la mujer tenía su compra en las manos.

—¿Cuánto has cobrado por eso?

—Tanto —confesaba yo, ruboroso, y queriendo que me tragase la tierra.

Mi padre ponía el grito en el cielo, arrancaba el paquete de las manos de la compradora, le tiraba a la cara las monedas que me había dado, y se ponía a injuriarla con las peores palabras que he oído en mi vida:

—¡Ladrona! ¡Guarra! Venir a engañar a la criatura. Váyase de aquí si no quiere que la arrastre por el moño. ¡La tía pendona! ¡Se creerá usted que este encaje de bolillos lo hace su marido con los cuernos!

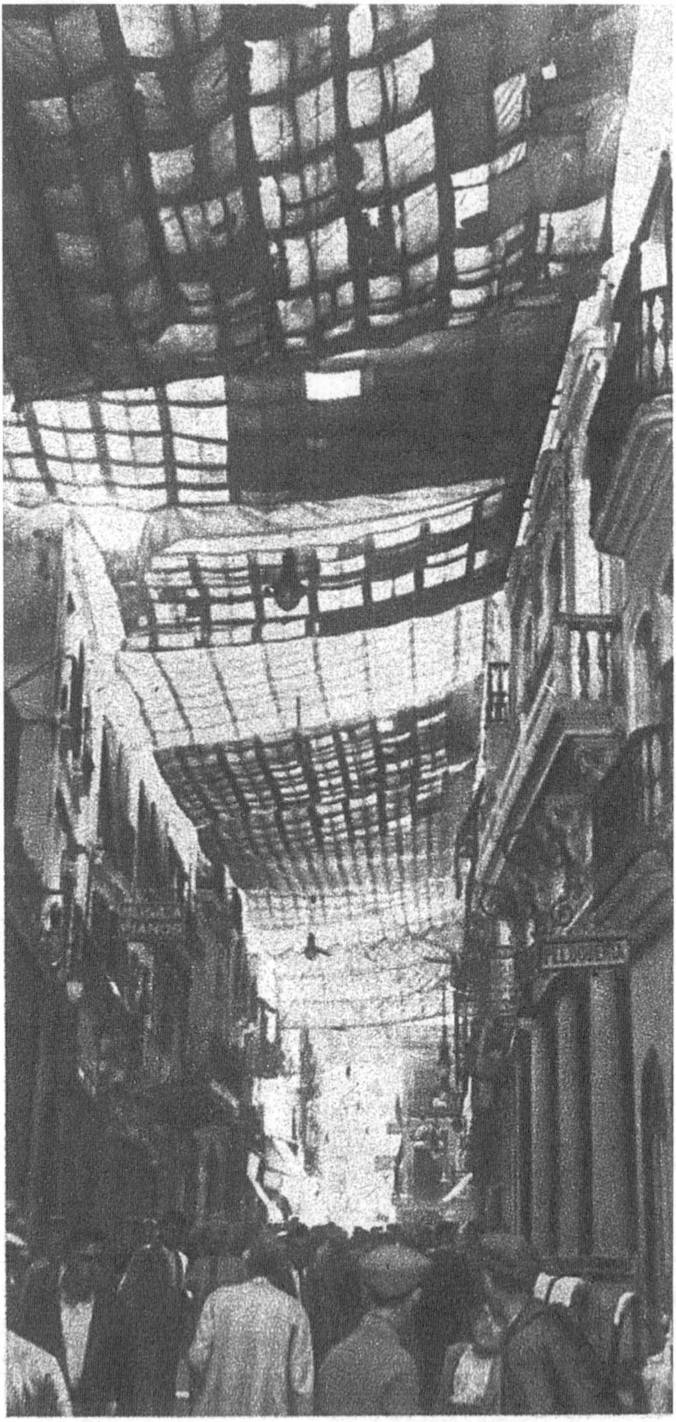

La calle Sierpes, a la sombra de los toldos.

Yo me moría de vergüenza. Tenía mi padre un sistema de ventas personalísimo que consistía en entablar una polémica rabiosa con cada compradora. A las mujerucas de los pueblos que acudían a nuestro puesto de quincalla, mi padre les vendía sus baratijas insultándolas y menospreciándolas con una fraseología violentísima; ellas tampoco tenían pelos en la lengua, y nuestro honrado comercio se desarrollaba entre interminables letanías de insultos y un feroz navajeo de frases. Yo no conseguía acostumbrarme a aquella «táctica» comercial. Todavía no sé cómo ni por qué las compradoras aguantaban a mi padre. Y el caso era que, según decía la gente, tenía buena mano para vender.

EL NIÑO EN EL CAFÉ

El puesto se cerraba temprano, y mi padre se marchaba al café. Muchas tardes me cogía de la mano y me llevaba consigo. Íbamos a la calle Sierpes y paseábamos por ella lentamente, parándonos a cada momento en las tertulias que se formaban a la puerta de los cafés y las borracherías. En la calle Sierpes se desarrollaba entonces la vida entera de Sevilla. A los señoritos se les veía a la puerta de los casinos lustrándose las botas, y allí se les iba a pedir recomendaciones y empeños. Frente a la Peña Liberal había siempre corrillos de pretendientes esperando a don Pedro la Borbolla; en las mesas de mármol del Café Central cerraban sus tratos ganaderos y labradores, y se firmaban los contratos de los toreros; al Café Nacional iban los funcionarios del Estado y los prestamistas, los empleados del Ayuntamiento y los curiales; en medio de la calle, a la sombra de los toldos, discutían horas y horas los corredores de granos con sus puñaditos de garbanzos liados en un pedazo de periódico, y los negociantes en aceite con sus tubos de muestras que enseñaban al trasluz aparatosamente, entre una nube de vendedores de lotería, limpiabotas y camaroneros.

Mi padre iba habitualmente al Café América y al Café Madrid; este último tenía en el fondo un patio grande y fresco con mesas de billar monumentales, en las que se jugaba a la «cuarenta y una», la «vuelta al mundo» y el «chapó». Mi padre era punto fuerte en estos torneos.

Cuando llegábamos al café se estaba un rato observando juego, y luego, al empezar una partida que le convenía, pedía bola —no se le podía negar a nadie—, reclamaba su taco, el suyo, y se ponía a jugar sosegadamente, con mucho tiento y mesura. Jugaba bien; tanto, que muchas veces su sola aparición desbarataba las partidas. Aquellas eran unas partidas formales en las que se jugaba fuerte. Nada de carambolistas ni de mesas pequeñitas: palos y troneras. Los jugadores eran, por lo general, hombres maduros y castizos, flamencos viejos, gente experimentada que jugaba con mucho estilo y prosopopeya: el sombrero echado a la cara, las rizadas «persianas» tapándoles las sienes y un mondadientes en la boca. Algunos usaban todavía el hongo, el pantalón abotinado y la leontina de oro.

Mientras mi padre jugaba, yo me dedicaba a merodear por el café comiéndome los terrones de azúcar que encontraba en las mesas y bebiéndome con mucho deleite las «gotas» de licor de rosa con leche que entonces daban de propina a los clientes. Mi padre, cada vez que ganaba una partida, una «guerra», como en el argot del juego se llamaba, me daba una perra gorda; yo salía disparado para la pastelería del Suizo, que estaba al lado, y me comía un pastel. Los días en que mi padre tenía fortuna, yo cogía una indigestión.

Estuve yendo al café con mi padre desde los ocho hasta los once años. Aprendí allí algunas cosas fundamentales, entre otras, a saber cómo debe comportarse un hombre que se estime. Mientras los amigos de mi padre charlaban, yo estaba calladito y disimulado en el diván, aprendiendo mi lección de hombría. Escuchaba, estirando las orejas, cómo aquellas reuniones de hombres hablaban de mujeres: me familiarizaba con la idea de que la mujer es un bicho malo y agradable al que hay que cazar arteramente y despreciar después; medía ya la trascendencia que tiene el hecho de que un hombre dé su palabra, y sabía en qué circunstancias le es lícito recogerla. Toda esa casuística flamenca de la hombría la había aprendido yo en los divanes del Café Madrid cuando apenas tenía once años. No es mala escuela de costumbres el café.

Pero mi padre, cuando yo iba siendo un hombrecito, empezó a darme de lado. No sé por qué, pero lo cierto es que a los once años dejó de llevarme al café. No le gustaba. Me sustituyó con mi hermano Manolo. Con todos sus hijos le pasó lo mismo. Cuando iban siendo grandullones los alejaba de su vera.

NIETOS DE RINCONETE Y CORTADILLO

Cerrábamos la tienda por la tarde, se iba mi padre al café a jugarse los cuartos a la «cuarenta y una» y yo me encontraba en el Altozano, adonde habíamos ido a vivir, sin saber qué hacer ni qué rumbo tomar. Amigos de mi edad no tenía; yo era un hombrín de café, apersonadillo, al que faltaba el regulador de los compañeros de colegio; mi hermano Manolo era tan chico que no me servía más que para embestirme cuando jugaba al toro. Allí, en la plaza del Altozano, a la que iban muchos torerillos, yo jugaba al toro, pero sin ningún designio profesional; mentiría si dijese lo contrario. Jugaba al toro de una manera natural, como jugaban entonces todos los niños de mi edad, los mismos que hoy juegan invariablemente al fútbol. Otra de mis diversiones infantiles, acaso la que más ha perdurado en mí, era el acoso y derribo de reses. Armado con la pértiga que nos servía para echar el cierre de la tienda, acosaba y derribaba a los perros de la vecindad con bastante destreza. Hoy, todavía, eso de acosar a una becerra y derribarla con la garrocha es el ejercicio que más me divierte. Más que torear.

En aquella época de desorientación, cuando mi padre me dio de lado y me encontré en la plazoleta del Altozano a mi albedrío, fue cuando más riesgos de extraviarme corrí. Merodeaban por Triana tropillas de granujas de toda laya, a cuyos herméticos círculos me acercaba yo con fervor de neófito. Me enseñaron a fumar, a beber aguardiente, a meterme con las mujeres y a jugar al rentoy. No fui mal discípulo de aquella escuela de rinconetes y cortadillos, y en pocos meses sabía todas las picardías clásicas.

Me cortó la carrera de pícaro, que con tan buenos auspicios comenzaba, la amistad que trabé con tres amigos raros que me salieron.

EN EL MUNDO DE LA FANTASÍA

Eran tres muchachos raros que no se parecían a los demás muchachos que andaban por Triana. Eran tres hermanos tipógrafos, que tenían una imprentita en el hueco de una tienda accesoria. No sé si por amor del oficio, o por qué, lo cierto es que les daba por leer y, convirtiendo la lectura en un verdadero vicio, se metían entre pecho y espalda todos los folletines que caían buenamente en sus manos y los que afanosamente buscaban por toda Sevilla.

La amistad con aquellos tres tipos raros me contagió, y ya no hice otra cosa durante muchos meses que leer desesperadamente, con verdadera fiebre. Devoraba kilos y kilos de folletines por entregas, cuadernos policíacos y novelas de aventuras. Los héroes del Capitán Salgari, Sherlock Holmes, Arsenio Lupin y Montbars el Pirata eran nuestra obsesión. Más tarde, empezó a publicar unos cuadernos con novelas de más enjundia una editorial, que, si no recuerdo mal, estaba dirigida por Blasco Ibáñez, y de semana en semana esperábamos angustiosamente el curso de las aventuras maravillosas que corrían nuestros héroes novelescos.

El efecto que la lectura producía en aquellos tres muchachos y en mí era tan intenso, que mientras estábamos leyendo una de aquellas novelas de aventuras nos identificábamos con el héroe, hasta el punto de que la vida que vivíamos era más la suya que la nuestra. Seguíamos las sugestiones de los folletines con tal fervor, que una semana éramos piratas en el golfo de Maracaibo, y otra, detectives en Whitechapel, y otra, ladrones en las orillas del Sena. Pero la sugestión más fuerte que padecimos fue la de los audaces exploradores del corazón de África. Lo que más nos impresionó de todo aquel mundo de la fantasía en que vivíamos fue la figura gallarda del cazador de leones en la selva virgen. Aquella lucha clásica del hombre con la fiera nos hacía desvariar de entusiasmo. En unas tiendas de cuadros de la calle Regina había entonces unos cromos con escenas de la caza de fieras en África y la India, con tan vivos colores pintados, que ante ellas nos pasábamos horas y horas vibrando de emoción y esperando de un momento a otro que el cromo se animase y la escena de la cacería que representaba prosiguiese. Si este hecho milagroso se hubiera producido, no nos habría causado la menor extrañeza. Había en uno de aquellos cromos un cazador blanco con su salacot y sus polainas relucientes, que estaba rodilla en tierra con el rifle echado a la cara apuntando serenamente a un tigre formidable que clavaba su garra en el pecho desnudo de un negrito. Aquel cazador impertérrito era nuestro ídolo, lo que todos hubiéramos querido ser: nuestro arquetipo.

Hablando y hablando entre nosotros de la caza del león en el África inexplorada, fue formándose en nuestro ánimo la confusa aspiración de cazar leones. Y los cazábamos. ¿Qué se debe hacer —nos preguntábamos en nuestros conciliábulos— cuando se han marrado las dos balas del rifle, y el león, furioso, avanza sobre nosotros? ¿Es prudente bajar del lomo del elefante para auxiliar a un esclavo negro, sorprendido por el ataque súbito de la fiera? Naturalmente, el león moría y el negrito se salvaba.

Llegó un momento en que la realidad, la autenticidad, la plástica de nuestras cacerías era más fuerte que la imposibilidad de encontrar leones en los alrededores de Triana, y como las mayores dificultades estaban ya vencidas por nuestra imaginación, pensamos que lo que menos importancia tenía era irse a buscarlos. Y decidimos solemnemente irnos al África a cazar leones.

LOS PIRATAS DEL GUADALQUIVIR

Los preparativos de la expedición fueron laboriosísimos. Al principio, los cuatro chavales teníamos el mismo entusiasmo; pero a medida que se fueron concretando las cosas surgieron las vacilaciones y las discrepancias.

La primera dificultad era el dinero. Hacía falta mucho dinero para equiparnos, para ganar la voluntad de las tribus salvajes que habían de darnos los guías, aquellos negritos que de vez en cuando debían comerse los leones, y para pagar y dar de comer a nuestra tropa. Y, ante todo, había que fletar un barco. ¿Cuánto dinero costaría fletar un barco? La empresa era superior a nuestra imaginación, y estuvimos a punto de fracasar, no por falta de dinero, sino de fantasía, que es por lo que se fracasa siempre. Cuando los tres hermanos tipógrafos se rendían descorazonados ante la imposibilidad de reunir con nuestros ahorrillos dinero bastante para comprar un barco aceptable y todo parecía perdido, tuve yo una decisión heroica. Vamos —les dije— al corazón de África a luchar con peligros sin cuento; cada día surgirán ante nosotros conflictos mayores que este del barco y necesidades más apremiantes, a las que tendremos que subvenir con nuestros propios medios. ¿Cómo vamos a detenernos ante la falta de dinero para comprar un barco? ¡Si no se tiene dinero para comprarlo, se roba!

Mi audaz determinación produjo en los tres hermanos tipógrafos gran entusiasmo. A la mañana siguiente andábamos los cuatro con las manos en los bolsillos por los malecones echándole el ojo a aquellos bergantines que venían de Dinamarca al Guadalquivir cargados de

«Espiábamos desde el malecón la cubierta de los barcos» [Martínez de León].

duelas y bacalao. Yo estudiaba cautamente desde el malecón la cubierta de aquellos barcos, en la que unos marineros, torpones y adormilados, recosían las velas, freían sus tajadas de sábalo o jugaban descuidadamente con el perrillo de a bordo, y me parecía la cosa más hacedera del mundo sorprenderles, tirarlos por la borda, levar anclas y salir navegando río abajo. Mis camaradas tenían algunas dudas sobre el éxito de la intentona. Yo, no. Alguno de ellos tuvo un momento de clarividencia y se separó de nosotros, diciéndonos que estábamos locos. Aquella cobardía no nos hizo retroceder. Tiraríamos por la borda a los marineros daneses y nos llevaríamos el bergantín. ¡No faltaría más!

Decidido esto, nos aplicamos a resolver las restantes dificultades. Para reunir dinero acordamos que todas las semanas ahorraríamos, de nuestros gastos, una cantidad que podría oscilar entre uno o dos reales, y con el fondo común que formásemos compraríamos las armas y los pertrechos necesarios. Varias semanas de ahorro y pequeños hurtos domésticos nos proporcionaron el caudal suficiente para comprar en el jueves dos cañones de pistola, sin culata ni gatillos, y una escopeta vieja, tan inservible, que el baratillero no tuvo de seguro ningún resquemor al ponerla en nuestras infantiles manos. Pero nuestro esfuerzo económico caminaba más lentamente que nuestra imaginación, y pronto advertimos que tardaríamos muchos años en reunir el dinero necesario para equiparnos decentemente como cualquier explorador que se estime. Entonces se hicieron más patentes las discrepancias. Unos eran partidarios de que la expedición se aplazase *sine die*, y otros de que sin más dilaciones partiésemos inmediatamente. ¿Qué más nos daba tener un barco cargado de pertrechos o no tenerlo si el primer coletazo que nos diese una ballena podía hacernos naufragar y colocarnos en el trance de llegar a nado a una playa desierta, en la que tendríamos que inventarlo todo otra vez? Jamás una expedición ha fracasado por incidente tan insignificante como este. Pues imaginemos que ya nos ha dado el coletazo la ballena y continuemos como si acabásemos de llegar a la playa desierta. Esta reflexión no sirvió para convencer a todos. Otro de los tipógrafos desertó cobardemente, y al final me encontré mano a mano con el único de los tres hermanos que seguía teniendo fe y estaba, como yo, resuelto a vencer o morir. Nos estrechamos la mano, como dos hombres que éramos, y nos juramentamos para ir al África salvaje a cazar leones, solos o acompañados, con dinero o sin él, embarcados o a pie, con armas o sin ellas.

En cuatro o cinco entrevistas nocturnas y sigilosas nos pusimos de acuerdo aquel bravo muchacho y yo. No esperaríamos más. Prescindiríamos del barco y nos iríamos a pie hasta Cádiz. Allí acecharíamos el primer buque que zarpase para las costas africanas, y ya nos las ingeniaríamos para meternos en él sin ser vistos y pasar el Estrecho. Lo demás, ya se arreglaría en África.

Un poco de dinero no estaría de más, sin embargo. Metí mano al cajón del puesto de quincalla y me hice con unas pesetillas. Ya todo resuelto, llegué una noche a casa, y mi padre, que no debía estar muy satisfecho de mi conducta, me sentó la mano de firme con no sé qué plausible pretexto. Aquel castigo decidió el rumbo que había de tomar mi vida. Le hurté a mi padre el reloj, lo llevé a una casa de préstamos, donde me dieron por él algún dinero, y aquella misma tarde, al obscurecer, salimos de Triana el tipógrafo y yo, dispuestos a dejar el África descastada de leones.

MALAS COSTUMBRES DE LOS CUERVOS

Echamos a andar cara al mundo con una alegría y una emoción inefables. Íbamos por la carretera de Dos Hermanas, camino de Cádiz, y cada vez que volvíamos la cabeza y veíamos a lo lejos la silueta de la Giralda fundiéndose en el crepúsculo y la distancia, nos parecía que nos nacían alas en los talones y que aquel mundo viejo y gastado de la ciudad, que las sombras de la noche se tragaban, iba a sustituirlo súbitamente un mundo maravilloso poblado por negros relucientes, elefantes monumentales, leones rampantes, cocodrilos, águilas, aldeas salvajes de radiantes colores, ríos surcados por veloces piraguas y selvas prodigiosas.

El cabecear rumoroso de los chopos y eucaliptus de la carretera movidos por el viento acompañaba nuestros pasos y nuestras imaginaciones. Cuando ya no se vio Sevilla, tuvimos un momento de congoja. No nos dijimos palabra, y apretamos el paso. Noche cerrada ya, caminamos durante una hora, dos, tres... Hacía frío. El campo era demasiado grande y estaba demasiado solitario. Pasamos, sin atrevernos a entrar, por delante de una venta, en la que una cortinilla recogida y la luz rojiza de un quinqué de petróleo me dieron, por primera vez, la sensación y la nostalgia del hogar. Ya debía ser de madrugada, cuando acordamos hacer un alto en la marcha para descansar hasta el día siguiente. ¿Dónde nos refugiaríamos para dormir? No debíamos acercarnos a lugar poblado para no ser descubiertos, pero también era imprudente echarse a dormir en el suelo. En aquel país que atravesábamos podía muy bien haber serpientes venenosas.

Estábamos en un cruce de la carretera con el ferrocarril. Al lado de la vía había unos montones de traviesas y decidimos encaramarnos a uno de ellos y dormir allí hasta que fuese de día. Así lo hicimos. Yo me acomodé como pude sobre uno de aquellos tablones, e intenté vanamente conciliar el sueño. Por encima de nuestras cabezas había visto volar unos pajarracos que se posaban cautelosamente en los postes del telégrafo. ¿Serán cuervos? ¿Estarán acechándonos?, pensé. Como todo el mundo sabe, los cuervos, con sus picos ganchudos, suelen sacar los ojos a los jóvenes cazadores de leones que se duermen incautamente en los caminos.

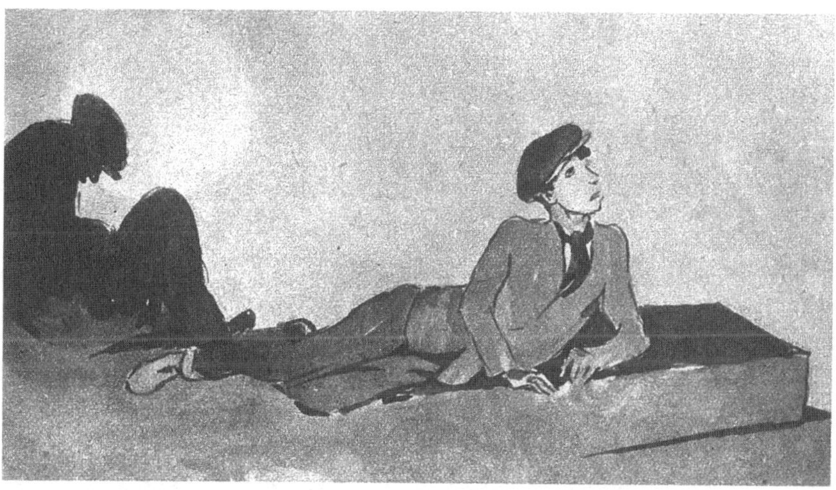

«Por encima de nuestras cabezas había visto volar unos pajarracos que se posaban cautelosamente en los postes del telégrafo. ¿Serán cuervos? ¿Estarán acechándonos?, pensé» [Martínez de León].

III

TÚ SERÁS PAPA

No dormí. Cara al cielo estrellado, con la espalda dolorida, como si estuviese crucificado en aquel madero, las piernas agarrotadas por el frío de la madrugada y los espantados ojos muy abiertos, estuve mirando cómo se borraban las estrellas y poco a poco palidecía y se ensuciaba de vetas lechosas aquel techo aterciopelado de la noche, que iba a desvanecerse, al fin, con el gran enjuagatorio del alba. Lavó también el alba con sus frías gotas de rocío nuestras caritas de cera abotargadas, y tiritando, entumecidos, nos tiramos abajo del montón de traviesas y echamos a andar otra vez hundiendo nuestras piernecillas desnudas en la hierba mojada.

Salió el sol y empezó a pesar sobre nuestros hombros débiles, como si fuese plomo fundido. A la inclemencia de la escarcha siguió la inclemencia de aquel solazo, y nuestros cuerpecillos sufrían a duras penas tanto y tan inhumano rigor. Vino luego el hambre, y tras ella, la sed con su calcinada angustia. Una densa cortina azul se nos ponía delante de los ojos y nos echaba aturdidos al borde de la carretera. Caíamos jadeantes, extenuados, sin comprender por qué el mundo era tan inhospitalario, tan duro e inclemente. Lo que más hondo desaliento daba a nuestros corazones era aquella impasibilidad del Universo, aquella sublime indiferencia de las cosas, del sol, del polvo, del frío, de todo lo que, sin dirigirse expresamente contra nosotros, nos atormentaba. Hubiese preferido afrontar la lucha con una manada de leones a seguir arrastrándome como una hormiga por aquella lista blanquecina de la carretera que no se acababa nunca.

Mi compañerito y yo nos mirábamos a la cara y no nos decíamos nada. Seguíamos adelante, como dos hombrecitos que éramos, pero simultáneamente un nuevo concepto de las cosas había venido a convencernos de que no íbamos a ninguna parte, de que el mundo no era como nos lo habíamos imaginado y de que lo mejor que podíamos hacer era volvernos a casa. Nos lo callamos dignamente y seguimos. Al atardecer llegamos a Alcantarillas. No nos atrevimos a dormir otra noche a la intemperie y buscamos cobijo en un establo. Llegamos ya de noche, con fiebre y con frío. Cuando entramos en aquel recinto caliente y sentimos en la cara el halago del denso y sofocante ambiente, nos tiramos sobre la paja del suelo, que rezumaba orín de las bestias, y nos quedamos embelesados. Había un fuerte y grato olor a estiércol, y de tiempo en tiempo las bestias se movían pesadamente, amenazando aplastarnos con sus torpes pezuñas. Pronto vinieron también las terribles pulgas del ganado a soliviantarnos, pero era tal el ansia que teníamos de cobijo, de calor animal, que caímos dulcemente en un sueño hondo, congestivo, del que no nos sacaron hasta que fue de día ni los sonoros relinchos ni el estremecido piafar de nuestros compañeros de hospedaje.

A la mañana siguiente echamos a andar por la vía del tren. Aprovechamos el paso de un mercancías, saltamos a él en marcha y nos llevó hasta Lebrija. Después continuamos a pie camino de Jerez. Se nos hizo de noche, y para acortar dejamos a un lado la carretera y nos metimos a campo traviesa por un cerrado de toros bravos. Las jaras nos tapaban. Mi compañerito y yo íbamos abriéndonos camino penosamente por entre los altos jarales cuando rompió la paz de la noche y del campo el berrido de un novillo que, plantado en lo alto de una loma y enseñándole los cuernos a la luna, gritaba a los cuatro vientos su juventud, su pujanza y su celo. Aplastaditos contra las jaras le sentimos pasar a nuestro lado azotándose solemnemente el flanco con el rabo.

Era la primavera, y a lo largo de toda la dehesa nos siguió el berrear majestuoso de los toros en celo. Ni me acordé siquiera de que en el Altozano era yo uno de los chicos que mejor y con más estilo toreaban. Nunca creí que fuese capaz de ponerme delante de un toro.

Al llegar a Jerez vagamos desorientados y fuimos a caer rendidos en el atrio de una iglesia, entre viejos mendigos y tullidos que pordioseaban a las beatas que salían de su novena con el catrecillo bajo el brazo y el rosario entre las manos. Jerez, la ciudad pulcra, aseñoritada, con sus calles limpias, sus casinos ricos y sus mocitos presumidos, nos entristeció aún más y acabó de desmoralizarnos. En Jerez vivía un hermano de mi padre y después de pesar mucho el pro y el contra fuimos en su busca con la cabeza gacha. Era mi tío un humilde trabajador, casado y con seis o siete hijos. Nos recibió bien. Mientras nosotros, dándole vueltas a la gorrilla entre las manos, contábamos, no sin cierto rubor, que íbamos camino de África con unos vagos designios que no nos atrevíamos a concretar, un olorcillo agrio a coles cocidas se nos metía por el sentido. Era la hora de cenar, y mi tía, con muy buena gracia, nos invitó a comer aquellas coles que tan ricamente olían. Yo, que había sentido siempre una gran repugnancia por las coles, me tiré sobre ellas con gran ímpetu. Cuando nos hartamos, nos dejaron dormir, y a la mañana siguiente, contra lo que yo esperaba, mi tío nos despidió amablemente, deseándonos mucha suerte en la empresa que habíamos acometido, no sé si por una humana y piadosa comprensión de nuestro espíritu aventurero o porque no siguiésemos comiéndonos sus coles con tan desapoderado apetito.

Caminamos todo el día, y ya a última hora de la tarde, al coronar una cuesta, nos encontramos de improviso frente al mar, que nunca habíamos visto. Fue una visión deslumbradora. Muchas veces he pasado después por la carretera de Jerez a Cádiz sin encontrar aquel lugar en el que por primera vez se ofreció el mar a mis ojos. Hace dos años, buscando afanosamente el sitio preciso de mi descubrimiento del mar, caí en la cuenta de que aquel día debimos desviarnos de la carretera, y, efectivamente, eché a andar a pie por una trocha y lo encontré. ¡Con qué alegría sentí renacer en mí la emoción inefable de aquel día de primavera, en el que descubrí de una sola ojeada el vasto panorama del mar cuando iba con mis doce añitos frágiles, dispuesto a surcarlo animado por el temple del mismísimo Ulises!

El mar nos dio ánimos, paz a nuestro espíritu conturbado y confianza en las propias fuerzas. Llegamos a Cádiz con el corazón jubiloso. Pero, ¡ay!, la ciudad volvió a empequeñecernos. En Cádiz, como en Jerez, volvimos a sentirnos impotentes. Nos íbamos a la muralla y desde allí mirábamos al mar desesperanzados. Horas y horas estábamos silenciosos contemplando el ajetreo ensimismado de las olas.

Por fin, con una voz velada y un tono patético, mi compañerito formuló la temida y deseada propuesta:

—¿Y si nos volviésemos?

Tuvimos una larga y melancólica conversación allí, frente al mar. Y decidimos regresar a nuestras casas. El mundo no era como nos lo habíamos imaginado leyendo libros de aventuras. Era de otro modo. Pero —¡oh, gran consuelo de la derrota!— ya sabíamos cómo era. No nos equivocaríamos otra vez soñando con leones rampantes, veloces piraguas, selvas vírgenes y bestias apocalípticas. No habíamos conquistado el África salvaje; no habíamos cazado leones. Pero sabíamos ya cómo era, de verdad, el mundo. Le habíamos perdido el miedo. Teníamos su secreto. Ya lo conquistaríamos. Con esta íntima conformidad emprendimos el bochornoso regreso a Sevilla. Es curioso. Del regreso no me acuerdo. No sé cómo volvimos. No me acuerdo de nada. Absolutamente de nada.

La casa donde vivió Belmonte en Triana durante su infancia.

Volvimos vencidos y tuvimos que sufrir humildemente la chacota que hicieron de nuestra aventura amigos y familiares. Mi padre echó la cosa a broma, y yo, humillado, tomé un aire arisco. Entraba en mi casa silencioso y enfurruñado, me sentaba a comer de mala gana, trabajaba sin chistar en lo que me mandaba mi padre, y por las tardes me iba al Altozano a gandulear, irritado contra el mundo entero y contra mí mismo. Me divertía toreando. En aquellos corros de zagalones que se juntaban a la bajada del puente para jugar al toro conseguí cierto prestigio como torero de salón. Lo toreaba todo: perros, sillas, coches, ciclistas; le daba media verónica y un recorte a una esquina, a un cura, al lucero del alba.

Una tarde estaba en la plazoleta del Altozano toreando a un amigo que me embestía con mucho coraje, cuando advertí que en el pretil del puente había varios señores mirándome. Uno de aquellos señores me llamó. Acudí orgulloso con la gorrilla en la mano.

—Oye, chaval —me dijo—. ¿Tú dónde has toreado?

—En ninguna parte, señor.

Metió mano al bolsillo del chaleco y me dio un duro diciéndome:

—Toma. ¡Tú serás torero!

Me he acordado muchas veces de aquel duro y me habría gustado saber quién era aquel señor.

El duro ganado con el capotillo me aficionó aún más al toreo de salón y llegué a tener cierta fama entre la chavalería de Triana. Lo que ni siquiera se me ocurría pensar era que yo pudiese hacerle aquello mismo que les hacía a los amigos a un toro de verdad. Nunca creí que fuese capaz de ponerme delante de un toro. Todavía hoy no lo creo. Cuando voy a la plaza como espectador y sale el toro, tengo siempre la íntima convicción de que yo no sería capaz de lidiarlo.

Esto, a pesar de que yo había demostrado mi decisión hacía ya mucho tiempo.

Siendo aún muy pequeñín, mi familia fue un día a una venta de la Pañoleta a comerse unos pollos con tomate. En aquella venta había una placita, en la que se lidiaban becerretes, y yo, cuando lo supe, me lie a la cintura un trapo rojo y me fui con mi gente llevando la secreta decisión de torear. Resultó que el becerro que había entonces en la venta era ilidiable. Coceaba, mordía, todo, menos embestir por derecho, y los aficionados lo habían dejado por imposible; el dueño de la venta se negaba a sacarlo a la placita. Mientras mi familia comía sentada al sol a la puerta de la venta, yo me fui al corralillo donde estaba encerrado el becerro, me descolgué por la tapia, saqué mi trapo rojo y desafié al irascible animal citándolo por derecho.

—¡Ju, toro!

Estaba el becerro en un chiquero que tendría escasamente tres metros de largo por dos de ancho. Pegado a una pared estaba yo con mi capotillo abierto, y aculado a la otra permanecía el animal mirándome con asombrados ojos. Le cité una vez y otra inútilmente. No debía explicarse mi presencia en su cubil ni se decidía a tomar en serio mis desplantes. Mientras tanto, mi familia me había echado de menos y andaba buscándome por toda la venta. Cuando dieron conmigo estaba yo hincado de rodillas ante el becerro con el trapo desplegado en sus hocicos. Nadie se explicó cómo no me había mordido la cabeza, que yo ponía incautamente al alcance de sus dientes amarillentos.

«Estaba yo hincado de rodillas ante el becerro con el trapo desplegado en sus hocicos» [Martínez de León].

LA LECCIÓN DE INGLÉS

Ser torero de salón en el Altozano no era ciertamente una posición seria en la vida, y mi padre decidió enviarme a Huelva con un tío mío que tenía abierto comercio. Era aquella una tienda grande, con muchos dependientes y un aire importante de negocio serio, al que me aficioné como no había conseguido aficionarme al tejemaneje de mi padre en su puestecillo de quincalla. Olvidé los folletines de aventuras y los toros y me apliqué al comercio con mis cinco sentidos, hasta el punto de que unos meses después era yo el dependiente más listo de la casa, el más adicto y celoso. Mi tío descubrió en mí unas excepcionales facultades para el comercio y se dispuso a protegerme. Tenía el pensamiento de adiestrarme y enviarme a Buenos Aires, con el designio de que sucediese en su industria a otro pariente nuestro que había hecho fortuna. Resolvió mi tío que me había de ser provechosísimo aprender inglés y contrató para que me lo enseñase a un pintoresco súbdito británico que andaba por Huelva dando bandazos. Era un sujeto estrafalario y simpático, bastante borracho y entusiasta rabioso de Andalucía y sus costumbres. Venía todos los días a darme su lección de inglés, pero la realidad era que se pasaba el tiempo aprendiendo modismos flamencos, chulerías y frases en caló, que yo le enseñaba, con gran regocijo por mi parte. Descubrió mi afición a torear y ya no hicimos otra cosa. Me ponía una silla por delante y me hacía estarme la hora de clase dándole verónicas y recortes. Otras veces me embestía él mismo, mugiendo y haciendo una grotesca imitación del toro. Terminó cogiendo el capotillo y dando unos disparatados lances que me hacían reventar de risa. El final de aquello fue que el inglés aprendió a torear y decir chulerías; yo no aprendí ni una sola palabra de inglés y mi tío me retiró su protección, considerando frustradas las ilusiones que había puesto en mí. Se unió a esto el haberse descubierto que yo daba mal ejemplo con mis flamenquerías a los demás dependientes. No sé por qué, yo llevaba siempre, en el bolsillo interior de la chaqueta, un cuchillo de aguzada punta. Pura petulancia infantil. Los dependientes me imitaron incluso en esto, y un día, al saltar el mostrador uno de ellos, se clavó el cuchillo en el sobaco y a poco se mata. Mi tío me consideró elemento pernicioso y me metió en el tren. Mi brillante porvenir de indiano se había desvanecido.

Y con ella me medía las costillas concienzudamente. Apenas me descuidaba ya estaba la vara por el aire buscándome el bulto. Un día se presentó en la tiendecita un amigo de mi padre, quien, jugueteando distraídamente con la vara, advirtió que no era todo lo sólida que debía ser.

—Yo te regalaré, José, una magnífica vara de medir que tengo. Es un poco más pesada, pero muy resistente: de caoba.

No hay que decir el odio que le tomé al pobre hombre.

Como aquello de castigar mis travesuras con la vara de medir era ya un tópico, llegó un día en el que un tío mío, que estaba con nosotros en la tiendecita, pensó que era lo más natural imitar la conducta de mi padre, y disgustado conmigo por no sé qué causa, alzó la vara y me dio con ella. No se lo quise aguantar, y cogiendo la vara en el aire, le devolví el golpe con toda mi alma. Salió echando sangre por la cabeza, y yo, asustado, eché a correr en busca de mi padre.

El señor José Belmonte.

Al verme llegar desatentado, me preguntó:

—¿Qué te pasa?

—Que me he peleado con el tío —gimoteaba yo—; nos hemos pegado con la vara de medir y nos hemos hecho daño.

—¿Dónde?

—En la cabeza... —sollocé.

Mi padre, asustado, me cogió la cabeza y empezó a palpármela.

—¿Pero dónde? —me preguntaba ansiosamente.

—En la del tío... —murmuré yo con un explicable recelo.

—¡Ah, ya! —se limitó a replicar mi padre.

Aquella estimación por mi cabeza, que yo no sospechaba, me sorprendió bastante. El hijo suele ser siempre injusto con el padre.

LA VOCACIÓN

¿Cuándo me formulé la íntima resolución de ser torero? No lo sé. Es más: creo que era ya torero profesional y todavía no me atrevía a llamármelo íntimamente, porque no estaba seguro de serlo, aunque presumiese de ello. La gente, cuando habla de su infancia, suele demostrar que desde la cuna tuvo una vocación irresistible, una clara predestinación para aquello en lo que luego había de triunfar. Yo tengo que confesar que no acerté a formular una decisión concreta sobre mi porvenir en todo lo largo de mi penosa formación profesional. Tenía, eso sí, una difusa aspiración a algo que mi voluntad vacilante no acertaba a señalar. ¿Torero? Yo mismo no lo creía. Toreaba porque sí, por influencia del ambiente, porque me divertía toreando, porque con el capotillo en la mano yo —que era tan poquita cosa y padecía un agudo complejo de inferioridad— me sentía superior a muchos chicos más fuertes, porque el riesgo y la aventura de aquella profesión incierta de torero halagaba la tendencia de mi espíritu a lo incierto y azaroso. Después he advertido que había en mí una voluntad heroica que me sostenía y empujaba a través del dédalo de tanteos, vacilaciones y fracasos de mi adolescencia. Una voluntad tenaz me llevaba, pero sin saber adónde. Pisaba fuerte yendo con los ojos vendados. Mi voluntad tensa era como el arco tendido frente al horizonte sin blanco aparente.

Cuando volví de Huelva yo me atrevía ya a decir con cierta petulancia que iba a ser torero. Pero en lo íntimo no estaba seguro de que lo fuese, y aquella afirmación era más que nada un arbitrio para que me dejasen vagar a mi antojo por el dédalo de mi indecisión voluntariosa.

En la plaza del Altozano estaba el foco de la tauromaquia trianera. Allí, en la taberna de Berrinches y en otra que tenía el sugestivo rótulo de El Sol Naciente, se reunían los torerillos del barrio. Pero yo no tenía relación alguna con ellos. Aquel de los aficionados a toros era un mundo extraño para mí y absolutamente impenetrable. Sevilla, aunque parezca inexplicable, es así: una ciudad hermética, dividida en sectores aislados, que son como compartimentos estancos. Por lo mismo que la vida de relación es allí más íntima y cordial, los diversos núcleos sociales, las tertulias, los grupos, las familias, las clases, están más herméticamente cerrados, son más inabordables que en ninguna otra parte. En Sevilla, de una esquina a otra hay un mundo distinto. Y hostil a lo que le rodea. Esta hostilidad es lucha desesperada y salvaje en los clanes infantiles; lucha de esquina contra esquina, de calle contra calle, de barrio contra barrio. En la Cava, adonde habíamos ido a vivir, había dos clanes antagónicos: el de la Cava de los Gitanos y el de la Cava de los Civiles, y los chicos de una y otra Cava se apedreaban rabiosamente.

En el grupito de aficionados a toros del Altozano yo no tenía nada que hacer. Yo, por muy aficionado a toros que fuese, no era de ellos. Los míos eran otros: una cuadrilla formada al margen de la torería «oficial» por tipos estrafalarios, muchachitos disparatados que querían ser toreros sin tener ningún fundamento para serlo. De la amistad con los tres tipógrafos extravagantes que me llevaron a cazar leones salí para caer en otros amigos más raros, si cabe: toreros chiflados, gente de una imaginación exaltada que iba a la torería como a una aventura novelesca. Uno de aquellos tipos raros que querían ser toreros porque sí era un tal Abellán, hijo de un carabinero, muchacho de una imaginación enfermiza, medio tuberculoso, muy atormentado por malos vicios y sugestiones diabólicas. Terminó escribiendo obras de teatro, y creo que hasta estrenó alguna. Con nosotros andaba también un tipo graciosísimo, víctima de la misma obsesión de la torería. No había toreado jamás ni creo que en el fondo lo desease. Lo que verdaderamente le obsesionaba era el deseo de tener una espada de torero. Creo que esta aspiración era lo único que le llevaba a la torería.

Una vez consiguió hacerse con un sable viejo muy grande. Lo cortamos, y con una piedra de amolar lo convertimos en un estoque, que aquel loco llevaba orgullosamente a todas partes, como si ya no necesitase más para ser torero. Del pedazo de sable que sobró hicimos una navaja, y con ella ensayábamos a afeitarnos el bozo, que por entonces empezaba a salimos. Una vez afeitamos con nuestra navaja a un hermano mayor de aquel loco del estoque que ya tenía una barba cerrada. ¡Cómo se le saltaban las lágrimas al pobrecito! Otro de la cuadrilla era un hijo de un platero de la plaza del Pan que también quería ser torero, y terminó, como Abellán, en literato. Se llamaba Blas Medina, y era el más sensato y razonable de todos, pero también el que tenía menos planta de torero. Éramos una cuadrilla de locos, de toreros «chalaos», que hubiésemos sido el hazmerreír de los aficionados auténticos si se hubiesen dignado mirarnos.

Blas Medina, el más ecuánime de todos, fue el que planteó la cuestión de la tauromaquia en sus verdaderos términos, sacándonos del mundo irreal en que vivíamos. «Si queremos ser toreros —dijo con una lógica aplastante— lo primero que tenemos que hacer es probarnos delante de un toro».

La cosa era bastante razonable, pero su realización ofrecía no pocas dificultades. La única manera de torear que teníamos a nuestro alcance era la de ir a la venta de Cara Ancha, donde había una placita y un becerro que soltaban para que lo lidiasen los aficionados mediante el pago de cinco o diez pesetas. Me entusiasmó la idea, y prometí aportar el dinero que a escote me correspondiese. A los demás toreros de nuestra cuadrilla aquello de tener que buscar dinero para ir a ponerse delante de un toro les parecía superfluo. Ellos eran toreros por obra y gracia del Espíritu Santo, y no necesitaban más pruebas. Quedó acordado, sin embargo, que cada uno pondría una peseta, y una mañana iríamos a que nos soltasen el becerro. Cuando llegó el día señalado, me encontré con que casi todos los de la cuadrilla se rajaban. El que más, se presentaba con cincuenta céntimos y poquísimas ganas de torear. Yo estaba ansioso de verme frente al toro, y con el dinerillo que había podido rapiñar, empecé a suplir el que les faltaba a mis compañeros. Llegamos a reunir hasta quince o dieciséis reales. Lo menos que el dueño de la venta quería cobrar para dar suelta al becerro era un duro. Vacié mi bolsillo, y aunque faltaban todavía unas perras para los veinte reales, nos permitieron saltar a la placita, y se abrió solemnemente la puerta del chiquero.

Lamento que en aquella fecha no hubiese un revistero desocupado que diese fe de mi primera faena. Yo no sé contar lo que les hago a los toros. Recuerdo, sí, la impresión que me produjo ver de cerca aquel bulto inquieto que se revolvía y correteaba detrás de nosotros. Al salir del chiquero el becerro se quedó mirándome encampanado, y yo entonces, sugestionado por aquella mirada retadora del animal, avancé hasta el centro de la plaza, me arrodillé, le cité por derecho, y cuando se arrancó hacia mí, aguanté la embestida, y en el momento preciso le di el cambio de rodillas con toda limpieza. Me quedé estupefacto cuando vi que aquella mole, siguiendo el engaño dócilmente, había pasado junto a mí rozándome, pero sin derribarme. Aquello me llenó de júbilo. ¡Parecía mentira! Loco de alegría eché a correr tras el toro y le di dos o tres lances.

A la estupefacción de comprobar que la bestia pasaba efectivamente por donde el capotillo la llevaba, siguió en mí una confianza ciega, y con la misma seguridad que si estuviese toreando a un amigo,

«Le di todos los pases que llevaba tantos años ensayando» [Martínez de León].

le di todos los pases que llevaba tantos años ensayando: simulé quites y señalé verónicas, medias verónicas y recortes. ¡Qué revelación tan maravillosa aquella del toreo! ¿De manera que a los toros se les podía hacer las mismas cosas que a las sillas, los perros y los amigos?

Cuando el becerro se cansó de embestir y se quedó frente a mí, jadeando y con la lengua fuera, me dio la impresión de que estaba tan maravillado como yo. Es posible que los atolondrados aficionados que iban a torearle nunca le hubiesen hecho cosa semejante. Me entraron ganas de abrazarme a él y felicitarle por la parte que le correspondía en mi éxito. De esta inclinación sentimental por mi colaborador me sacó él mismo al cambiar de táctica y pegarse malhumorado a un burladero, del que no alargaba el pescuezo más que para castigarnos con la esgrima sabia de sus cuernos, arrepentido, seguramente, de la condescendencia que había tenido conmigo al dejarse torear. Yo me dejé coger y golpear una vez y otra. Estaba entusiasmado, hasta tal punto, que los golpes que el becerro me daba no me dolían siquiera. Cuando volví a casa iba radiante, transfigurado y molido. Mis hermanillos se revolcaban, casi desnudos, por el suelo del corral. Mi madrastra —ya mi padre había vuelto a casarse— me preguntó enfurruñada:

—¿De dónde vienes tú tan desatinado?

Me estiré altivo.

—De buscarle el pan a toda esta gente —contesté, señalando a mis hermanillos con una infinita petulancia de la que todavía hoy me ruborizo.

LA BESTIA NEGRA

En la venta de Camas había también una placita y un becerro. Pero así como en la venta de Cara Ancha renovaban el becerro cuando estaba muy toreado, el becerro de la de Camas, un buen mozo negro, zaino, era de plantilla. El ventero lo había comprado apenas lo destetaron, y por lo visto tenía el propósito de explotarlo castigando aficionados, hasta que le llegase la hora de uncirlo a la carreta. A medida que el animal crecía y se adiestraba en su oficio de verdugo, costaba menos dinero —y más sangre— torearlo. Llegó el ventero a soltarlo por una peseta. Nosotros juntábamos las monedas que podíamos garbear, y nos íbamos a torearlo. Cuando asomaba por la puerta del chiquero con su paso cansino de ganapán que echa mano a su tarea, nos miraba como diciéndonos: «¿Qué? ¿Estáis aquí ya? ¿Venís dispuestos a que os zurre bien la badana?».

Se aculaba en un rincón y se ponía al acecho. Derrote que tiraba, torerillo que rodaba por el suelo. Era tan imposible torearle, que ya íbamos resignadamente a dejarnos coger. Se trataba de ver quién era el que se dejaba coger más veces. No conseguíamos jamás dar un solo pase a aquella bestia sabia, que nos tenía el cuerpo acardenalado. Aquello no era torear. Era la lucha desigual y suicida de nuestra auda-

«Cuando asomaba por la puerta del chiquero con su paso cansino de ganapán que echa mano a su tarea, nos miraba como diciéndonos: ‹¿Qué? ¿Estáis aquí ya?›» [Martínez de León].

cia y nuestro espíritu de sacrificio contra la fuerza bruta aliada a los peores instintos. Cada vez más hábil y más sañudo, sabía derribarnos con un certero golpe del testuz cuando menos lo esperábamos, y luego, al vernos ya en el suelo, nos pisoteaba, babeaba y mordía, infiriéndonos toda clase de agravios.

Aquel debatirse desesperado entre las pezuñas de nuestra bestia negra, que amasaba el fango y el estiércol con nuestro cuerpo, era la pesadilla de aquellos sueños triunfales que nos embargaban. Pasaba el tiempo, y el becerro, alimentado a pienso con el dinerillo que nosotros pagábamos por torearlo, iba creciendo en tamaño y poder, astucia y encono. Más cauto y más sabio cada día, llegó a hacernos víctimas de verdaderos refinamientos de crueldad. Nos pegaba donde sabía que más podía dolernos, se complacía en destrozarnos las ropas, y debía divertirse mucho al ensuciarnos la cara con sus boñigas. Era la bestia negra de nuestra existencia. Su maldad solo era comparable a la del ventero, que con nuestro dinerito iba cebándolo para que cada vez nos castigase con más furia.

«Nos pisoteaba, babeaba y mordía» [Martínez de León].

IV

ANARQUÍA Y JERARQUÍA

No llegué a meterme en aquellas tertulias de torerillos del Altozano, postineros y bien caracterizados que cursaban, paso a paso, su carrerita de toreros en los tentaderos donde, con la venia de los señoritos, hacían sus pruebas de aptitud como estudiantes que se presentan a examen y que, de vez en cuando, se dejaban ver por la calle Sierpes y el Café Central, con sus ternos de buen corte y el asa de la coleta colgando por debajo del sombrero de ala ancha. Dejé a un lado aquella torería «oficial», con la que no simpatizaba, y fui a caer en un grupo de zagalones que se reunían para hablar de toros en un puestecillo de agua adosado al muro del convento de San Jacinto.

Me gustaban los toros y me molestaban los toreros. A medida que me entusiasmaba con el toreo, sentía mayor antipatía por el tipo clásico del mocito torero. Yo no sabía entonces si aquella repugnancia mía por la torería castiza era sencillamente una reacción elemental de orgullo determinada por el desairado papel que hacía entre aquellos aficionados presuntuosos, que ni siquiera se dignaban mirarme, o si realmente respondía a una convicción revolucionaria que me llevaba a combatir desde el primer momento los convencionalismos del arte de torear. Probablemente en el principio fue solo el despecho, el resentimiento, si se quiere, lo que me apartó de las normas académicas y el escalafón. El arte de los toros está tan hecho, tan maduro, tiene una liturgia tan acabada, que el torero nuevo ha de someterse a una serie de reglas inmutables y a una disciplina educadora, para la que yo no estaba bien dotado. Lo vi claro desde el primer momento. En la liturgia de los toros yo sería siempre el último monaguillo. En cambio, me creía en condiciones de ser el depositario de una verdad revelada.

Me junté con aquellos zagalones del puesto de agua de San Jacinto, que tenían todos la misma actitud protestataria y revolucionaria que yo. Era aquella una gente desesperada, que había roto heroicamente con todo. ¿Toreros? Ni iban a los tentaderos a lucirse, ni usaban coleta, ni se dejaban ver de los empresarios en los cafés de la calle Sierpes, ni respetaban prestigios, ni tenían padrinos, ni estaban en camino de conseguir nada práctico en la vida. Eran una gente un poco agria y cruel, que todo lo encontraba despreciable. Bombita y Machaquito eran entonces las figuras máximas del toreo; para la pandilla de San Jacinto eran dos estafermos ridículos. No teníamos más que una superstición, un verdadero mito que amorosamente habíamos elaborado: el de Antonio Montes. Lo único respetable para nosotros en la torería era aquella manera de torear que tenía Antonio Montes, de la que nos creíamos depositarios a través de unas vagas referencias. Todos nos hacíamos la ilusión de que toreábamos como toreó Montes, y con aquella convicción agredíamos implacablemente a los toreros que entonces estaban en auge.

No se crea que mi incorporación a aquel grupo de anarquistas del toreo fue cosa fácil. Tenía aquella gente un orgullo satánico. Más difícil era entrar en aquel círculo de resentidos que hacerse un puesto entre los toreros diplomados. Pero yo me sentía atraído irresistiblemente por ellos y a ellos iba, a pesar de sus repulsas. ¿Qué me atraía? No sé. Acaso ese tirón hacia abajo que al comenzar la vida siente todo hombrecito orgulloso cuando quiere afirmar su personalidad y tropieza con el desdén o la hostilidad de los que son más fuertes que él y están mejor situados. Cuando la dignidad y la propia estimación le impiden a uno trepar, no queda más recurso que dejarse caer, tirarse al hondón de una actitud anarquizante. El aire altivo de aquella gente desesperada y su desdén por los valores consagrados le vengaban a uno de las humillaciones. En definitiva, aquella actitud anarquizante tenía, por lo menos, dignidad y honradez. No conducía a nada; probablemente nos moriríamos de asco en nuestro puesto de agua, al que no iban a ir los ganaderos ni los empresarios a buscarnos, pero ¡era tan halagador aquello de despreciar los valores aceptados, desdeñar las categorías establecidas y romper altivamente con el complicado artificio tauromáquico! ¡Nos divertía tanto abuchear y correr a los novilleritos presumidos que se atrevían a pasar por delante de nuestro puestecillo de agua!

La conquista de aquellos rebeldes fue penosísima. Por lo mismo que tenían una postura anarquista, eran muy celosos de sus privilegios de grupo y no aceptaban como igual suyo al primero que llegaba. Para ganarme su voluntad, tuve que hacer duras pruebas. Lo primero era llevar tabaco siempre; aquellos rebeldes, de convicciones tauromáquicas insobornables, se dejaban sobornar, en cambio, por un cigarrillo. Luego, había que hacer al grupo los más penosos servicios. Ir a los recados, secundar en el sitio de peligro sus burlas sangrientas y hacer grandes caminatas para averiguar si había toros en las dehesas y cerrados.

Tenía aquella gente un sistema nuevo para practicar el toreo. Lo clásico del aficionado era ir a las capeas y conseguir permiso de los ganaderos para tirar algún capotazo que otro en los tentaderos, siendo con su miedo y su inexperiencia el hazmerreír de los señoritos invitados. A la pandilla de San Jacinto le parecía todo aquello poco digno. Ellos se echaban al campo a torearle los toros al ganadero sin su venia, contra los guardas jurados, contra la Guardia Civil y contra el mismísimo Estado que, armado de todas sus armas, se opusiese. Eran los enemigos del orden establecido, los clásicos anarquistas. Andando el tiempo, aquellos rebeldes de San Jacinto han conservado en la vida la misma postura anarquizante que tenían en el toreo. A casi todos he tenido que mandarles dinero y tabaco a la cárcel, donde han ido cayendo, uno tras otro, en calidad de extremistas peligrosos.

EL RESPETO A LAS JERARQUÍAS

Comisionado por la pandilla salía yo de Triana por la tarde y me iba a la dehesa de Tablada, para averiguar si había ganado encerrado que pudiésemos torear. Eran dos o tres leguas de caminata, a campo traviesa, para esquivar el encuentro con los guardas, recelosos de todos los muchachillos que se acercaban al ganado. Volvía a dar cuenta a mis amigos del resultado de mis pesquisas, y si efectivamente había toros en los cerrados se organizaba la expedición. Nos juntábamos en el puesto de agua de San Jacinto y salíamos a la hora precisa para que la luna nos diese de lleno cuando estuviésemos en el cerrado. Había que ir por las trochas para no tropezar con la Guardia Civil, y no llevábamos capote ni muleta, porque en el caso de ser detenidos, estas prendas nos hubiesen delatado. Se toreaba siempre con una chaqueta, la misma, que era de Riverito, al que tácitamente reconocíamos todos una superioridad indiscutible.

Cuando llegábamos al cerrado, apartábamos una res, la que mejor nos parecía, de ordinario la más grande que encontrábamos. Por lo general, lo que había allí era ganado de media sangre, reses que llevaban al matadero. El animal, penosamente apartado por nosotros, no se decidía a embestir más que cuando después de mucho acosarle daba dos o tres vueltas y se convencía de que no tenía escapatoria. Toreaba primero Riverito, que era el que tenía más prestigio en la pandilla. Los demás esperábamos pacientemente a que nos llegase nuestro turno, sin que ninguno se atreviese jamás a dar un capotazo inoportuno. Cuando Riverito terminaba de torear, alargaba la chaqueta al segundo de la pandilla, y así, siguiendo un orden estricto, toreaban todos, cada cual en el puesto que le correspondía. Las jerarquías de aquella pandilla de anarquistas se respetaban religiosamente. El que toreaba mejor cogía primero la chaqueta; el menos diestro era, inexorablemente, el último en torear. La categoría de cada uno se reconocía tácitamente por los demás, y jamás hubo entre nosotros más privilegio que el del propio mérito, unánimemente acatado. Yo empecé siendo el último. Cuando ya todos habían toreado a placer me alargaban la chaqueta para que hiciese lo que pudiera. Naturalmente, poco podía hacer.

Pero una noche surgió un incidente que trastocó las jerarquías de aquella sociedad de anarquistas. Siguiendo nuestra costumbre de torear la res más grande que encontrábamos, apartamos un torazo que, en vez de corretear buscando la salida como hacían todos cuando se veían acorralados, se nos arrancó certero desde el primer momento. Acostumbrados a aquel ganado de media sangre que no embestía más que cuando se veía hostigado, nos desconcertó el ataque codicioso de aquel toro imponente, que apenas veía la sombra de un torerillo se precipitaba sobre ella como una exhalación. Con cuatro o cinco arrancadas el toro sembró el pánico en la pandilla y se quedó solo en el centro de la plazoleta, con la cabeza en las nubes y corneando a la luna. Los torerillos atrincherados en los burladeros apenas se atrevían a llamarle la atención.

—Llévatelo para allá —pedía uno.

—Llámalo por allí —aconsejaba otro.

—¡Quítamelo de encima! —suplicaba un tercero.

Pero la verdad pura era que no había quién le hiciese «ju» y que el toro triunfante era el amo de la plazoleta.

¿Va a poder con nosotros este toro? —pensé—. ¿Pero es que nos va a lidiar él a nosotros?

Aguardé unos segundos vibrante, no sé si de miedo o de júbilo. No era a mí a quien correspondía desafiar a la fiera. Hubo todavía un tiempo que se me antojó larguísimo, en el que ninguno de mis camaradas se movió. El toro seguía allí en el centro del corro que formaban los torerillos agazapados. A pocos pasos de mí estaba en el suelo la chaqueta con que toreábamos, perdida en un derrote. Alargué el brazo. Cuando la tuve en la mano me erguí y me fui paso a paso hacia el toro. Me vio llegarle poquito a poco, midió reposadamente el terreno mientras escarbaba con la pezuña, y en el momento preciso se arrancó sobre mí con el ímpetu de un huracán. Aguanté de firme y le marqué la salida con la chaqueta. Se revolvió rápido, arrollando el suelo con las patas y levantando una nube de polvo. Volví a hacerle pasar. Apenas me había repuesto cuando otra vez se me venía encima. Yo sentía su mole estremecida rozándome el cuerpo. Y

«Yo sentía su mole estremecida rozándome el cuerpo» [Martínez de León].

así una vez y otra hasta que, al salir de un recorte, se quedó clavado en el suelo mirándome, como si no comprendiese lo que le pasaba; le volví la espalda altivamente y tiré la chaqueta para que torease el que quisiese.

¡Cómo me sonaba en los oídos la ovación que yo mismo me estaba dando!

A partir de aquella noche no fui más el último en torear. Cuando el jefe de la cuadrilla dejaba la chaqueta, yo me adelantaba y la recogía como si ejerciese un derecho indiscutible. Había conquistado el puesto en buena lid. Nadie regateó ya mi superioridad. No fui nunca, sin embargo, el primero de la pandilla. Esta es la verdad.

LA ATRACCIÓN DEL PELIGRO

Yo no vivía más que para el toreo. Mi casa iba de mal en peor, y la miseria nos iba a los alcances. Mi padre se cargaba de hijos, a los que difícilmente podía mantener con su menguado y claudicante negociejo, y yo, que era el mayor, me desentendía de aquella catástrofe familiar, indiferente a todo lo que no fuese mi pasión por los toros y la sugestión que sobre mí ejercía aquella pandilla de torerillos a la que, con alma y vida, me había unido. La fascinación que aquel grupo de amigotes me producía, solo pueden comprenderla quienes en la adolescencia hayan caído fervorosamente en uno de esos núcleos juveniles que, por disconformidad con el medio, se forman en torno a un misticismo cualquiera, social, político o artístico, y que con su prestigio revolucionario absorben íntegramente al hombre nuevo.

Por la mañana, después de haber hecho muy amargas reflexiones al verme en contacto con la ruina de mi casa, me iba contrito al puesto de quincalla y ayudaba a mi padre con la mejor voluntad y el más firme propósito de enmienda.

Pero no tardaba en asomar por allí alguno de los zagalones de la pandilla que venía a soliviantarme.

—Oye, tú; esta noche vamos al campo.

—Yo no puedo ir; déjame.

—¿Qué? ¿Te rajas? Hay ganado bravo; te lo advierto.

Mis buenos propósitos se derrumbaban al presentir la aventura fascinadora de la noche próxima.

—¿De veras hay ganado bravo?

—Lo hay. Sale la luna a las doce y media. A las once nos reunimos en San Jacinto.

Esto bastaba para perderme. Ya no pensaba más que en el azar de la noche, en sus riesgos innumerables y en el placer de vencerlos. Abandonaba el puesto de quincalla, se me borraba de la imaginación la angustia de mi gente y hasta la figura sugestiva de la novia que tenía delante cuando estaba esperando el agudo silbido con que me avisaba el compañero se desvanecía, como si fuese una sombra que tuviese ante los ojos distraídos.

No sentía yo entonces esa absorción que, según dicen, ejercen los primeros amores. Tenía unas novias que se sucedían unas a otras como fugaces apariciones. Era mi pasión por el toreo lo único que me absorbía. Los amores, las novias, eran una distracción pasajera que no dejaba huella. Aquellas muchachas de barrio de las que fui novio en los patios oscuros de los corrales de Triana pasan sin pena ni gloria por la pantalla de mi memoria, dejándome solo un vago recuerdo de sus gracias. Perdura en mí, si acaso, el halago sensual de sus blusillas de seda y sus delantalitos de encaje, y, sobre todo, el penetrante olor de los jazmines que se ponían en el pelo. Aquel olor a jazmines de las mocitas de barrio que fueron mis novias fue quizá lo que más despertó mi sensualidad. Luego, a lo largo de toda la vida, el olor del jazmín en la noche de verano ha sido lo que más agudamente me ha producido una emoción erótica.

Dejaba sin pena la novia, y a medianoche íbamos los siete torerillos por el camino bajo de San Juan de Aznalfarache en busca del riesgo y la aventura del toreo. Para cruzar el río andábamos sigilosamente por los espigones hasta que conseguíamos robar una barca. Chapoteando en el légamo de la orilla, la empujábamos hacia la corriente, saltábamos a ella, empuñábamos los remos, y allá íbamos río abajo jubilosos. Uno de los torerillos, doblado sobre la borda, escupía a la luna, quebrada en las ondas del río, y, como una confidencia, nos decía una siguiriya. La angustia arrastrada y morosa del cante gitano rodaba sobre la estela que iba dejando nuestra barca y se quedaba cuajada en las juncias de la orilla. Pasábamos junto a una barcaza cargada de melones, que el melonero había amarrado en un remanso para dormir a pierna suelta. Robábamos al pobre melonero sus melones y nos dejábamos ir con la corriente mordisqueando la pulpa fría que acariciaba nuestras fauces.

Cuando llegábamos a Tablada, la luna clara bañaba en leche azul la dehesa. Al aproximarnos al cerrado enmudecíamos; los remos trabajaban sordamente con lentas paletadas hasta que la barca se quedaba varada en el limo. Uno saltaba a tierra primero para explorar el terreno. Nadie. Desembarcábamos todos y avanzábamos por el cerrado salvando la cerca de alambre de espino. Los cardos y las jaras nos tapaban. Caminábamos cautelosamente por la dehesa, cuando de improviso escandalizaba la noche el esquilón abaritonado de un cabestro.

—¡Hay toros! —nos decíamos, triunfantes.

Venía entonces la dura faena de correr por el campo erizado de espinos para apartar la res que queríamos torear, cansarla y acorralarla. Algunas noches, cuando estábamos enfrascados en la tarea de mover el ganado de un lado para otro, nos sorprendía el galope del caballo de un guarda jurado. Frente a los guardas del cerrado teníamos los torerillos una actitud de franca rebeldía. Procurábamos que no nos sorprendiesen, pero cuando no tenían más remedio que sorprendernos, lo más que nos consentía nuestra dignidad era retirarnos sin torear, pero sin asustarnos ni echar a correr. Emprendíamos una retirada estratégica, sin descomponernos ni perder nuestro aire de jaques, y el pobre guarda, «por no buscarse una ruina», se contentaba con cubrir las apariencias y nos dejaba ir tranquilamente.

En vista de la ineficacia de los guardas jurados, se encomendó a la Guardia Civil la persecución de los torerillos. Una noche estaba yo vigilando mientras mis camaradas toreaban, cuando vi avanzar dos bultos sospechosos. Les salí al paso y, parapetado tras un árbol, les interpelé:

—¡Alto! ¿Quiénes sois? ¿Adónde se va?

Los bultos aquellos se separaron un poco y siguieron avanzando sin responder.

—¡Si dais un paso más os mato! —grité al mismo tiempo que les apuntaba con aquellos cañones de pistola sin culata ni gatillos que había comprado en el jueves cuando era cazador de leones. Hice chascar dos monedas para dar la sensación de que montaba los gatillos de una pistola, y vi que los dos bultos se aplastaban precipitadamente contra unas gavillas. Orgulloso de mi audacia, volví a amenazarles:

—Quietos ahí hasta que nos vayamos; al que se mueva, lo aso.

Los dos bultos no se movieron. Me pareció que cuchicheaban. Yo di un silbido a mis camaradas, conforme a nuestro código de señales, para que dejasen el campo libre, y mientras ellos se iban hacia la barca, me las tuve tiesas con aquellos dos intrusos. Poco a poco, mis ojos fijos en ellos, fueron acostumbrándose a la oscuridad, y pude determinar sus contornos. Algo les brillaba en las manos y en la cabeza. Cuando descubrí los tricornios y los cañones de los máusers, se me heló la sangre en las venas. Si echo a correr ahora, pensé, me matan como a un perro. Fui retrocediendo lentamente y, cuando me creí a prudente distancia, volé más que corrí hasta la barca, donde ya me esperaban mis camaradas.

Pocas noches después, la Guardia Civil le partió el pecho de un balazo a un torerillo. ¡Cómo lloraba su madre!

«Le partió el pecho de un balazo a un torerillo» [Martínez de León].

Una noche, en el cerrado, un toro alcanzó a un muchacho, le dio un puntazo y lo dejó tendido en el suelo sin conocimiento. Cargamos con él y nos fuimos hacia la orilla. Íbamos todos como nuestra madre nos parió. Habíamos atravesado el río a nado, para lo cual siempre dejábamos la ropa en la otra orilla. Como era imposible que el herido, que seguía desangrándose, se echase al río a nadar, tuvimos que recorrer un buen trozo de ribera buscando una barca. Dimos al fin con una, y hacia ella nos fuimos llevando en brazos a nuestro pobre camarada. Éramos cinco y el herido.

Estaba baja la marea, y entre la tierra firme y la barca quedaba una ancha faja de fango y juncias en la que se nos hundían los pies al caminar agobiados bajo el peso de nuestro compañero herido. Avanzábamos lenta y trabajosamente cuando vimos que salía del río y venía hacia la orilla, a nuestro encuentro, un toro grande, gordo y bien puesto de cuerna, que al descubrirnos se quedó encampanado mirando aquella extraña procesión de los cinco torerillos que llevaban a otro en vilo. Hizo el toro un extraño y agachó la cabeza como si fuese a arrancársenos. Creo que lo primero que se nos pasó a todos por las mientes fue tirar al herido y echar a correr. Afortunadamente, el barro en el que teníamos hundidos los pies paralizó nuestra instintiva huida, y de grado o por fuerza nos quedamos allí apiñados con el herido en alto. Al toro debió pasarle algo semejante. Sus patas se clavaban también en el limo, impidiendo la arrancada que había iniciado. En aquel preciso instante alguno musitó:

—¡Quietos! ¡Quietos! ¡Haced el Tancredo!

Fue maravilloso. Cada cual se quedó, como si fuera de mármol, en la postura en que le cogió la advertencia. Desnudos, inmóviles, apiñados y sosteniendo en alto el cuerpo exánime de nuestro camarada, debimos componer un curiosísimo grupo escultórico. El miedo nos dio una rigidez sorprendente. Había uno al que le cogió con el brazo levantado, y así se estuvo quieto, quieto, como si lo tuviese fundido en bronce.

El toro, sorprendido, nos miraba de hito en hito. Avanzó lentamente. Se azotaba con el rabo los ijares, acechando la provocación del más leve ademán. Nosotros, ofreciéndole impasibles nuestros cuerpos desnudos bañados por la luna, permanecimos como si fuésemos estatuas. Dio el toro unos pasos más, nos miró, volvió a mirarnos, cada vez más extrañado ante aquel raro monumento escultórico en carne viva erigido en sus dominios. El maldito animal no acababa de convencerse. Cuando parecía que se iba, volvía otra vez la cabeza. Y así toda una eternidad, hasta que definitivamente volvió grupas aburrido, y arrancando sus pezuñas del fango, una a una con una lentitud desesperante, se alejó.

Respiramos cuando en Triana nos dijeron los médicos de la Casa de Socorro que la herida del muchacho no era grave. Contamos que se había herido casualmente con un clavo.

«Ofreciéndole impasibles nuestros cuerpos desnudos bañados por la luna» [Martínez de León].

V

LA GESTA DE TABLADA

Vino un pelmazo al puesto de agua de San Jacinto y nos dijo:

—Ya se les acabó a ustedes eso de ir a torear a Tablada. Vamos a ver quién es el guapo que se atreve con el guarda que han puesto ahora.

—¿A quién han puesto de guarda en Tablada? ¿Al Cid Campeador?

—Han puesto al Niño Vega, que va dispuesto a partirle el pecho al primer torerillo que asome por allí.

El Niño Vega era un guapo de la Macarena, que se había hecho famoso entre los flamencos por cuatro o cinco faenas de esas que entonces permitían vivir toda la vida a costa del Estado en Ocaña o a costa del país en la sala de juego de cualquier casino liberal o conservador. Su presencia en Tablada era para nosotros una contrariedad. Hasta entonces había estado allí de guarda el padre de Posada, que era un buen hombre y procuraba cumplir con su deber sin encarnizarse con los pobres torerillos.

Nuestra pandilla creía por eso que todo el campo era suyo y habíamos tomado Tablada como una escuela de tauromaquia. Las noches de luna íbamos a torear en los corrales y durante el verano nos íbamos a desafiar a los toros en la dehesa a pleno día. El toreo campero en la dehesa era el que más nos gustaba, pero era penosísimo. Teníamos que andar horas y horas por el campo, bajo un sol de plomo fundido y entre los cardos borriqueros que nos atormentaban clavándonos en la carne desnuda sus terribles puyas. A veces, nos pasábamos todo un día en aquel infierno de la dehesa agostada sin encontrar la coyuntura difícil que necesitábamos para torear. Luego, cuando llegaba despeado a mi casa, mi pobre hermana tenía que pasarse las horas muertas sacándome de la piel pacientemente aquellas puyas que traía clavadas como rejones por todo el cuerpo, mientras tumbado en mi camastro dormía con un sueño hondo de hombre agotado.

Para torear de día en la dehesa atravesábamos el río a nado. Dejábamos la ropa escondida en los matorrales de la orilla y nadábamos llevando amarradas a la cabeza las alpargatas y la chaqueta, que nos servía para torear. Completamente desnudos, insensible nuestra piel, como la de las salamanquesas, al fuego que bajaba del cielo, andábamos ligeros y ágiles entre los cardos y jarales de la dehesa hasta que conseguíamos apartar una res, y allí mismo, en un calvero cualquiera, la desafiábamos con el pecho desnudo y el breve engaño en las manos para hacerla pasar rozando su piel con la nuestra. El toreo campero, teniendo por barrera el horizonte, con el lidiador desnudo, oponiendo su piel dorada a la fiera peluda, es algo distinto, y, a mi juicio, superior a la lidia sobre el albero de la plaza, con el traje de luces y el abigarrado horizonte de la muchedumbre endomingada.

El primer día que fuimos a Tablada, estando ya de guarda el Niño Vega, nos hallábamos toreando una vaquilla en plena dehesa cuando nuestro vigía dio la voz de alarma. A todo correr de su caballo venía hacia nosotros el temible guarda. Dejamos la vaquilla y nos fuimos hacia el río, dispuestos a zambullirnos y pasar a la otra orilla. Era

«Allí mismo, en un calvero cualquiera, la desafiábamos con el pecho desnudo y el breve engaño en las manos» [Martínez de León].

ya costumbre establecida que cuando el guarda venía, nosotros nos íbamos; pero había también el tácito acuerdo de que el guarda no se diese tanta prisa en llegar que nosotros no tuviésemos tiempo de marcharnos, «cantando bajito» con cierto decoro. Pero el Niño Vega, espoleando a su caballo, se nos venía encima con la carabina en bandolera y el sombrero de ala ancha sobre el entrecejo sombrío. Nos dio vergüenza echar a correr como liebres, y el Niño Vega nos alcanzó cuando todavía no nos habíamos tirado al río. Estábamos en esa ancha faja de limo que deja la marea, avanzando penosamente hacia el cauce, y el guarda, a pocos pasos de nosotros, había descabalgado al borde de la tierra firme, y con la carabina entre las manos nos llamaba, retándonos:

—¡Venid acá, flamencos, venid acá! —nos gritaba.

Nosotros le volvíamos la espalda y nos íbamos hacia la corriente, sin chistar, pero él insistía en desafiarnos.

—No tengáis tanto miedo, que no os voy a comer. Venid acá, que tenemos que hablar cuatro palabritas.

Con el barro hasta las rodillas ganábamos ya las aguas del río cuando el Niño Vega desesperado porque no le hacíamos caso, se dirigió concretamente a mí, que por más torpe iba un poco rezagado.

—Eh, tú, mocito; ven acá, hombre, que tengo que darte un recadito al oído. No tengas tanto miedo y tan poca vergüenza.

«A todo correr de su caballo venía hacia nosotros el temible guarda» [Martínez de León].

Me abochorné al verme interpelado así y revolviéndome le repliqué frenético:

—¿Qué pasa, vamos a ver?

—Que vengas acá, si tienes corazón para venir, so flamenco.

—Yo voy ahí y a todas partes, ¿te enteras?

Arranqué los talones del barro con verdadera furia, y en dos zancadas me planté a su vera con los dientes apretados, deseando saltarle al cuello.

—¿Qué pasa? ¡Guapo de lata! Que no eres más que un guapo de taberna de la Macarena.

Se echó el sombrero atrás con ademán sosegado y contestó:

—Pasa..., que quería hablar con ustedes unas palabrillas.

—Aquí estoy; vengan.

Era el Niño Vega un hombre ya maduro, con mucho aplomo y diestro en esa dialéctica capciosa del guapo profesional que utiliza la esgrima del fraseo para escurrir el bulto discretamente o madrugar asestando el golpe decisivo al contrario en el momento oportuno. Se me quedó mirando a la cara —yo debía estar lívido— y bajando el tono y con gesto conciliador, dijo lentamente:

—Pasa... que ustedes no tienen conciencia ni quieren hacerse cargo de las cosas y el día menos pensado se van a llevar un disgusto. Se empeñan ustedes en venir a torear y eso no es posible. El otro día se ha caído una vaca y se ha matado. ¿No creen ustedes que esto es un abuso?

—Hombre, nosotros... —balbucí desarmado.

—Ni hombre ni nada. Yo lo que quiero es que ustedes, por las buenas, se hagan cargo de mi situación. Que se pongan en mi lugar.

—Descuide usted —prometí yo desconcertado.

Le había hecho cara a aquel tío, dispuesto a matarme con él, y ahora resultaba que tenía que darle excusas. Mis compañeros presenciaban la escena desde lejos, nadando entre dos aguas y sorprendidos del rumbo que tomaban los acontecimientos. Todavía estuvimos el Niño Vega y yo dándonos corteses explicaciones y justificándonos mutuamente durante algún tiempo con las frases más amables de que éramos capaces. Cuando terminábamos nuestro coloquio, el Niño Vega, como el que no quiere la cosa, requirió la carabina, la levantó cogiéndola por el cañón, y con el tono más convincente del mundo, me dijo:

—Y que no se te ocurra otra vez desafiarme estando así; porque...

Me miré de arriba abajo. Yo estaba a su lado inerme, desnudo, encogido. No tenía sobre mí más que una gorrilla con la que, mientras conversábamos, me había estado tapando pudorosamente la parte más vergonzosa de mi cuerpo.

—... porque estando así —siguió engallado el Niño Vega—, te doy un culatazo que te parto el pecho antes de que pestañees. ¿Estamos?

Me miré otra vez. Con pena, pero sin rabia. Realmente estaba a merced de aquel hombre. ¿Qué podía hacer contra él? ¿Tirarle la gorra?

—Tiene usted razón —reconocí.

Nos despedimos amistosamente. Yo aprendí aquel día que con el corazón solo no basta, y él debió aprender, en cambio, que basta solo con el corazón. Si no le hago cara, nos corre como liebres y nos quita de ir a torear. Pero a partir de entonces, el Niño Vega nos respetó y tuvo para nosotros las consideraciones que nos merecíamos, sin faltar, naturalmente, al cumplimiento de su deber. ¡Hay maneras, señor, que dicen los flamencos!

PARAR

Íbamos otro día por el camino bajo de San Juan de Aznalfarache hacia Tablada. Yo me había quedado un poco rezagado, cuando los cuatro o cinco torerillos que iban delante tropezaron de manos a boca con el dueño de una lancha que habíamos robado varias noches para atravesar el río. Aquel hombre tenía unas vacas y utilizaba la lancha para ir a cortar juncia con que alimentarlas. Cuando por las mañanas se encontraba la lancha abandonada en la otra orilla o se quedaba dos o tres días sin dar con ella, se volvía loco de ira. Era un hombre fuerte, que se las daba de valentón, y cuando vio al grupo de torerillos se fue para ellos como un jabato. No sé lo que le dirían. El caso es que el de las vacas sacó una pistola e hizo un disparo. Huyeron a la desbandada mis compañeros, y el vaquero, después de intentar en vano perseguirles, me vio a mí, y ciego de ira, se me echó encima poniéndome la pistola en el pecho.

—¡Tú eres también de los granujas que me roban la lancha! —gritó.

Me quedé mirándole fijamente, y por una de esas reacciones inexplicables, aparté la pistola de un manotazo y le dije de mal talante:

Belmonte, cuando ya era novillero, con Riverito y otros
dos aficionados de la pandilla de San Jacinto.

—¿Y usted de qué me conoce a mí para tutearme?

Ante aquella salida, que no se esperaba el hombre, se quedó un poco perplejo. La parada en seco que le hice le había desconcertado y balbució:

—Tú...; bueno, usted, ustedes... me cogen la lancha y me hacen un desavío enorme. Hágase usted cuenta del trastorno que me causan. ¡No puedo dar de comer a las vacas!

—¿Y a mí qué me cuenta usted? —repliqué enfurruñado.

—Hombre, no te enfades. Es que estos granujas le vuelven a uno loco.

Entramos del brazo en Triana y fuimos a beber unas copas. Yo llevaba la pistola del vaquero en el bolsillo. Terminé declarándole paladinamente que yo era también de los que le robaban la lancha para ir a torear. Y no pasó nada.

Me convencí entonces de que en la lidia —de hombres o de bestias— lo primero es parar. El que sabe parar, domina. De aquí mi «técnica del parón», que dicen los críticos.

GENTE RARA

Éramos una tropilla desaforada. ¡Brava gente! El toreo era para nosotros la única salida, la versión natural en el ambiente en que vivíamos de nuestro temperamento aventurero rebelde y amante del peligro. Lo de menos en aquella gesta heroica de Tablada era el toro. ¡Qué satisfacción cuando, después de vencer todos los riesgos y obstáculos que nos salían al paso, estábamos cara a cara con la fiera! Se daba el caso de que entre aquellos muchachos que se jugaban el pellejo para ir a torear había algunos que ni siquiera tenían una afición decidida a los toros. Claro es que entre aquellos tipos extraordinarios que formaban la pandilla, los más destacados, Riverito, el Petizo, Pestaña y algún otro, eran gente con verdadera presunción taurina. Yo mismo la tenía, y cada vez me preocupaba más del toreo y de su sentido artístico. Llegué a creerme que toreaba como Antonio Montes por una milagrosa intuición de su estilo, que me hacía la ilusión de haber exhumado. Me gustaba ensayar los lances ante los espejos y llegué a deducir lo que más tarde había de ser mi estilo de las condiciones en que me veía forzado a torear. Ninguna cosa importante puede tener un origen arbitrario, y si yo toreaba como lo hacía era porque en el campo, y de noche, había que torear así. Era preciso seguir con atención todo el viaje del toro, porque si se despegaba se perdía en la oscuridad de la noche y luego era peligroso recogerlo; como toreábamos con una simple chaqueta, había que llevar al toro muy ceñido y toreado. Y así todo lo que luego se ha creído que era arbitrariedad de mi estilo. Fueron las circunstancias las que me hicieron torear como toreo.

Otros muchachos de la pandilla no tenían, en cambio, ninguna de estas preocupaciones profesionales. Iban a la aventura, al riesgo de andar por el mundo luchando contra la adversidad. Eran simples compañeros de locura y rebeldía. Había entre ellos uno apodado el Angarillero que no tenía la más mínima preocupación taurina. Otro de los que venían con nosotros estaba patológicamente obsesionado por el pecado de bestialidad y nos dio muchos disgustos con los celosos arrieros. Y había, en fin, un muchacho serio, un honrado obrero carpintero, al que no sé qué vena de locura le llevaba a andar azacaneando con nosotros por cerrados y dehesas.

Fui yo quien le metió en la pandilla. Con más entusiasmo que nadie venía con nosotros a torear. Algunas veces salíamos de Sevilla a las ocho de la noche, poco después de haber dejado él su trabajo en el taller, caminábamos hasta las doce o la una, y luego, en el cerrado teníamos que correr de un lado para otro incansablemente para hacer el apartado; nos pasábamos la madrugada toreando, y antes de que amaneciese el día emprendíamos otra vez la caminata hacia Sevilla con un hambre espantosa y un cansancio terrible. Nosotros llegábamos a casa por la mañana y nos tumbábamos a dormir hasta la hora de reunirnos de nuevo en el puesto de agua de San Jacinto, para seguir ganduleando; pero el honrado obrero aquel se iba entonces a su taller de carpintería y trabajaba hasta las seis de la tarde. Y lo verdaderamente extraordinario era que aquel hombre que se tomaba tan grandes trabajos y corría tan ciertos peligros por torear era incapaz de ponerse delante de un toro. No dio un capotazo en su vida. Después de pasarse la noche andando y corriendo detrás de los toros, cuando, al fin, tenía delante uno y le entregábamos la chaqueta para que lo torease, se ponía a dar vueltas y a inventar pretextos para eludir el compromiso de torearlo.

—Vamos, compadre —le decíamos—; ahora le toca a usted dar unos capotazos.

—Esperar un ratillo, a ver si me caliento un poco —decía—; no se puede torear así, en frío.

Y escurría el bulto. Alguna vez le acosamos para que no tuviese más remedio que torear, pero fue inútil. Temblando como un azogado, aquel hombre, que tan graves riesgos corría y tantas penalidades pasaba para torear, cuando se veía en el trance de hacerlo, se dejaba ganar por un pánico invencible. Esto se repetirá una vez y otra. No se desengañó nunca.

Hace dos o tres años me lo he vuelto a encontrar, ya cincuentón, canoso, francamente viejo.

—Tú debías ayudarme —me ha dicho— para que me sacaran en una novillada. Yo lo que quiero es probarme de una vez. Estoy muy fuerte, ¿sabes? Además, se me ha muerto mi madre y quiero saber de una vez si sirvo o no para torero...

TENACIDAD

La cosa más seria que hay en España, según dicen, es la Guardia Civil y pronto tuvimos ocasión de comprobar su fundamental seriedad los pobres torerillos que íbamos a Tablada para aprender a torear. Con los guardias civiles no había dialéctica ni cabían bravatas. Se echaban el máuser a la cara y disparaban. Ya he contado que a un muchacho le metieron en el pecho un balazo. Pero nosotros estábamos dispuestos a seguir toreando en contra del mundo entero y discurrimos la manera de ir a torear a Tablada las noches sin luna, en vista de que las noches de luna andaba la Guardia Civil vigilando la dehesa y los corrales con el máuser apercibido. Las noches cerradas no se ejercía vigilancia ninguna, porque era materialmente imposible que nadie intentase dar un solo lance a un toro que no se veía a dos palmos de las narices. Nosotros discurrimos la manera de torear las noches sin luna. Nos procuramos dos faroles de carburo, que colocábamos en alto, y con aquella luz vacilante y deslumbradora conseguimos torear cuando ni la Guardia Civil ni nadie se aventuraba por la dehesa, obscura como boca de lobo. El apartado de las reses lo hacíamos a oscuras, y, naturalmente, andando a tientas por la dehesa nos llevábamos, a veces, la desagradable sorpresa de tocar de improviso con las manos que llevábamos extendidas, el lomo de un toro, con el que, sin querer, topábamos. Le saludábamos con un ceremonioso «usted dispense» y nos poníamos en salvo como buenamente podíamos.

En tales condiciones el torear tenía mayores exigencias y creo firmemente deber a aquella acumulación de dificultades muchas de las características de mi estilo. El toro, en cuanto se distanciaba un poco, entraba en la zona de sombra y ya no se le veía. Había que estar constantemente pegado a él, porque el riesgo de su proximidad era menor que el de una arrancada de la res desde la oscuridad a la zona de luz donde el torerillo se quedaba deslumbrado. Para intensificar la iluminación, mientras uno toreaba, otro se colocaba detrás del farol de carburo con un cartón que hacía las veces de proyector. Lidiar toros en tales condiciones era una faena que debía habernos quitado el humor, pero lo cierto era que aún nos quedaban ganas de broma, y recuerdo que a uno de la pandilla, que tenía poca vista, cuando estaba toreando le gastábamos el bromazo de colocarle el cartón delante del mechero, a modo de pantalla, con lo que el pobre se quedaba repentinamente a oscuras en la cara misma del toro. Daba una espantada graciosísima para ponerse a salvo; pero cuando desde el burladero miraba a la luz que le había fallado, ya estaba otra vez el cartón colocado como proyector y el hombre no se explicaba nunca lo ocurrido.

—Es que no ves nada —le decíamos riéndonos—, cada día estás más cegato.

Así nos divertíamos y vencíamos con ánimo alegre los obstáculos que salían al paso de nuestra ambición taurina.

La luz de los dos faroles de carburo de que disponíamos era escasísima, pero una noche nos enteramos de que se habían instalado en Triana unos húngaros que traían un circo ambulante iluminado con unos potentes aparatos de acetileno que despertaron nuestra envidia. Decidimos que donde debían lucir aquellos aparatos de los húngaros era en los corrales de Tablada y organizamos una maniobra que salió a golpe cantado. Uno de la pandilla movió disputa a la puerta del circo, y mientras acudían los húngaros a discutir violentamente con él, los demás torerillos nos apoderamos impunemente de los codiciados faroles. Cuando se dieron cuenta, los pobres húngaros estaban a dos velas.

En cambio, los corrales de Tablada lucieron, a partir de aquella noche, como la sala de un teatro. Allí mismo, en la dehesa, buscamos un escondrijo para los aparatos, y cuando íbamos a torear era cuestión de diez minutos tender en los corrales nuestra soberbia instalación de alumbrado por gas acetileno.

Yo no quería ir aquella noche. No quería ir, porque llevaba un trajecito nuevo que con mil apuros había conseguido hacerme para lucirlo en Semana Santa. Pero me insistieron, no supe resistir, y, vestido de disanto como estaba, me fui a Tablada a torear. Estábamos en la faena de apartar el ganado, cuando advertimos que unas sombras sospechosas se aproximaban cautelosamente. Creímos que era la Guardia Civil, y a la voz de alarma salieron todos de estampía, cada cual por donde pudo. Yo no llegué a saltar la valla y me quedé agazapado a la expectativa. Los bultos aquellos siguieron avanzando y pronto advertí que no se trataba de los civiles.

—¿Quiénes sois? —pregunté.

—Somos aficionados —contestó una vocecilla atiplada.

Eran, efectivamente, unos chiquillos de diez a doce años que se habían lanzado temerariamente a la aventura de Tablada llevando un verdadero capote de torero. No era extraordinario. La leyenda de nuestras andanzas por la dehesa durante la noche corría ya por Triana y muchos aficionados se lanzaban a imitarnos. Se daba incluso el caso de que viniesen algunos admiradores a vernos torear, aunque la verdad era que allí, en Tablada, tanto riesgo corrían los toreros como los espectadores, y a uno de estos le dio una vez un toro una cornada.

Encomendé a los muchachitos aquellos que fueran a decir a los de la pandilla que no había peligro, mientras yo trataba de encerrar a un toro que teníamos ya apartado y les dije además dónde teníamos escondidos los aparatos de carburo para que, de camino, se los trajesen. Tardaron un buen rato en volver, y mientras tanto, yo conseguí encerrar al toro en la placita, y allí lo tenía, correteando enfadado, en espera de que lo toreásemos. Volvieron diciendo que no habían encontrado a ninguno de la pandilla y que no daban con el escondite de los aparatos de carburo. Era una lástima, porque allí estaba el torete encabritándose y embistiendo contra los burladeros. Pero seguramente los de la pandilla se habían marchado, y, además, sin luces, era imposible torear en una noche tan oscura como aquella.

Allí estaba, sin embargo, el enemigo enfureciéndose en la espera, y, aunque apenas se apartaba del burladero y ya no lo veíamos, a mí me estaban entrando unas ganas irresistibles de torearlo. Tenía en las manos el capote que habían llevado los niños, y cada vez que desde el burladero le daba al toro un abanicazo sentía la arrancada codiciosa del animal. La ilusión que despertaba en mí el tener en las manos un verdadero capote de torero y la proximidad del toro fueron más fuertes que todas las consideraciones. Llegué a creerme que veía de veras, cuando no eran mis ojos, sino mi ansia de torear, lo que me hacía adivinar los movimientos del toro perdido en las sombras. No pude más. Salí del burladero y me abrí de capa ante la noche inmensa, pretendiendo perforarla con mis ojos torpes, que no descubrían al enemigo. Sentí su arrancada, lo vi o lo adiviné al venir hacia mí, y haciendo girar el cuerpo me pasé por la cintura aquella masa negra que salía de la noche, y a la noche se volvía ciegamente. Volvió

«Me campaneó furiosamente en el testuz y luego me tiró al suelo con rabia» [Martínez de León].

a pasar junto a mi cuerpo, llevado por los vuelos del capotillo, aquel bólido que las sombras me arrojaban pero, al tercer lance, el toro no vio el engaño o yo no vi al toro, y en un encontronazo terrible fui lanzado a lo alto. Me campaneó furiosamente en el testuz y luego me tiró al suelo con rabia. Allí me quedé hecho un ovillo sin saber dónde estaba. No veía al toro. La noche se lo había tragado. Entonces sentí que los niños empezaban a llorar y calculé por el sonido de sus llantos dónde estaba el burladero. Procuré arrastrarme hacia él, pero apenas me había movido cuando se me vino encima otra vez aquella mole que se desgajaba de la noche y volví a sentirme poderosamente

«Tenía amenazadoramente vigilantes sobre mí los cuernos blancos de la bestia» [Martínez de León].

«Me fui para el toro como un loco y empecé a golpearle en el testuz con una saña increíble, mientras le insultaba a grito herido» [Martínez de León].

suspendido, zamarreado y tirado al fin como un pingajo. Con la cara húmeda de sangre tibia, junto a los guijarros del corralillo, me quedé un rato escuchando a los niños que lloraban acongojados. Debía estar a dos o tres metros del burladero, pero más cerca, mucho más cerca, tenía amenazadoramente vigilantes sobre mí los cuernos blancos de la bestia. Aquellas dos curvas blanquecinas de los cuernos eran lo único que se destacaba netamente en el cuenco negro de la noche. Otra vez intenté escurrir el bulto, y otra vez vi cómo aquellos cuernos caían sobre mi cuerpo como un relámpago fulminado por el cielo. Ya entonces, al caer, fui a chocar contra las tablas del burladero, y con un desesperado esfuerzo me puse a cubierto. No me había matado el toro porque no había llegado mi hora. Los muchachitos, aterrorizados, me recogieron y me tocaron la cara ensangrentada, preguntándome ansiosamente si estaba vivo todavía.

Me palpé. Apenas podía incorporarme. Tenía la cara desollada, el cuerpo magullado y el traje hecho trizas. ¡Mi trajecito de Semana Santa! ¡Qué iba a ser de mí! ¡Me entró un furor demoníaco! ¡Mi trajecito de Semana Santa! Ciego de rabia y desesperación me desasí de las manos de los muchachitos que me consolaban, salí del burladero, me fui para el toro como un loco y empecé a golpearle en el testuz con una saña increíble, mientras le insultaba a grito herido. Ante aquella inusitada lluvia de puñetazos y patadas que le caía sobre el hocico, el pobre toro debió quedar sorprendidísimo. Seguramente no se explicaba cómo le ocurría aquello. La cosa debió parecerle tan extraordinaria que no aceptó la lucha en el terreno a que mi demencia la llevaba y empezó a recular prudentemente. «Esto no es razonable» —debió pensar para sus adentros—. Los niños daban entonces unos gritos espantosos.

Con un nudo en la garganta lo contaban luego en el Altozano.

VI

CUANDO PEDÍA LIMOSNA POR LOS CAMINOS

«MALANGE» SEVILLANO

Ha desaparecido aquel puestecillo de agua y refrescos adosado al paredón de San Jacinto, que fue sede de nuestra pandilla de anarquistas de la torería. Sentí mucho que lo quitaran para poner en su lugar unos jardincillos municipales, porque allí, ganduleando, pasé el tiempo más inquieto y turbio de mi adolescencia. El puestecillo era una de esas construcciones típicas de la arquitectura de aguaduchos que estuvo muy en boga hace cuarenta años; tenía un tejadillo voleado de quiosco japonés, unos globos de cristal de colores, pendientes del techo, y unos complicados adornos de marquetería modernista. El dueño era un tipo raro, bombero de afición, entusiasta de los toros y, en definitiva, un poco loco, como todos nosotros. Solo así se explica que soportase pacientemente aquella clientela indeseable de torerillos que no hacían más gasto que el de un té de a perra chica en todo el día. A cambio de esto nos estábamos allí ganduleando desde la mañana hasta la madrugada, ahuyentábamos a todo posible cliente, desesperábamos a los vecinos y molestábamos a los transeúntes, hasta el punto de que había gente que por huir de nosotros hacía un cerco al puestecillo y se iba por otra parte. Al dueño mismo le hacíamos víctima de nuestro «malange» y, sobre todo, cuando algunas noches volvía del teatro donde estaba de servicio, con su rutilante uniforme de bombero, el pitorreo era imponente. Terminó aquel hombre pagándonos la entrada a las corridas con la condición de que habíamos de tirarnos al redondel. Todos los sábados sorteaba entre los torerillos una entrada de sol para la corrida del domingo, y ya sabía al que le tocaba el compromiso de echarse al ruedo que contraía. Yo creo que aquel hombre estaba ya tan harto de nosotros y tan desesperado que, cuando pagaba la entrada a un torerillo, se hacía la ilusión asesina de que el toro le librase de él. Pero los toros cogen menos de lo que la buena gente cree y, por otra parte, en aquellos tiempos el echarse al ruedo como «capitalista» no costaba más que una noche de arresto en la Prevención Municipal. ¿Quién no tenía un amigo que le pidiese a La Borbolla, el popular cacique de Sevilla, una tarjeta de recomendación para que fuese puesto en libertad un torerillo?

Llegó una corrida en la que me tocó a mí tirarme al ruedo. Se lidiaban unos toros grandes y difíciles de Coruche, y nuestro patrón, al darme la entrada, debió tener sólidas esperanzas de verse libre de mí para siempre. Le salieron fallidas, porque aunque yo fui dispuesto a cumplir mi compromiso, las circunstancias me lo impidieron. Los toros que se lidiaron en aquella corrida fueron tan certeros que mandaron a la enfermería a los tres matadores, uno tras otro. Yo aguardaba al último toro de la tarde agazapado en la contrabarrera; pero el último toro no salió del chiquero porque ya no había torero sano que pudiese torearlo, y hubo que suspender la corrida. Quedé bastante mal.

Aquel procedimiento de eliminación de los torerillos no dio resultado a nuestro patrón, que tuvo que seguir soportándonos. Realmente éramos una tropilla indeseable. No había ya quien se atreviese a pasar por delante del aguaducho. Uno de los de la pandilla tenía la gracia de dar unos bocinazos estentóreos que desconcertaban a los transeúntes. Como, además, éramos seis o siete zánganos con aire de jaques y dispuestos a pegarnos con el primero que nos hiciese cara, campábamos por nuestro respeto, y se daba el caso de que, flamenquillos que presumían de guapos y novilleritos con cierta fama de valientes, aguantaban resignadamente nuestras agresiones y pasaban de largo con el rabo entre las piernas «por no buscarse una ruina». Hasta que un día dimos con una pobre mujer, desastrada y terriblemente sucia, a la que se nos ocurrió gritarle cuando pasaba: «¡Jabón!». ¿Para qué lo hicimos? La arpía aquella se fue hacia el aguaducho, con los brazos en jarras, y allí se acabaron los flamencos. Se encaró con nosotros, y empezó a calificar la conducta de nuestras madres, siguió por la de nuestras abuelas y no terminó sin dejar bien sentado que hasta la quinta generación no había habido hembras en nuestra parentela que no mereciesen el desprecio y la saliva de su boca desdentada y maldiciente. Se quedó hecha el ama del aguaducho.

Para una vieja que saliera respondona, había, sin embargo, muchas tímidas muchachillas e infelices mujeres que aguantaban sin rechistar las impertinencias de aquella pandilla de gandules. Había uno que tenía la especialidad de decir a las mocitas unos requiebros inverosímiles, entreverados de frases molestas. Pasó un día una muchacha pinturera y se encaró con ella diciéndole:

—¡Vaya usted con Dios, asesina!

La muchacha se quedó un poco sorprendida, y el gandul aquel, no sabiendo qué decir, agregó:

—Sí, asesina...; que está usted matando de hambre a su madre.

Aquella estúpida salida dejó de una pieza a la muchacha, pero el «malange» se volvió impertérrito al que estaba a su lado, y dijo con el mayor aplomo:

—Este me lo ha dicho.

Enrojeció de ira y de vergüenza la muchacha ante aquella acusación inusitada, y echó a correr desalada. Nosotros nos quedamos riendo y comentando la chuscada, pero no habían pasado diez minutos cuando apareció de nuevo la muchacha con el mantón terciado y una señora gordita y reluciente de la mano. Se encaró con nosotros y nos dijo:

—Aquí tienen ustedes a mi madre. ¿Qué? ¿Se está muriendo de hambre?

Y la madre y la hija se pusieron a decirnos cosas desagradables de nuestras familias.

Así discurría nuestra ociosa existencia. Gente mal avenida con el mundo, desvergonzada, con un agudo sentido del ridículo y la íntima desesperación de sentirse repudiada, tomábamos un aire agresivo y arisco que debía hacernos antipáticos. Lo mejor y más estimable de nuestra pandilla era el trance heroico, la aventura de la noche, la lucha en campo abierto con los máusers de la Guardia Civil y los cuernos de los toros. Lo peor, aquella actitud rebelde, agria, díscola, de grandullones ociosos y desesperados, para quienes todo era motivo de burla. La vida era dura con nosotros, y nos vengábamos de ella escupiendo nuestro desprecio a la cara de las gentes que eran como Dios manda. Éramos unos «malanges», unos aguafiestas. Íbamos en pandilla a los bautizos que se celebraban en los corrales de Triana a «meter la pata», buscábamos camorra al padrino, nos bebíamos el vino y escandalizábamos a las mocitas. En Carnaval organizábamos unas comparsas que andaban por las calles cantando tanguillos indecorosos con unas letras punzantes, en las que invariablemente se agraviaba a las mujeres. Nuestra agudeza de ingenio la empleábamos en urdir bromas pesadas, algunas verdaderamente inhumanas. Una de las farsas que más nos divertían era cazar a un incauto y comprometerle a pasar contrabando. Le cargábamos con unos sacos de tierra haciéndole creer que era tabaco, y cuando el pobre hombre iba de madrugada queriendo burlar sigilosamente la vigilancia de los consumeros para meter el matute en Sevilla, uno de la pandilla le delataba dando una voz de alarma. El pobre diablo, al verse descubierto, echaba a correr, agobiado por el peso del fardo, y tras él íbamos como una jauría gritando: «¡A ese! ¡A ese!». Un par de tiros al aire acababan de empavorecerle, y ya no se paraba hasta que caía de bruces en el suelo, bajo el peso de su saco de arena, o hasta que le echaban mano los guardias o los serenos.

DON LUIS VERRACO

Teníamos incluso unos clientes fijos para nuestras burlas. Mi cliente más asiduo era don Luis Verraco, un enanete velazqueño, muy nervudo, torpe de movimientos, alcoholizado y colérico, al que conocía toda Sevilla. No sé qué especie de masoquismo le llevaba a buscarme para que le maltratase. Parece ser que en tiempos había sido demandadero de monjas, pero en aquel entonces andaba por Sevilla hamponeando y emborrachándose de taberna en taberna. Llevaba un sombrero de paja mugriento, en cuya copa había clavado muchos alfileres con las puntas hacia arriba para evitar la broma a que más se prestaba por su escasa estatura, que era de hacerle callar dándole con la palma de la mano abierta sobre el sombrero. Se dedicaba a coger colillas, pero con mucha dignidad; y para no pasar por la humillación de tener que agacharse cada vez que veía una punta de cigarro, llevaba un bastoncito, en cuyo regatón había colocado también unos alfileres que le permitían pincharlas y metérselas en el bolsillo con un elegante ademán. Era un poco poeta, y emitía sus juicios sobre el mundo y la vida en unos pareados divertidísimos. A mí me tenía rabia porque le chafaba el efecto de sus versillos, replicándole también en pareados.

No sé qué mezcla de atracción y repulsión ejercía yo sobre aquel extraño personaje. El caso es que podía permitirme el lujo de llevarlo a mi alrededor, como un duque que llevase a su bufón. Me odiaba, como los bufones deben haber odiado siempre a sus amos, pero no sabía separarse de mí. Una madrugada estuvo varias horas junto a mi casa, escondido en el quicio de una puerta, con un peñasco enorme sostenido en alto por sus brazuelos nervudos, para dejármelo caer sobre la cabeza y matarme. Pero, a pesar de todo, no se iba de mi vera, y cuanto más sangrientas eran mis bromas más pegado a mí lo tenía. La cosa llegó a tal extremo, que el teniente alcalde del distrito me denunció y me multaron por vejar al pobre don Luis Verraco, que no podía pasarse sin mis vejaciones.

LA «PANTASMA»

Apareció entonces por San Jacinto un fantasma. «La pantasma» —como decían los del barrio— atravesaba algunas noches por la Cava de los Civiles envuelta en una sábana y con una luz en la cabeza. Y, cosa curiosa, nosotros, que teníamos una actitud irrespetuosa para todo, que no temíamos a nada y que nos jugábamos el pellejo con

El paso del encierro.

bastante facilidad, mantuvimos una respetuosa reserva frente al fantasma. No era que le tuviésemos miedo, pero sí que nos repugnaba meternos en asuntos que escapaban a nuestra comprensión. El fantasma se valía de este supersticioso respeto a lo sobrenatural que tiene la gente sencilla, y con un aplomo formidable hacía su aparición en la Cava y cruzaba solemnemente, sin que nadie tuviese la osadía de ponerse en su camino. Nosotros le vimos desde lejos algunas veces y no se nos ocurrió ir a deshacer el misterio de aquella aparición.

Una de nuestras actividades era la de acechar durante la madrugada en San Jacinto el paso de las piaras de toros que iban a Sevilla, y si podíamos desmandar alguna res, la toreábamos por las calles hasta que los vaqueros conseguían quitárnosla. Cierta noche de encierro logramos apartar de la manada a un torete y meterle por la Cava. Cuando conseguíamos esto se producía un gran desconcierto en todo el barrio por los gritos de los trasnochadores asustados, las evoluciones de los caballistas y las maniobras de los torerillos para aumen-

«Si podíamos desmandar alguna res, la toreábamos por las calles hasta que los vaqueros conseguían quitárnosla» [Martínez de León].

tar la confusión y hacer escapar a la res descarriada. Aquella noche echó a correr el torete Cava abajo y nosotros tras él, con la chaqueta en las manos, procurando alcanzarle para darle unos lances. Íbamos a carrera abierta por la Cava cuando nos encontramos con una sombra blanca, encaramada en la reja de una ventana: era el fantasma. Se le había caído el puchero que llevaba en la cabeza, y por entre los pliegues de la sábana que tenía arrollada al pescuezo asomaba una cabeza calva y una cara asustada y ridícula. Le perdimos definitivamente el respeto. Cuando después de aquel lance intentó salir otra noche, le corrimos a pedradas. Admitíamos la presencia de un ser sobrenatural, pero lo menos que podíamos pedirle era que no se asustase de los toros. Un fantasma que no sabía torear no podía ser serio y respetable.

EL OMBLIGO DEL MUNDO

Yo comprendía que aquella vida ociosa y desesperada que llevaba entre aquellos gandules de la pandilla, que gastaban su ingenio en embromarse mutuamente y en agredir al resto de la humanidad con una gracia enrevesada, al mismo tiempo grosera y sutil, era una perdición. Empozados en el aguaducho, hostiles a todo lo que no fuese nuestra agria camaradería, atentos solo a nuestros prejuicios de secta, nos creíamos el ombligo del mundo. Ni había más aficionados a toros que nosotros, ni más tertulia que la del puesto de agua de San Jacinto, ni más barrio que el de Triana, ni más ciudad que la de Sevilla: mi ciudad, mi barrio, mi calle, mi tertulia y yo. Lo demás, para los ingleses. Recuerdo todavía la estupefacción que me produjo el hecho de que una mujer gallega fuese guapa. ¿Cómo podía ser guapa una gallega?

Me sentía prisionero de un particularismo cerril, que tenía, sin embargo, un indesechable encanto. El mundo era nuestra representación; aquel lenguaje convencional de timos y alusiones que usábamos entre nosotros, aquellos estímulos de amor propio que nos movían, aquellos juicios que temerariamente formulábamos. No había más. Firmes en aquel halagador confinamiento de nuestra egolatría juvenil veíamos pasar el tiempo insensiblemente, a horcajadas sobre una silla de anea del aguaducho, que íbamos arrastrando a lo largo del paredón del convento de San Jacinto para perseguir el sol en el invierno y la sombra en el verano.

En tanto, mi casa iba a la ruina, sin que yo fuese capaz de mover un dedo para evitarlo. Mi padre, impotente para sacar adelante su humilde negocio, se cargaba de hijos, que se criaban como Dios quería, revolcándose al sol en los patios de los corrales de Triana en que vivíamos. Ya entonces se comía gracias a la existencia de géneros del puestecillo de quincalla, que íbamos agotando. Yo entraba en casa de madrugada, cuando volvía de Tablada, esquivando a mi padre y, a veces, me acostaba debajo de la cama para que no me viese. Mi hermana me tapaba, mi madrastra me reñía y mi padre, cuando conseguía echarme la vista encima, se ponía furioso contra mí. Yo callaba avergonzado, porque reconocía íntimamente que tenía razón, pero me sentía incapaz de cambiar de vida. Una noche, mi padre, más desesperado y vencido que nunca, en vez de gritarme y agredirme, se puso humildemente a hacerme reflexiones con un acento enternecedor; dialogamos tristemente, sentados en el borde de nuestro camastro, considerando con amargura la ruina de nuestra casa, la miseria en que vivíamos y nuestra falta de coraje para sacar adelante aquella pobre gente nuestra, a los inocentes chavalillos, que pedían pan y no lo tenían. Lloramos juntos mi padre y yo. Le ofrecí, hondamente conmovido, abandonar aquella vida que llevaba, dejar la pandilla y las aventuras de Tablada y ponerme a trabajar en el puesto de quincalla. Pero aquella misma tarde vinieron a decirme que había un tentadero. Y me fui.

Deserté una vez más. Aquella atracción que sentía por la aventura era más fuerte que yo. Y lo terrible para mí era que íntimamente yo no creía que la afición a los toros pudiese reportarme nunca ningún beneficio. A solas conmigo mismo no era capaz de engañarme, y veía, con una lucidez pavorosa, que no iba camino de ninguna parte, que no ganaría nunca dinero con los toros, que jamás sería torero. De esto estaba absolutamente convencido. Y, sin embargo, me iba. ¿Por qué?

CUANDO PEDÍA LIMOSNA POR LOS CAMINOS

Hice amistad entonces con un grandullón, aficionado al toreo, perro viejo en el oficio de andar a salto de mata por capeas y tentaderos, que me propuso hacer una escapada en su compañía. Buscando a la desesperada una salida, decidí irme con aquel bigardo. Su experiencia era una garantía de que por lo menos no nos moriríamos de hambre por los caminos.

Nuestro propósito era ir a Villanueva de San Juan, donde por entonces había una famosa capea. Echamos a andar por la carretera, y pronto pude comprobar que aquel compañero que me había echado era maestro en el arte de andar a la gramática y conocía y practicaba todos los trucos y recursos de los hampones. Encontramos una piara de vacas que iban de camino; un becerrete se había descarriado, y entre el gandulazo aquel y yo conseguimos acorralarlo y llevárselo a los vaqueros, que nos dieron dos reales por el servicio. Comimos aquella mañana, y todavía nos sobraron diez céntimos.

—¡No los malgastes! —me advirtió mi compañero cuando le dije que quería comprar tabaco.

Por la tarde llegamos a un cortijo, y mi camarada se acercó a la manijera con un trozo de pan que nos había sobrado en una mano y los diez céntimos en la otra.

—¿Quisiera usted darnos por esta perra un poco de aceite y vinagre para hacer un gazpacho con este cacho de pan que tenemos?

La discreta proposición surtió su efecto y salimos del cortijo con el aceite, el vinagre, más pan del que llevábamos y, naturalmente, los diez céntimos.

—¡Hay que saber vivir, muchacho! —me dijo mi camarada, guiñándome un ojo maliciosamente.

El truco del pedazo de pan y los diez céntimos lo repetimos en varios sitios. Para irme adiestrando en sus artes me obligaba mi maestro a que fuese yo el que hiciese la demanda.

Pero una mañana, al llegar a un cortijo de Utrera, que hoy es mío, y proponer humildemente el negocio, me contestaron de una manera seca:

—¡Dios le ampare, hermano!

Se me cayó la cara de vergüenza. ¿Qué era aquello? ¿Que yo estaba pidiendo limosna por los caminos? Me entró un gran desconsuelo y una terrible indignación contra aquel «mangante», que convertía en triste mendicidad aquel afán de aventura y riesgo que a mí me arrastraba. Frente a la abyección de aquel pordiosero, ¡qué gallarda me parecía la actitud rebelde y desesperada de los anarquistas de San Jacinto, capaces, cuando estaban hambrientos, de tirarse sobre la fruta de los huertos, a despecho del tiro de sal de los guardas y de la dentellada de los mastines! Mi compañero debió darse cuenta de mi estado de ánimo y procuraba infundirme resignación:

—¡Vamos, mocito, no te pongas triste —me decía—; las cosas hay que tomarlas como vienen, y un hombre no vale más que otro porque pida o porque dé! Tú tienes muchas fantasías en la cabeza, pero ya se te irán quitando. El hambre enseña mucho.

Y, dándome saludables consejos de humildad, me empujó a seguir adelante.

«Tú tienes muchas fantasías en la cabeza, pero ya se te irán quitando. El hambre enseña mucho» [Martínez de León].

QUINCE CÉNTIMOS POR TOREAR Y VEINTITRÉS REALES POR HACER EL «DON TANCREDO»

Fuimos hasta Coripe. Las capeas habían reunido en aquel pueblo pequeñito quince o veinte torerillos hambrientos, que eran una plaga para las huertas de los alrededores. El cabo comandante del puesto de la Guardia Civil de Coripe, que sabía por experiencia lo difícil que era contener en los límites del respeto a lo ajeno a aquella tropilla de muchachos famélicos, se incautaba de ellos apenas asomaban por el pueblo y los colocaba bajo su custodia y vigilancia. Estábamos en una especie de prisión atenuada, que solo nos dejaba libertad para salir por las tardes al redondel, formado en la plaza con carros y andamios para que los toretes nos vapuleasen, con gran regocijo de los campesinos. Antes de empezar la corrida se pasaba un capote, y del dinero que por este procedimiento se recaudaba se incautaba el cabo de la Guardia Civil. Cuidaba él mismo de que con aquel dinero se comprase lo necesario para hacer el guisote con que habían de alimentarse las cuadrillas, y solo cuando habíamos llenado la andorga nos dejaba salir por el pueblo. Era una prudente medida.

El dinero que sobraba después de pagar nuestra comida nos lo repartía el cabo por partes iguales. Tocamos un día a quince céntimos por torero.

Además de esta cuestación personal para las cuadrillas, al torerillo que hacía algo extraordinario se le autorizaba para pasar un capote exclusivamente en su beneficio. El grandullón de mi camarada anunció solemnemente que estaba dispuesto a hacer el «Don Tancredo», suerte que entonces tenía un gran éxito en los pueblos. Naturalmente, quien tuvo que hacer el «Don Tancredo» fui yo. El capote que echamos nos produjo veintitrés reales, que no sé por qué tuve que partir con mi camarada. Él lo razonaba diciendo que suya había sido la idea y mía la realización. Con un peso fuerte en el bolsillo salimos triunfantes de Coripe. La cosa no se había dado mal del todo.

«Quien tuvo que hacer el ‹Don Tancredo› fui yo» [Martínez de León].

Al día siguiente sentí la imperiosa necesidad de dormir en una cama. Hacía ya muchas noches que dormíamos en pajares o establos o en el santo suelo, al borde de los caminos, y mis pobres huesos se estremecían de gusto cuando pensaba en el regalo de unas sábanas y un jergón. Teníamos un duro y podíamos permitirnos el lujo de acercarnos a una posada. Mi compañero refunfuñó un poco, considerando que aquello de dormir en una cama era una superfluidad, pero al fin se dejó convencer.

En el primer pueblo al que llegamos nos encaminamos a la posada y por seis reales tuvimos dos habitaciones y dos camas. Llegamos a media tarde, pero era tal el ansia que teníamos de gozar de la cama, que nos quedamos allí mismo, en el patiezuelo de la posada, esperando impacientes el toque de la oración para acostarnos. Por el patiezuelo iban y venían las mujeres de la casa, entregadas a sus faenas. Había entre ellas dos o tres muchachas que cuando fue cayendo la tarde dieron de mano a su trajín y se dedicaron a peinarse y componerse. Yo, sentado en un rincón del patiezuelo, las sentía reír y bromear y las veía pasar y repasar delante de mí. Estaba tan rendido, tan agotado, que ni me fijé en ellas ni advertí siquiera la curiosidad que posiblemente despertara mi presencia en alguna. Medio adormilado, con la visera de la gorra echada sobre los ojos, canturreaba por lo bajo en aquel rinconcito del patio, ajeno a todo lo que no fuese mi anhelo de meterme en el cuarto y dejarme caer en aquella cama blandita, que tenía un embozo blanco como una sonrisa y se vestía con una sugestiva colcha rameada. Al anochecer vi que una de aquellas mocitas compuestas atravesaba el patio, salía al zaguán y se quedaba en el quicio de la puerta mirando a la calle. Estaba de espaldas a mí y en el rectángulo de luz del portal se destacaba su silueta graciosa. Fue oscureciendo. Encendieron una luz amarilla que avivó el azul aterciopelado de la noche. La muchacha seguía allí. Su figura era entonces una sombra alta recortada en el fondo azul, en la que fulguraba la lucecita de sus ojos cada vez que volvía la cabeza hacia la penumbra del patio donde yo estaba mirándola adormilado.

Mi camarada vino a sacarme de aquel embeleso para decirme que había llegado la hora de dormir. Me desnudé y me metí entre aquellas sábanas con un desperezo delicioso. Fue una lástima. Apenas caí en la cama, ya estaba dormido como un tronco.

¿Qué hora sería? ¿Cuánto tiempo llevaba durmiendo? Me había despertado el roce suave de algo blando y tibio que se apoyaba en el borde de mi cama. Apenas intenté rebullir sentí el calor de una mano que se posaba sobre mi boca. Alargué los brazos. ¿Estaba dormido? Ni lo sabía entonces ni después he estado muy seguro de saberlo.

Era ya media mañana cuando desperté, teniendo ante los ojos soñolientos la jeta de mi camarada, que, cargado ya con su hatillo, me apremiaba para salir otra vez al camino. Me quedé un rato arregostado en mis soñaciones, mientras le oía como quien oye llover:

—¿Qué, te levantas o no? —me conminó.

—No —le contesté—; yo me quedo aquí esta noche.

Le pareció que me había vuelto loco y tonto de tanto dormir, e intentó disuadirme, pero yo me mantuve firme en mi decisión. No quise decirle nada y mi incomprensible terquedad le enfurecía. Todo el día estuvo haciéndome reflexiones sobre la conveniencia de que nos marchásemos. Yo, que estaba de un humor excelente, le oía perorar y le replicaba invariablemente:

—Todo eso está muy bien. Pero yo me quedo aquí esta noche. Tú verás lo que haces.

Estuve al acecho desde por la mañana hasta por la noche. Las mujeres de la casa iban y venían trajinando, sin que ninguna tuviese la veleidad de mirarme siquiera. Yo las seguía con los ojos, esperando un guiño de inteligencia, una alusión, algo... Nada. ¿Cuál sería? Intenté bromear con alguna de ellas y me echó con cajas destempladas. Cuando llegó la noche yo no sabía todavía a qué atenerme. Me metí en la cama y allí estuve fumando desesperadamente, hora tras hora. Nada. Oí cantar a todos los gallos del contorno, y cuando el día se colaba por las rendijas de la ventana, me eché debajo de la cama y fui a sacudir furiosamente a mi pobre camarada.

Liamos nuestro hatillo y salimos otra vez al camino.

VII

BANDERILLAS A «PORTA GAYOLA»

Los de la pandilla de San Jacinto no íbamos a los tentaderos. Nos parecía humillante ir con nuestra inexperiencia y nuestro miedo a servir de diversión a los señoritos invitados por el ganadero. Era más decoroso hacer el aprendizaje en pleno campo, a solas con el toro y las carabinas de los guardas.

Una sola vez nos decidimos a presentarnos en un tentadero. Aquello no era para nosotros. Desde que llegamos, empezamos a chocar con todo. El dueño de la ganadería era uno de aquellos tipos clásicos acostumbrados a tratar a los torerillos como si no fuesen personas, verdadero señor feudal, imponente Jehová con patillas y sombrero ancho, Júpiter tonante que, desde su olimpo de marquesitos y mujeres guapas, fulminaba con una frase candente a las infelices criaturas que querían tener la dicha de dar un capotazo a sus vaquillas.

—¡Eh, tú! —gritaba con su voz bronca a un muchachillo desharrapado que se adelantaba tímidamente con el trapo en las manos—. ¿Dónde vas con ese capote tan sucio que las vacas se van a asustar? ¡Largo de aquí!

Otro torerillo, renegrido y escueto, gitano fino como un junco y con los ojos brillantes de fiebre y de hambre, salía a torear. Júpiter tonante creía reconocerle.

—¿Pero estás tú aquí otra vez? ¿Cómo no te has muerto todavía?

El torerillo ensayaba una sonrisa de disculpa por no haberse muerto, y el ganadero mascaba su gran puro y escupía.

—Poco se hubiera perdido. ¡Un gitano menos en el mundo!

El coro de marquesitos y mujeres guapas le reía la gracia, y los vaqueros echaban al torerillo como a un perro sarnoso.

«‹¡Eh, tú!›, gritaba con su voz bronca a un muchachillo desharrapado que se adelantaba tímidamente con el trapo en las manos» [Martínez de León].

Nosotros no teníamos nada que hacer allí. Pretendimos torear, pero tropezamos con el torero «oficial», un novillerito de cierto cartel al que se invita a los tentaderos para que se luzca. Cuando sale una vaquilla buena la torea él solo. Las reses que él no quiere, para los demás. Estábamos nosotros lidiando todo lo que nos echaban, según nuestro turno de jerarquías, ganado en buena lid frente a los toros, cuando salió una vaquilla brava, y el torero invitado, que era Vicente Segura, se fue para ella queriendo apartar al camarada nuestro que estaba en turno.

—¡Ahora me toca a mí! —dijo nuestro compañero, muy celoso de sus prerrogativas.

—¿Cómo que te toca a ti? Aquí no hay más turno que el que mande el amo.

Y el amo intervino:

—¿Dónde va ese?

—A torear con su venia, señorito —dijo nuestro amigo.

—¿A torear tú? Lárgate de aquí si no quieres que te eche a puntapiés. ¿Dónde se ha visto un rubio que sea torero?

—Lo que no se ha visto nunca —dijo rabioso nuestro camarada— es un ganadero con tan poca vergüenza.

No hay que decir que nos echaron a patadas.

MI MAESTRO CALDERÓN

Mi padre y el banderillero Calderón eran compadres. Calderón era, por aquel entonces, un gran tipo. Fachendoso, guapetón, sentencioso, con toda la prestancia del viejo torero y todas sus marrullerías. Mi padre le tenía cariño; y recuerdo haber visto muchas veces a Calderón junto al puesto de quincalla con su pantalón ajustado chicoleando a las mujeres que iban a comprar.

La primera vez que Calderón me tomó bajo su tutela fue siendo yo un chavalillo. Quería yo aprender a nadar, y Calderón, con su deliciosa suficiencia, dijo a mi padre que él tenía un sistema perfecto para enseñar a nadar a los niños. Me fui con él muy contento y dispuesto a recibir sus lecciones de natación. Consistieron estas en que Calderón cogió una lancha, nos metimos en ella, bogamos hasta el centro del río, y, una vez allí, el maestro me dio un empujón y me tiró al agua. Yo sentía que me ahogaba y pataleaba como un perrillo pugnando por agarrarme a la lancha, pero Calderón, siguiendo impertérrito su régimen pedagógico, me golpeaba en las manos con un remo para que me soltase. La escena debía de ser horrible, y yo di seguramente unos gritos espantosos, porque unas mujeres que andaban por la orilla, al advertir lo que ocurría, se pusieron furiosas y la emprendieron a pedradas con Calderón, llamándole asesino y no sé cuántas cosas más. Aquello empeoró mi situación porque Calderón ya no se preocupaba de si me ahogaba o no, atento solo a esquivar las piedras que le tiraban. Cuando salí del agua estaba medio asfixiado. No tuve ánimos siquiera para protestar; pero aquella tarde, cuando Calderón, muy satisfecho, se dejó caer a plomo en la silla en que acostumbraba a sentarse junto al puesto de quincalla, se le clavó en la nalga un agujón de diez centímetros que yo había pinchado arteramente por debajo del asiento.

Cuando, años después, andaba yo en aquellas luchas por ser torero, que encendieron en mi casa una guerra viva, mi padre consultó el caso con Calderón. El experto compadre me tomó por su cuenta y me dio saludables consejos.

—Déjate de andar de noche por los cerrados con esos granujas y vete a un buen tentadero a lucirte.

Yo me resistía a ir a los tentaderos, pero Calderón insistió en que no había otro camino. Ofreció recomendarme a un ganadero y avisarme la fecha en que se celebraría la tienta, pues estas faenas se verificaban entonces con mucho sigilo, para evitar las nubes de torerillos que a ellas acudían.

No hubo más remedio y fui, llevado por Calderón, al tentadero de la ganadería de Urcola.

ANTE EL TRIBUNAL EXAMINADOR

Don Félix Urcola era hombre serio y brusco. Dirigía personalmente la tienta de su ganadería, asistido por un grupo de buenos aficionados, entre los que estaban Zuloaga, don José Tejero, don José Manuel del Mazo y otros varios expertos en lides taurinas. La nube de torerillos que cayó en el tentadero movió, como de costumbre, varios alborotos, y el ganadero los echó.

—¡Largo de aquí! ¡Ladrones de vuestra casa!

Yo, solidarizándome, como siempre, con la canalla, me iba con los torerillos; pero Urcola, no sé si por la recomendación de Calderón o porque le hubiese parecido más discreto y prudente que los demás, me retuvo:

—Tú puedes quedarte. A ver lo que eres capaz de hacerle a las vacas.

Me quedé con pena viendo partir a los infelices torerillos expulsados. Cuando llegó el momento, estuve toreando a placer ante aquel areópago.

«Daba mis verónicas y medias verónicas estando muy cerca y con las manos muy bajas, según toreábamos en el campo» [Martínez de León].

Me echaron una vaca muy brava, pero como yo estaba acostumbrado a torear ganado de media sangre y daba mis verónicas y medias verónicas estando muy cerca y con las manos muy bajas, según toreábamos en el campo, la vaca, que era muy codiciosa y se revolvía pronto, me achuchaba constantemente y daba la impresión de que en cualquier momento podía mandarme a las nubes. Mi toreo produjo en aquel reducido grupo de aficionados selectos buena impresión. Fallaron que yo era un torerito valiente, pero torpón, poco hábil para quitarme los toros de encima, y, sobre todo, codillero. Esta fue la sentencia unánime que pesó sobre mí: la de ser codillero.

Toreó también aquel día don José Manuel del Mazo, hombre de mucha prestancia andaluza y buen caballista, a quien le gustaba lancear toros con aquel viejo y elegante estilo de las manos altas, el busto erguido y las piernas bien plantadas en su terreno.

Cuando terminó la tienta, los técnicos vinieron a decirme unas frases amables y a darme saludables consejos con aire suficiente. Alguno de ellos me ha recordado después, riéndose de sí mismo, la buena fe con que me aconsejaban que hiciese precisamente todo lo contrario de lo que tanto había de entusiasmarles más tarde. Me invitaron a comer, y Francisco Palomares, «el Marino», un tipo extravagante y simpático, que quería ser torero, aviador y no sé cuántas cosas más, me regaló un capote y una muleta.

Don José Manuel del Mazo, desde la altura de su toreo académico, me dio también unos consejos y me brindó su protección.

«Fallaron que yo era un torerito valiente, pero torpón, poco hábil para quitarme los toros de encima, y, sobre todo, codillero» [Martínez de León].

—Ve a verme a mi casa, en Sevilla —me dijo—, procuraré mandarte a unas novilladas que hay en Bilbao.

Pasados unos días, fui con mucha ilusión a casa de aquel señor. Llamé a la campanilla y se asomó al patio una criada que, apenas me miró de arriba abajo a través de los hierros de la cancela y vio mi aire pobre e insignificante de pedigüeño, me contestó secamente:

—El señorito no está.

«Calderón era, por aquel entonces, un gran tipo. Fachendoso, guapetón, sentencioso».

Me fui terriblemente descorazonado. Al día siguiente volví a la calle donde vivía don José Manuel; pero, contra mi voluntad, pasé de largo por la puerta de su casa. Me producía una gran desazón la idea de que pudieran decirme otra vez: «El señorito no está». Yo era entonces de una susceptibilidad enfermiza, y se dio el caso de que durante mucho tiempo estuve paseando por delante de aquella casa sin atreverme a entrar, por el mal sabor de boca que me traía la sola sospecha de que iban a agraviarme diciéndome que el señorito no estaba.

Un día me encontré casualmente a don José Manuel, quien me dijo en tono de reproche:

—No has ido a verme; por lo visto no tienes mucho interés en ser torero.

No sabía él las ansias que yo tenía por torear, ni las veces que había pasado temblando por la puerta de su casa.

«ESE MUCHACHO, ‹ER DER› MONTE»

Mi primer panegirista fue el banderillero Calderón. Después del tentadero de Urcola, Calderón, por su compadrazgo con mi padre, porque le pareciese bien lo que yo hacía a los toros, y parte también por ese afán que tienen los entendidos de oponer a lo que generalmente se acata y estima algo extraordinario que ellos solos conocen, se lanzó a elogiarme desaforadamente en las tertulias taurinas. Con aquel aplomo suyo y aquella incontrovertible suficiencia que le caracterizaban, Calderón, cuando se hablaba de toros, sentenciaba:

—El que torea bien de verdad, el que es un fenómeno, es ese muchacho: «er der Monte».

Porque Calderón no sabía entonces decir mi nombre ni lo supo en mucho tiempo. Me llamaba invariablemente «er der Monte».

Aquellos hiperbólicos elogios de Calderón a mi toreo, que no tenían contradictor posible, primero, porque no había nadie capaz de contradecir al compadre en sus afirmaciones taurinas, y segundo, porque nadie me había visto torear, y mal pudiera criticarme, fueron haciéndome un cierto cartel de torero en aquel mundillo que yo no conocía de apoderados, empresarios de poca categoría y simples «entendidos». Creían a Calderón por su palabra, y pronto empecé a darme cuenta de que, sin haber hecho yo nada por mi parte, tenía cierto ambiente de torero. Porque, contrastando con el aplomo de Calderón, subsistían mi inseguridad, mi timidez y aquella convicción íntima que yo tenía de que no sería nunca capaz de triunfar en el toreo. Esta falta de fe era lo que más me atormentaba, porque yo veía con claridad el daño que hacía a mi gente con aquella afición a los toros, a la que lo sacrificaba todo, sin esperanza de nada. Es posible que Calderón se hiciese ilusiones; acaso, en lo íntimo, las tenía también mi padre; pero yo, que me veía por dentro tal cual era, pensaba con frialdad que aquello no conducía a nada.

Calderón seguía, sin embargo, hablando con gran énfasis de aquel muchacho, «er der Monte», que era un fenómeno de la tauromaquia.

MI PRIMERA CONTRATA

Me salió, al fin, una contrata. Andaba por Sevilla uno de esos tipos buscavidas que se las daba de apoderado de toreros, sin más elemento para serlo que un papel de cartas timbrado, en el que se lo titulaba. Este individuo escribía cartas circulares a los empresarios de plazas pequeñas, ofreciéndoles y ponderándoles cuadrillas que no existían y famosos espadas a los que no conocía nadie. Había conseguido este sujeto, con una de aquellas cartas circulares, que le hiciese caso un empresario de un pueblecito portugués, Elvas, y tenía ya contratada una corrida, en la que debían actuar dos famosas cuadrillas de niños sevillanos, o mejor dicho, una cuadrilla sevillana y otra trianera.

El apoderado había dado ya los nombres de los diestros, se habían tirado los carteles, y los vecinos de Elvas esperaban las hazañas de aquellos lidiadores. Pero, a última hora el jefe de la cuadrilla trianera, que era un muchacho llamado Valdivieso, y con el apodo de «Montes II», se negó a ir rotundamente. Hallándose en aquel aprieto, el apoderado se echó a buscarle un sustituto, y habiendo oído decir que había en Triana un muchachillo, «er der Monte», que toreaba con mucho estilo, me buscó y me propuso el negocio, llamémosle así, que consistía en que tenía que torear a usanza portuguesa, debía pagarme el alquiler del traje, no tendría derecho a cobrar nada, estaba en la obligación de llevar un banderillero con su traje de luces correspondiente, y, por añadidura, había de figurar en los carteles, no con mi nombre, sino con el de «Montes II», que estaba ya impreso. Es decir, ni dinero ni gloria.

Así y todo, la oferta me pareció tentadora y la acepté. Conseguí que me alquilasen un traje de torero, con la promesa de pagar a plazos el importe del alquiler, y escogí entre mis amigos al que debía ser mi banderillero. Antes de salir para Elvas tuve la vanidad de retratarme con traje de luces. Quisieron retratarse, vestidos también de torero, varios de mis amigotes, y, puestos de acuerdo con un fotógrafo ambulante, que se colocó con su trípode en un solar que había frente a mi casa, estuvimos vistiéndonos y desnudándonos por turno para posar todos con el codiciado traje. Aquellos toreros que a las diez de la mañana cruzaban la Cava con traje de luces fueron el regocijo del barrio. Mi padre, que estaba aquel día de buen humor, nos tomaba el pelo cada vez que entrábamos o salíamos de casa, muy pintureros, con el capote de lujo terciado y la montera sobre las cejas. Apoyado en el quicio de la puerta, mi padre, fumando un cigarrillo, se pitorreaba de nuestras hechuras toreras.

—¡Ahí va Guerrita! ¡Olé por Lagartijo! —nos decía, con gran alborozo de las vecindonas.

El portal de mi casa era idéntico a otros tres o cuatro portalillos inmediatos, y una de las veces, cuando el azorado torero atravesaba la calle, después de retratarse para entrar en nuestra casa a quitarse el traje de luces, mi padre se corrió disimuladamente hacia el portal vecino, y el torerillo, aturdido por la rechifla de los vecinos, entró en una casa que no era la nuestra y se precipitó en tromba sobre una vieja que estaba en camisa espulgándose. Mi padre, cuando estaba de buen talante, tenía estas ocurrencias.

Llegó el momento de la partida para Portugal, y mi banderillero vino desolado a decirme que no encontraba quien le alquilase un traje de torear. Un viejo torero que vivía en la Cava nos sacó del apuro diciéndonos:

—Hombre, yo tengo un trajecillo viejo de mis buenos tiempos; está muy estropeado, pero puede servir para un avío.

Mi banderillero vio el cielo abierto, cargó con el traje sin mirarlo siquiera, lo metimos en el baúl y nos fuimos a la estación llenos de ilusiones.

Llegar hasta Elvas fue dificilísimo. Nuestro apoderado, que venía con nosotros, atribuyéndose el cargo de director de lidia, no tenía dinero más que para pagar los billetes del ferrocarril hasta Badajoz; incluso le faltó dinero para el billete de uno de los banderilleros, al que metimos en el tren de matute, pero fue descubierto por el revisor y tuvimos que vaciarnos los bolsillos hasta quedar todos sin un céntimo para que no metieran en la cárcel a nuestro compañero. Yo logré escamotear una pesetilla escondiéndomela en una bota.

En Badajoz nos quedamos varados. Se le ocurrió al apoderado telegrafiar al empresario de Elvas, diciéndole que sería conveniente que mandase un coche a recogernos, porque haría un gran efecto el hecho de que las cuadrillas entrasen en el pueblo con cierto espectáculo. Elvas está a un paso de la frontera; pero, aunque se recibió el aviso de que el coche salía inmediatamente a recogernos, pasaban las horas y el coche no aparecía. Llegó la hora de comer y no teníamos dónde ni qué. Las famosas cuadrillas de niños sevillanos y trianeros bostezaban hambrientas al pie de la muralla de Badajoz. Hice un guiño de inteligencia a mi banderillero, nos separamos discretamente del grupo, y con la pesetilla que tenía escondida en la bota compramos pan y chorizo, que con mucho misterio estuvimos comiéndonos. Al incorporarnos después al grupo, nos notaron, no sé por qué, que habíamos comido, y con esa agudeza y ese olfato exquisito que da el hambre, adivinaron incluso que habíamos comido chorizo. Lo consideraron como una traición y nos increparon furiosamente. Allí comenzó la rivalidad entre las dos cuadrillas: la de Triana, que había comido chorizo, y la de Sevilla, que no lo había comido. Dos estilos frente a frente.

Ya desesperábamos, cuando apareció el coche de Elvas. El emisario que venía a recogernos nos dijo que llevaba varias horas buscándonos por Badajoz, pero él esperaba encontrarnos vestidos de torero y, aunque había pasado dos o tres veces por delante de nosotros, no se le había ocurrido que aquellos pobres diablos que bostezaban de hambre en los bancos de un paseo fuesen los gallardos lidiadores españoles. En Elvas nos llevaron directamente a la fonda y nos metieron en un gran comedor, donde ante una mesa prometedoramente dispuesta para un banquete, nos dio el empresario la bienvenida. Muy ceremonioso y elocuente, el empresario nos deseó a todos resonantes triunfos y cantó las glorias de la tauromaquia española en un fogoso discurso que no se acababa nunca. Mientras hablaba, los bravos lidiadores se acercaban disimuladamente a la mesa del festín y se apoderaban de los panecillos, que en un santiamén deglutieron como pavos, mientras asentían con corteses inclinaciones de cabeza a todo lo que el elocuente empresario iba diciendo. Cuando terminaron las presentaciones y el discurso y los camareros trajeron la sopa, advirtió el fondista, con la consiguiente alarma, que no quedaba un solo panecillo en la mesa. Comimos como fieras. Mala impresión debimos producir. El fondista, como medida de seguridad, nos trasladó a un caserón anejo a la fonda, donde pusieron las camas de todos los toreros y donde nos llevaban la comida debidamente tasada.

SEVILLA Y TRIANA FRENTE A FRENTE

Cuando mi banderillero sacó del baúl el traje que le habían prestado, se le cayeron los palos del sombrajo. No se podía salir a la plaza con aquel pingajo. Era un traje negro del año de la nanita, con la taleguilla manchada y descolorida, y los abalorios arrancados. En la chaquetilla había trozos en los que no solo faltaba el bordado, sino también la tela, y el cartón de las hombreras se salía desvergonzadamente.

—Así no puedes salir a torear —le dije—; estás hecho un adefesio.

—¡Pues anda que tú! —me replicó irritado.

Me miré. Yo estaba un poco mejor que él quizá, pero también impresentable. Nada me encajaba en su sitio, ni la taleguilla, ni la chupa, ni siquiera las zapatillas. Mi banderillero era un muchacho endeblito y encogido; yo tampoco tenía un gran tipo de torero. Con nuestra falta de garbo y nuestros trajes viejos hacíamos los trianeros un triste papel al lado de los sevillanos, pintureros, buenos mozos y bien vestidos. Remendamos en lo posible el traje de mi banderillero, pedimos recado de escribir, y con la tinta embadurnamos el cartón que asomaba y las manchas, hasta dejarlo aparentemente negro, y con unas extrañas irisaciones a base del violeta. Lo malo fue cuando, ya en la plaza, con el sudor empezó a desteñirse mi pobre banderillero.

Apenas salimos al ruedo, el público estableció sutilmente la diferencia de estilo que existía entre las dos cuadrillas: la de los sevillanos y la de los trianeros. Los sevillanos eran los de los trajes bonitos, y los trianeros los de los trajes viejos. Dos estilos frente a frente.

El titulado «Montes II» —es decir, yo— estaba solemnemente comprometido a ejecutar una suerte que a los portugueses les divierte mucho. Tenía que poner banderillas a «porta gayola». El compromiso era serio, porque en las corridas de Portugal se anuncia en los carteles qué hazañas ha de llevar a cabo cada lidiador. Yo no sabía qué era eso de poner banderillas a «porta gayola», pero nuestro apoderado, que se titulaba director de lidia, por titularse algo y quedarse con el dinero de los portugueses, me aleccionó. Antes de que se abriese la puerta del chiquero me colocó en el centro del redondel con las banderillas en la mano. Yo no las tenía todas conmigo, y como el toro tardaba en salir, fui corriéndome disimuladamente hasta colocarme un poco al sesgo en el tercio, que era donde yo tenía alguna esperanza de poder poner las banderillas. Pero el público, al advertir mi cauta maniobra, promovió un escándalo espantoso. Se cerró el portalón del chiquero antes de que pudiese salir el toro, sin estar yo en suerte, según los cánones, y el director de lidia volvió a colocarme en el centro del redondel. Yo volví a escurrir el bulto hacia la barrera, y la gritería fue terrible. Quedé bastante mal, porque puse las banderillas, pero no a «porta gayola», como querían los portugueses, sino como buenamente pude.

Después la cosa cambió. Los toretes estaban embolados, y uno de ellos le dio un bolazo en un ojo al jefe de la cuadrilla sevillana y le obligó a retirarse a la enfermería. Como el director de lidia ni dirigía ni lidiaba, me encontré hecho el amo del cotarro. Prescindí de los gustos portugueses, me olvidé hasta del triste aspecto que debía ofrecer mi traje, y como el ganado era bravo, me puse a torear con toda mi alma, haciendo cuanto sabía. El público se entusiasmó y me aplaudió mucho. Había triunfado la cuadrilla de los trajes viejos, que era como los portugueses nos llamaban.

Volví a Sevilla con un gran cartel entre nosotros, pero sin un céntimo. Lo único que saqué de aquella corrida, en la que por primera vez vestía el traje de luces, fue el recuerdo de aquellos panecillos tan ricos que había en la fonda de Elvas y una trampa eterna con el alquilador del traje, que todas las semanas iba a reclamarme dos pesetas.

VIII

«¡PERO SI YO NO TENGO MIEDO!»

Había una capea en Zalamea la Real y allá nos fuimos ocho o diez torerillos de Triana. De todas partes habían acudido aficionados, y éramos un verdadero enjambre. Apenas llegamos, se nos advirtió seriamente que no se nos dejaría torear. La capea la habían organizado los mozos del pueblo para ellos. A pesar de esta advertencia, como nosotros íbamos dispuestos a torear, resolvimos echarnos al ruedo, pero el cabo comandante del puesto de la Guardia Civil que presidía el festejo ordenó que fuese detenido el primer torerillo que se tiró. Uno tras otro fuimos echándonos al redondel y uno tras otro fuimos cazados por los guardias y los mozos del pueblo, que nos llevaron bien trincados al palco desde donde el cabo presidía. De momento, el castigo quedaba reducido a mejorar la localidad. Pero cuando terminó la corrida, el cabo se volvió hacia nosotros y nos dijo sin encono, pero con un acento que no dejaba lugar a dudas:

—Anuncié a ustedes que castigaría a los que intentasen torear. No quiero hacerles pasar la vergüenza de llevarlos por las calles del pueblo atados codo con codo, como si fuesen criminales; de modo y manera que ahora mismo se van a ir ustedes solitos a la cárcel. Conque andando. Dentro de media hora estaréis todos en el calabozo. ¿No es eso?

Así lo prometimos; dimos las gracias por la atención y salimos. Yo me acerqué a preguntar a un indígena dónde estaba la cárcel en aquel pueblo, pero mis compañeros me cogieron de un brazo e intentaron disuadirme.

—¿Pero es que vas a ir por tu pie a la cárcel?

—¡No seas primo!

—Si eso lo ha dicho el cabo para que nos quitemos de en medio.

Yo les escuchaba estupefacto. ¿No habíamos dado nuestra palabra al cabo de que iríamos solos para ahorrarnos la vergüenza de que nos llevasen como si fuésemos rateros? Pues no había más remedio que ir.

No convencí a ninguno. Ellos a mí tampoco, porque yo creía firmemente que cuando le trataban a uno bien, lo menos que podía hacer era ser agradecido y leal. La rebeldía y la indisciplina había que guardarlas para cuando se era víctima de la injusticia. Me fui solo a la cárcel y me presenté al carcelero.

—¿Qué desea usted? —me preguntó.

—Vengo preso —le dije. Y le expliqué lo ocurrido.

—Pase usted —me contestó abriéndome la puerta del calabozo e invitándome a entrar muy cortésmente.

Dio dos vueltas a la llave y yo me quedé entre aquellas cuatro paredes, cumpliendo mi deber de preso. Al rato empecé a aburrirme. Afortunadamente, la cárcel de Zalamea no era ninguna terrible mazmorra. Tenía hasta un ventanillo por el cual se podía mirar a la calle, y allí estuve asomado, viendo pasar a la gente. A las tres o cuatro horas pasó por allí un torerillo amigo mío y me vio:

—¿Qué haces ahí?

—Aquí estoy preso.

Le pedí que aprovechase su libertad para interceder por mi suerte, y, efectivamente, poco después dieron orden al carcelero de que me soltase. Salí muy satisfecho de mi juego limpio como delincuente.

«Me puse a torear con toda mi alma, haciendo cuanto sabía» [Martínez de León].

El banderillero Calderón seguía siendo mi panegirista, hasta el punto de que en las tertulias de aficionados a toros se pitorreaban de él por el entusiasmo desbordante con que hablaba de «ese muchacho, er der Monte», a quien nadie conocía. Una tarde me llevó a presentarme a unos buenos aficionados que se reunían para hablar de toros a la sombra de la Torre del Oro, en una parada de carros que había cerca del Arenal. Formaban aquella tertulia los Cervera, dueños de la parada de carros; los Herrera, don Paco y don Daniel; un viejo picador de toros, apodado «Zalea»; Velilla, picador retirado, también, que había pertenecido a la cuadrilla de Mazzantini, y algunos otros.

Llevado de la mano de Calderón, bajo el peso de sus hiperbólicas alabanzas, sin ninguna fe en mí mismo, huraño y cohibido por mi torpeza de expresión, debí causar un efecto poco grato. Tras las ponderaciones de Calderón, la presencia de aquel pobre muchachillo, tan poco brillante, debió parecerles grotesca, y seguramente me consideraron como un producto desdichado de la exuberante fantasía del famoso banderillero. Me veían tan poca cosa, tan inerme, tan humilde y callado, en rudo contraste con las exageraciones y las bravuconerías de que me hacía objeto Calderón, que debí parecerles simpático. Parte, por llevarle la corriente al compadre, parte por curiosidad y lástima hacia mí, siguieron la broma de que yo era un verdadero fenómeno de la tauromaquia, y la tertulia aquella, medio en serio medio en broma, hablaba frecuentemente de que había que sacarme a torear, y llegó a tomarme bajo su tutela.

Aparte de esta difícil vida de relación y sociedad a que me obligaba Calderón, y en la que hacía yo un papel tan poco lucido, seguía mi vida de aventura con los de la pandilla en los cerrados de Tablada y en alguna que otra capea. Íbamos también a la dehesa de Conradi, en Almensilla, donde toreábamos a placer durante la noche, porque la placita estaba en el centro de la dehesa, lejos de la vivienda de los guardas, y sin que nadie nos molestase organizábamos verdaderas corridas. El único inconveniente de la dehesa de Conradi era que estaba muy lejos de Sevilla y teníamos que pasarnos la noche y la madrugada caminando. Volvíamos al amanecer, rendidos y hambrientos. El hambre que pasábamos en aquellas excursiones era espantosa. Al regreso no hablábamos más que de comidas, y poníamos a contribución nuestras imaginaciones para evocar festines pantagruélicos. Uno decía que su sueño era encontrar un pozo lleno de chocolate, sentarse en el brocal y pasarse la vida mojando allí bizcochos grandes como teleras. Otro imaginaba unos caudalosos ríos de sopa y unas montañas de pescado frito tan grandes que le daban vértigos. Yo creo que delirábamos de hambre. Un amanecer íbamos tan rabiosamente famélicos, que nos metimos en un huerto y, a despecho de los mastines y en las mismas barbas del guarda, que nos apuntaba con su carabina, nos atracamos de fruta, mientras con la boca llena le gritábamos desesperados:

—¡Tira, ladrón! ¡Tira si te atreves!

Luego, en mi casa, me esperaba el triste espectáculo de nuestra pobreza. El negocio iba de mal en peor; mi padre se había tirado al surco y no hacía ya nada por levantar la casa y sacar adelante a su prole. Yo le ayudaba a caer, y en aquel hondón de la miseria en que yacíamos no veía más luz que la de la torería. ¿Por qué no podía ser yo torero? ¡Pero si a mí no me daban miedo los toros! Una noche vi a Rodolfo Gaona subir al coche-cama del expreso. Le rodeaban muchos señoritos y mujeres guapas. Yo me empiné para asomarme por la ventanilla del *sleeping* y acaricié con la mirada aquel interior confortable, lujoso, blando, charolado... El contacto con el bienestar me desesperaba.

Fui a la tertulia del Arenal y pedí por todos los santos de la corte celestial que me sacasen a torear. Los Herrera me llevaron entonces al Café de la Perla, donde se reunían varios aficionados de muchas campanillas. Allí conocí a Benjumea Zayas, a Oliva y algunos otros hacendados del Arahal, que habían construido en aquel pueblo una plaza de toros y estaban organizando una corrida para inaugurarla. Fueron buenos conmigo, y decidieron que la plaza se inaugurase matando yo dos novillos. ¡Por fin!

MI PRIMERA ESTOCADA

Se organizó una corrida mixta; se lidiarían cuatro becerretes de capea y dos novillos de muerte, sin picadores, para mí. Iba a matar toros por primera vez en mi vida.

Era el 24 de julio de 1910. Se celebraba la feria del Arahal, y la nueva plaza de toros estaba rebosante de público. Los novillotes de la

El primer documento gráfico de la vida taurina de Juan Belmonte: el trianero pasando de muleta, en la corrida celebrada en Arahal en 1910, al primer novillo que mató en su vida.

vacada de los Pérez de Coria, que yo tenía que lidiar y matar, aunque de media sangre, embistieron bien desde el primer momento, y conseguí que me aplaudieran al torear de capa al primero. Cuando cogí la muleta y el estoque iba yo dispuesto a jugármelo todo. Me arrimé al toro tanto que, en un pase, el novillo me dio un golpe en la frente con un pitón y me partió la ceja. Salía la sangre a borbotones, cegándome y manchándome las manos y el camisolín. Me palpé la frente y sentí el colgajo de la piel cayéndome sobre el párpado. Una rabia loca me tomó. Me fui hacia el toro, ciego de ira y de sangre, lo igualé con el pico de la muleta, me perfilé, y, atisbando apenas el morrillo a través de aquella cortina roja y caliente que me tapaba la mitad de la cara, eché el cuerpo detrás del estoque, y sentí cómo se hundía el acero en la carne restallante de la bestia. Cuando me di cuenta de que el animal, abierto de patas, se humillaba fulminado por el acero, me sentí feliz. ¡Qué alegría! Veía maravillado que el toro rodaba sin puntilla, y simultáneamente, a través del aturdimiento que me producía la cortina de sangre caída sobre mis ojos, llegaba hasta mí un confuso ruido, semejante al de una tempestad lejana. Sentía los golpes isócronos de la sangre caliente cayéndome por la mejilla, a medida que aquel estrépito crecía y se acercaba. ¡Me aplaudían! Alcé la cabeza. Me sujeté con los dedos aquel pingajo de carne que me caía sobre el ojo, y procuré sonreír a la multitud. ¡Nunca he agradecido tanto una ovación! Me llevaron a la enfermería. Como no había más torero que yo, se suspendió la corrida hasta que me curasen. Caí en manos de un cirujano expeditivo, que se aplicó a la previa desinfección de la herida por un inusitado procedimiento. Mandó traer una botella de gaseosa, que se empinaba para coger unas grandes buchadas, con las que me espurreaba la cara. Después de espurrearme bien la herida y todo el rostro con aquel líquido dulzón y pegajoso, mezclado con sus babas, consideró que la desinfección era perfecta, y procedió a curarme. Le trajeron una aguja de coser sacos, con su ancha punta doblada; me levantó la piel caída a colgajo, unió los bordes y me los

«Veía maravillado que el toro rodaba sin puntilla» [Martínez de León].

cosió como quien cose una estera. Me dejó una cicatriz innecesaria para toda la vida. Luego me vendaron aprisa y corriendo, porque el público se impacientaba, y me soltaron otra vez en el ruedo.

Salí un poco mareado por el dolor. Toreé, sin embargo, con buena voluntad, y volvieron a aplaudirme. Pero llegó la hora de matar, y aquellas ilusiones que yo me había hecho al ver cómo rodaba sin puntilla el primer novillo, se desvanecieron. Matar no era tan fácil como yo había creído. Aquel toro parecía de goma. Le pinché en todas partes, y, si bien es verdad que llegó un momento en que murió, más creo que lo hizo harto de mí y de mi torpeza que por la virtud mortífera de mi acero.

«ALLÁ POR ‹SEÑÁ› SANTA ANA»

Como mi ropilla no estaba decente, un amigo de Triana me había prestado un terno nuevo para que en el Arahal no hiciese mal papel como matador. Terminada la corrida, fui con mi terno nuevo al casino del pueblo, y allí me presentaron a un señor cubano, que me felicitó por mi valentía, y para premiarla me regaló un cigarro puro monumental, como yo no había visto nunca otro.

Al volver aquella noche a Sevilla concebí la ilusión de fumarme aquel puro gigantesco luciendo el trajecillo pinturero de mi amigo en la *velá* de Santa Ana, que al día siguiente se celebraba en Triana. La vela de Santa Ana es la fiesta típica de los trianeros, y quise lucirme en ella. Yo tenía cinco duros que me habían dado antes de ir a Arahal, y para no gastarlos los había dejado escondidos en una caja de cerillas, que oculté en el fogón de mi casa. Con mi traje nuevo, mi puro enorme, mi billetito de cinco duros en la cartera y la cabeza orgullosamente vendada a consecuencia de una *corná,* era yo el rey de la velada de Santa Ana. Muy echado para atrás, con el puro en la boca, el trajecito muy planchado y la venda de la cabeza un poquito manchada de sangre, estaba yo en un aguaducho cuando pasaron unas mocitas que iban pidiendo guerra. Dándomelas de torero rumboso, las llevé a la buñolería de una gitana y las convidé a chocolate con buñuelos y aguardiente. Cuando llegó la hora de pagar, llamé a la gitana, y con un ademán altivo le entregué el billete de cinco duros; volvió como un rehilete. El billete era falso. Empezó a gritar la buñolera, se fueron las mocitas, corridas como monas, y yo me quedé anonadado, porque la verdad era que yo no tenía más dinero que aquel. El escándalo fue monumental. Solo pude aplacar a aquella furia ofreciéndole que le pagaría poco a poco en géneros del puesto de quincalla de mi padre. Y, efectivamente, así le pagué. Cuando mi padre no estaba en el puesto se presentaba la gitana, y durante muchos días tuve que darle piezas de encaje y tiras bordadas como para pagar una buñolería entera. No me remuerde la conciencia por aquel mal negocio, porque —mucho después lo supe— fue mi padre mismo el que, al descubrir casualmente los cinco duros que yo tenía escondidos en el fogón, me los cambió por aquel maldito billete falso. No sabía él lo cara que le iba a costar la broma.

Aquella *velá* de Santa Ana, en la que quise presumir de torero de postín, terminó para mí desastrosamente. Cuando conseguí aplacar a la gitana con mis promesas y me senté a seguir presumiendo con mi puro, se presentó el dueño del traje, que andaba con una guayabera, buscándome desesperadamente, y por poco me hace desnudarme allí mismo. Tiré la colilla del veguero y resignadamente me fui a desnudarme y dormir. Se habían acabado mis glorias.

EL DESASTRE DE GUAREÑA

Guareña es un pueblo horrible. No le aconsejo a nadie que vaya. Yo fui una vez y no he vuelto, ni pienso volver. Veréis por qué:

Se presentó en Sevilla un empresario de Guareña buscando toreros para dar una corrida en su pueblo. Era un hombre de malos sentimientos; los torerillos de Sevilla le conocían bien. Viejo tratante en caballerías, daba a los toreros el mismo trato que a los mulos que compraba en las ferias, y ninguno quería ir con él. Después de buscar inútilmente toreros por todos los cafés de Sevilla, le hablaron de mí, y yo, que tenía hambre de torear, como fuese, acepté sus proposiciones. También contrató a Paco Madrid, que vivía entonces en Triana, no lejos de mi casa. Entre los dos teníamos que matar cuatro toros gigantescos, sobreros del año anterior, que aquel tío había comprado a precio de carne.

Calderón, que por aquellas fechas no tenía corrida en que torear, se ofreció a venir con nosotros, más para lidiar al marrajo del empresario que para entendérselas con aquellos torazos.

—Ya veréis —decía jactancioso— cómo conmigo no hace juderías ese tío.

Por nuestra tertulia de San Jacinto iba frecuentemente un buen hombre, gordo y con una media lengua graciosísima, que a todo trance, con un entusiasmo digno de mejor causa, quería ser picador de toros. Era carrero en el mercado de pescado del Barranco, y como, a veces, nos obsequiaba con una soberbia pescada o unos sabrosos calamares, favorecíamos su afición a picar, e incluso le ofrecí alguna vez que, cuando yo torease, sería picador de mi cuadrilla. Al contratar la corrida de Guareña, se le adelantó otro picador y le quitó el puesto. Aquel hombre, al enterarse de que no le llevaba a picar, fue a verme desolado, y me dijo que estaba dispuesto a ir por su cuenta, aunque ni siquiera le pagásemos el viaje. Y, en efecto, se vino con nosotros. Para sacar el billete del tren tuvo que empeñar su cama de matrimonio, y había dejado a su infeliz mujer durmiendo en el suelo.

Llegamos a Guareña, vimos los toros, y todo lo que nos habían dicho de ellos palidecía ante la realidad. Eran cuatro monumentos con trescientos kilos cada uno, y, por añadidura, tuertos tres de ellos. Para castigarlos no había más que dos o tres caballejos, y nuestro procurador, Calderón, con este y otros pretextos que su marrullería le dictaba, amenazó con que no torearíamos si no se nos hacían determinadas concesiones. En el fondo, lo que Calderón pretendía era que nos diesen algún dinero, pues allí era muy problemático que cobrásemos.

En aquel forcejeo con el empresario no se consiguió nada. El tío aquel no soltaba una perra, y Calderón se cerró en banda.

—No toreamos, aunque nos lleve a rastras la Guardia Civil —fue su ultimátum.

La hora de la corrida se acercaba, y en vista de nuestra actitud, las autoridades del pueblo intervinieron. Dieron de lado al empresario, y entre el alcalde, el juez, y algunos señoritos intentaron convencer a Calderón. Se entablaron unas gestiones laboriosísimas. La gente, que no sabía si iba a darse o no la corrida, se arremolinaba escandalizando a las puertas de la plaza. Calderón iba y venía con órdenes y contraórdenes.

—Vestirse, que salimos para la plaza.

A los cinco minutos volvía.

—Desnudarse, que ya no toreamos.

Yo me cansé de aquel ajetreo, dejé el traje de torear en una silla y me fui a pasear por el pueblo. El escándalo público estaba a punto de degenerar en motín. Hacía media hora que debía haber empezado la corrida, cuando vi venir en mi busca al pobre Calderón, escoltado por tres guardias civiles.

—¡No hay más remedio que torear! ¡Nos llevan al matadero! —me dijo con un gran ademán trágico, señalándome a los de los tricornios que lo custodiaban.

Nos metieron en un coche y nos llevaron a la fonda para que nos vistiésemos. Calderón, de miedo que tenía, no acertaba a ponerse el traje de luces. Nervioso, descompuesto, intentaba vanamente liarse la faja al cuerpo, mientras hacía amargas reflexiones y evocaciones lúgubres.

—Los toros de esta ganadería —decía ensimismado— quitaron de ser torero a Fulano; a Mengano le dieron una cornada y le sacaron las tripas; a Zutano lo tuvieron seis meses entre la vida y la muerte...

«Salió el primer toro, que era enorme y con unos pitones larguísimos» [Martínez de León].

El miedo de Calderón aliviaba el mío, y terminé de vestirme y le ayudé a él bromeando. Rodeados de guardias civiles, armados con sus máusers, cruzamos las calles vestidos de toreros y entramos en la plaza. ¡Con qué ensordecedora gritería nos recibieron! En el momento de comenzar la corrida me atemorizaban más que el toro los irritados vecinos de Guareña.

Salió el primer toro, que era enorme y con unos pitones larguísimos. Contra lo que suponíamos, resultó bravo y codicioso. Arremetió contra los picadores, que no supieron desembarazarse a tiempo, y en un segundo, con dos achuchones rapidísimos, puso a los dos jacos panza arriba y los corneó furiosamente. Los dos caballos, los dos picadores y un monosabio que cogieron en medio formaron un revoltijo espantoso, en el que el toro hincaba una vez y otra sus largos pitones. Aquello era una carnicería horrible. Salieron al aire las tripas de los caballos y brotó la sangre a raudales. No he visto más sangre en mi vida. Paralizados por el terror, no sabíamos cómo meternos en aquel torbellino dantesco. Lo primero que se destacó de aquella masa informe y sanguinolenta fue la exuberante humanidad del carrero de la media lengua, que, con la cara y las manos chorreando sangre, gateaba por la arena en busca del burladero, con una agilidad de la que nunca le hubiese creído capaz.

Aquel desastroso comienzo causó su natural efecto. No había quien se arrimase al toro. Haciendo de tripas corazón, me abrí de capa y le di unos lances de la mejor manera posible. No había más caballos, ni, por tanto, más quites, y el torazo llegó entero y pleno a la hora de la muerte. Le di ocho o diez pases de muleta, y tuve la fortuna de cazarlo con media estocada que le hizo rodar. Pero salió el segundo toro, que era horriblemente tuerto, y resultó más bronco y difícil. Ya no había picadores, y nuestros banderilleros procuraban castigarlo un poco, pegándole puñaladas desde los burladeros. El público quería lincharnos. Simulé un quite, y, al dar media verónica, el toro me cogió y me dio una cornada en la pierna. Me llevaron a la enfermería, que era una auténtica cuadra de caballos, y me tumbaron sobre un catre para curarme. No habían hecho más que abrirme la taleguilla, cuando trajeron a Paco Madrid, que venía herido en un brazo. Lo colocaron también en mi catre, el único que había, y se disponían a curarnos a los dos, cuando apareció Calderón, manco también. Allí terminó la corrida. Metidos los tres en el desvencijado catre, oíamos la gritería espantosa de la muchedumbre enfurecida. Paco Madrid maldecía, Calderón se quejaba, yo gritaba pidiendo que nos curasen, y tanto nos agitamos y debatimos, que el catre se rompió y dimos todos en el suelo con nuestros molidos huesos. Al revuelto montón de toreros lisiados que formábamos, vino a unirse otro banderillero que venía cojo y manco a la vez. Mientras, el público amenazaba con incendiar la plaza, y la Guardia Civil mataba a tiros al toro que no habíamos podido matar nosotros.

Cuando, al fin, se apaciguaron los ánimos, nos trasladamos a la fonda; pero el fondista nos dijo que ya podíamos largarnos de allí. No nos habían dado un céntimo. Eché a andar hacia la estación, cojeando penosamente. Me apoyaba en el infeliz aficionado a picador, que, con su pintoresca media lengua, se quejaba de llevar el cuerpo molido, y se dolía de haber dejado a su buena mujer durmiendo en el santo suelo para correr aquella desastrosa aventura.

«Me llevaron a la enfermería, que era una auténtica cuadra» [Martínez de León].

En la estación estuve sentado en un banco, esperando la llegada del tren. Cuando ya se acercaba la hora, vi a un sujeto con aire de torerillo que entró precipitadamente en el andén y se fue hacia mí apenas me vio; me cogió rápidamente del brazo, como si fuese amigo mío de toda la vida, y me rogó:

—¡Cállate! ¡Por lo que más quieras, cállate!

Minutos después llegó una pareja de la Guardia Civil, que se colocó en la puerta del andén, mientras el cabo, que venía tras ella, interrogaba uno por uno a los que estábamos esperando el tren. Vi que apartaban a algunos, se los llevaban a un rincón y los cacheaban. Cuando el cabo se dirigió hacia donde yo estaba, el desconocido, en cuyo brazo me apoyaba, me dijo en voz alta:

—Anda, hombre, incorpórate un poco, si puedes, que el cabo quiere hablarnos.

Yo intenté moverme y lancé un quejido.

—¡El pobre tiene un cornalón de caballo! —dijo mi misterioso acompañante—. ¡Estos son los gajes que tenemos los toreros!

El cabo de la Guardia Civil me reconoció como el infortunado matador de aquella tarde. Miró a mi compañero. Por debajo de la gorrilla ladeada le asomaba un pedazo de coleta.

—No les buscamos a ustedes; no se molesten —dijo el cabo. Y se fue a seguir sus pesquisas por otro lado.

A todo esto llegó el tren, y mi improvisado acompañante, cogiéndome en vilo, me izó al vagón con el mayor cuidado. En el pasillo del tren me encontré con Calderón y los demás toreros, quienes me contaron que se había armado un revuelo formidable, porque un carterista le había robado el dinero de los toros al empresario.

—Me alegro —decía Calderón—. Aún hay justicia en la Tierra.

Me volví a mi acompañante. Ya estaba el tren en marcha y se hacía el distraído.

—Tú eres el que ha hecho esa faena. ¿No es eso? —le pregunté.

—¿Qué más te da saberlo?

—Pero tú no eres torero.

—No; llevo la coleta porque despista. El torerillo siempre se hace simpático a la gente, se le tiene lástima, se desconfía de él, pero no se le cree capaz de ninguna mala faena.

Me disgustó.

—Buena suerte —le dije volviéndole la espalda. Fui a reunirme con Calderón y le conté lo que me había sucedido. Calderón se dio la clásica palmada en la frente y dijo:

—¡Ah! ¡Aún hay justicia en la Tierra! Ese tío va a ser el que nos va a pagar algo de lo que no quiso pagarnos el empresario. Ese dinero es nuestro, y yo no me dejo robar.

Se fue a buscar al carterista, estuvo de palique con él, y volvió con unas pesetillas, pocas, que, por las buenas o por las malas, le sacó.

—¡Se creería aquel tío cerdo que no íbamos a cobrar nuestro trabajo! —dijo triunfalmente, y repitió sentencioso—: Aún hay justicia en la Tierra.

IX

EL AMOR Y LOS CABESTROS

Tenía ya casi cerrada la herida de Guareña, cuando una tarde me encontré con Riverito, que me propuso ir a Tablada aquella noche. Fuimos solos, y no encontramos toros en el cerrado; pero dimos con dos caballos que habían echado al campo, trabados, para que pastasen, y resolvimos apoderarnos de ellos y montarlos para ir a buscar las reses en la dehesa.

Los caballos estaban en pelo, y tuvimos que improvisarles el bocado amarrándoles al belfo una de las mangas de nuestra chaqueta y utilizando la otra a guisa de rendaje.

Encontramos una vaquilla en condiciones, y la acosamos con propósito de apartarla, pero con el trote del caballo se me abrió la herida y empezó a manar sangre. Mientras Riverito echaba al galope tras la res, yo iba quedándome rezagado, hasta que le perdí de vista. Anduve largo rato buscándole, mientras me sujetaba con una mano los bordes de la herida abierta para no desangrarme, y temiendo a cada instante caer sin sentido y quedarme extraviado en la dehesa. Preocupado por mi situación, iba ya temiendo también que le hubiese ocurrido algún percance a Riverito, cuando entre unos jarales vi unos bultos en tierra, y oí la voz apagada de mi compañero que me llamaba angustiosamente:

—Juan.

El caballo que montaba Riverito y la vaquilla se habían dado un encontronazo, y ambas bestias y el jinete rodaron por tierra. La vaquilla, caída en mala postura, no había podido levantarse, y Riverito, aprisionado por el caballo y embarazado por el burdo aparejo, yacía en el suelo con un brazo dislocado y pugnando inútilmente por zafarse.

Intenté con gran trabajo descabalgar para auxiliar a mi compañero, que estaba en tierra, jadeante, maldiciendo y echando espuma por la boca; pero apenas puse un pie en el suelo, Riverito me gritó:

—¡La vaca, la vaca! Sujétala. ¡Que no se nos vaya!

Me fui hacia la vaca, le doblé la cabeza, y allí la tuve cogida por los cuernos hasta que Riverito pudo desasirse, tomar aliento y venir a reemplazarme, mientras yo reparaba el vendaje de mi herida. Así, por turno, sujetamos a la vaquilla, hasta que estuvimos en condiciones de torearla. Y la toreamos. ¡Pues no íbamos a torearla!

TORERITO VALIENTE

Como en el Arahal había estado valiente, los amigos de la tertulia no me abandonaron; don Daniel Herrera me compró un trajecito, me llevaron a la reunión del Café la Perla, adonde iban algunos señoritos influyentes, entre ellos don Carlos Vázquez, y me recomendaron a la empresa de la plaza de toros de Sevilla para que me sacase a torear. No se consiguió que la empresa me contratase; pero, allá por el mes de agosto, mis padrinos lograron meterme en una novillada sin picadores, organizada por un improvisado empresario que tomaba la

La primera vez que llevaron a Belmonte en hombros hasta Triana.

plaza por su cuenta cuando la empresa no daba corridas. Toreé por primera vez en Sevilla con Bombita IV y Pilín. Quedé bien, creo yo; así debieron creerlo también por lo menos los aficionados que me llevaron en hombros hasta mi casa; pero la verdad es que aquello no tuvo trascendencia. Ni los revisteros se ocuparon de mis faenas ni el improvisado empresario se creyó en el caso de pagarme un céntimo. Me había contratado con la promesa de que si ganaba dinero en la corrida me haría algún regalillo; pero cuando fui a preguntarle, me dijo lacónicamente «que había caído en su paz»: su paz era, por lo visto, que yo no cobrase una perra.

En el mundillo de los aficionados de Triana, por el contrario, tuvo la corrida aquella una gran trascendencia. De improviso, me di cuenta de que yo era el eje del grupo, el personaje más importante de la pandilla. Lo que yo decía tomaba de pronto un relieve que nunca habían tenido mis palabras. Éramos los mismos de siempre, hablábamos de las mismas cosas, teníamos aparentemente la misma actitud unos con otros; pero lo cierto era que aquella gente me escuchaba, y en definitiva se hacía lo que decía yo. Empecé a oír aquello de «Ha dicho Juan...», «A Juan no le gusta...». Aquello me hacía un efecto rarísimo, y a veces hasta me abochornaba.

Empecé a notar, además, que me salían amigos nuevos; alrededor del torerito valiente empezaba a formarse esa corte que se forma alrededor de los jefes políticos cuando se anuncia que va a haber un cambio de situación que puede llevarlos al poder. Los amigos me acompañaban siempre, me reían las gracias y no me abandonaban hasta que, ya de madrugada, me metía en mi cuarto.

Esto era solo en el mundillo de Triana, en el que yo me había movido siempre. Mi prestigio no iba más allá del Altozano. No se conseguía que la empresa de Sevilla me contratase, y solo hacia el final de la temporada logré un contrato para ir a torear a Constantina. Como yo era ya torerito con cierto cartel, mi padrino, don Daniel Herrera, puso por condición única que habían de pagarme más que al otro torero.

Triunfamos en nuestro vanidoso empeño. Al otro novillero le dieron veinticuatro duros, y a mí, veinticinco. Después de pagar la cuadrilla, el alquiler del traje y los gastos, me quedaron cuatro pesetas. No debí portarme mal, porque me contrataron para la primera corrida del año siguiente, que debía celebrarse el Domingo de Resurrección.

Ya era yo un torerito valiente. Empecé a presumir. Y me enamoré.

Me enamoré de una mujer casada, guapa, con mucho temperamento y muy experta en lides amorosas. Aquel enamoramiento fue una revelación para mí. No había tenido hasta entonces más experiencia amorosa que la de aquellas mocitas de Triana con los jazmines en el pelo y el delantalillo de encaje que fueron mis novias en los patios de los corrales y el contacto triste con unas mujeres «malas» que merodeaban con el cigarrillo en la boca por el paseo Cristina.

Por aquellas mocitas trianeras que querían casarse conmigo y me forzaban a que dejase los toros y hablase formalmente con sus padres no llegué a sentir ningún entusiasmo. No hablé jamás con ningún padre, y como este era un trámite inexcusable para que las mujercitas decentes de mi tierra se atreviesen a descubrir sus sentimientos, no supe lo que era el amor de aquellas muchachas, en cuyos ojos brillaba alguna chispa de pasión que no se atrevía nunca a prender en llamarada. Yo era un torerillo, sin oficio ni beneficio, y la mujer que me mirase a la cara no haría más que perjudicarse. A mí, como a todos los aficionados, las muchachas me miraban con simpatía; pero el sentido conservador y prudente de la mujer sevillana me alejaba implacablemente de la intimidad femenina. Es posible que alguna de aquellas mujeres hubiese sido capaz de despertar en mí un sentimiento amoroso avasallador; pero su egoísmo y su miedo, su esclavitud al prejuicio existente contra el torero, me echaban de su vera.

Por eso, cuando encontré aquella mujer casada que arriesgaba su bienestar y su crédito por el amor de un torerillo sin nombre y sin dinero, me entusiasmé hasta el punto de que mi vida cambió radicalmente; dejó de ser una obsesión para mí la afición a los toros, y ya no viví más que para aquel absorbente enamoramiento. Puse en aquellos amores toda la intensidad de que era capaz. Fue aquella una pasión vital, con un patetismo del que yo nunca me hubiese creído capaz, y con un hálito de fatalidad y de tragedia que la hacía aún más intensa. La ruina económica de mi casa y el abandono de mi obsesión taurina en el momento crítico en que mis sueños de triunfo estaban a punto de ser una realidad, daban un sentido trágico y fatal a mis amores. Esto lo veo ahora. En aquel entonces yo no sentía más que la plácida relajación de mi voluntad, el abandono alegre de mis viejas y enconadas ambiciones y el deseo egoísta de cerrar los ojos y deslizarme por aquella pendiente suave y placentera del amor. No me importaba nada. Yo era un torerito valiente. Aquella mujer me quería. ¿Qué valía todo lo demás?

El veterano Calderón era la voz de la conciencia. Veía con claridad que yo estaba a punto de conseguir el triunfo y cuidaba de mí como si yo fuese una obra suya. No sabía él la inminencia y gravedad del peligro en que yo estaba.

A las seis de la mañana se presentaba Calderón en mi casa; quieras que no me levantaba de la cama y me forzaba a un entrenamiento durísimo, que él juzgaba indispensable para el triunfo en los toros. Yo no me atrevía a confesarle que cuando él llegaba a despertarme no hacía más que un par de horas que me había metido sigilosamente en la cama, después de pasarme la noche en claro entregado fervientemente a mi pasión amorosa. Medio dormido, con unas ojeras que me llegaban al cogote y una invencible dejadez echaba a andar detrás del insobornable Calderón y, con paso cansino, hacía grandes caminatas, que debían fortalecerme, y en realidad me agotaban. Íbamos a la cuesta de Castilleja o a San Juan de Aznalfarache, y allí me obligaba Calderón a que hiciese flexiones y diese saltos hasta que caía extenuado. Se le ocurrió también que para poder matar toros tenía que robustecer el brazo, y me hacía llevar en la mano derecha un grueso bastón con barra de hierro, que pesaba un quintal. Aquel terrible bastón me desencuadernaba el brazo y el hombro, y aunque yo procuraba arteramente dejarlo olvidado en todas partes, el celo de Calderón lo recobraba siempre. Este entrenamiento hubiera sido perfecto si lo hubiese completado una razonable alimentación y un sueño reparador; pero entonces en casa no se comía y mis noches estaban consagradas no al descanso, sino al amor.

En estas condiciones salí a torear en Sevilla.

«¡MÁTAME, ASESINO, MÁTAME!»

Fue una novillada en la que Pacorro tenía que lidiar dos becerros; luego había cuatro novillos de lidia formal, dos de los cuales tenía yo que matar. Los dos toros que me tocaron eran grandes, broncos y de difícil lidia. Las pocas energías que me habían dejado el entrenamiento, el amor y el defectuoso régimen alimenticio a que estaba sometido, las consumí en torear y dar muerte al primer novillo. Me dieron dos avisos, y el público me gritó de lo lindo; pero mal que bien conseguí deshacerme de mi enemigo.

Pero salió el segundo, un toraco muy abierto de cuerna, altísimo de agujas y de añadidura manso. Apenas le daba un capotazo salía corriendo, y me obligaba a dar la vuelta a la plaza en su persecución. Cuando cogí la muleta y el estoque, no podía ya con mi alma. Al primer pase se me fue. Lie la muleta y eché tras él con la lengua fuera. Dio un par de vueltas a la plaza con un trotecillo cochinero que me hacía echar el bofe. Cuando al fin se paró y desplegué ante él la muleta, dio una nueva arrancada, y a correr otra vez se ha dicho. El alma se me salía por la boca. Lo alcancé a los dos kilómetros de *cross-country*, y sin igualarlo siquiera me perfilé para matar. Tenía el toro la cabeza en las nubes y ni empinándome alcanzaba a verle el morrillo. Me tiré a matar como el que se tira al mar. Sacudió la testa y me tiró contra la arena. Cerré los ojos, y hecho un ovillito me quedé bajo los mismos hocicos de la bestia. Pasaron unos segundos, no sé cuántos, muchos.

«Me tiré a matar como el que se tira al mar» [Martínez de León].

¿Qué ocurría? Seguramente, los peones no conseguían llevarse al toro. Yo seguía tumbado en la arena con los ojos cerrados. ¡Qué bien se estaba allí! Por lo menos me tomaba un respiro. Cuando al fin se llevaron al toro, sentí que Calderón me cogía y me levantaba preguntándome ansiosamente si estaba herido. No; no lo estaba, por desgracia.

—Pues anda —me dijo—; a ver si consigues cazar a esa bestia.

Y me puso en las manos la espada y la muleta. Vuelta otra vez a correr detrás del toro hasta echar el pulmón por la boca. Cuando lo alcancé, de nuevo volví a tirarme a matar, y volvió a encunarme y a escupirme contra la arena. «¡Menos mal! —pensé—. Todo el tiempo que esté en el suelo no tendré que estar corriendo». Pero a los pocos segundos ya estaba allí otra vez Calderón levantándome como el que alza a un guiñapo del suelo y poniéndome en las manos los trastos de matar.

A la tercera vez que me vi frente al toro estaba yo tan desesperado que me tiré a matar echándome materialmente sobre los pitones para que la bestia aquella me matase. Todo era preferible a aquel tormento. Una vez más fui por el aire y caí entre las patas del novillo. Ya sabía yo que el animal no hacía por recogerme, y me encontré muy a gusto en el suelo sintiéndole a mi lado como si fuese mi Ángel de la Guarda. «¡Si pudiera dormirme! —pensaba—. ¡Un ratito siquiera!».

Pero llegó una vez más el feroz Calderón, esta vez irritado ya conmigo.

—¡Vamos! ¿Qué haces ahí? ¡Arriba!

—¡Es que no puedo, Calderón! —gemí.

—Eso te pasa por hacer la vida que haces, so perdido. ¡Toma, toma! Para que te vayas por ahí de madrugada con malas mujeres...

El público empezó a divertirse con aquel inusitado espectáculo. Algún espectador me ha contado luego que se tenía la impresión de que yo era un muñeco mecánico y que cuando Calderón se acercaba a mí parecía que me daba cuerda, me ponía en pie y me echaba otra vez contra el toro.

Entré a matar cien veces, me cogió el toro quince o veinte, y cuando la paciencia del público y del presidente se agotaban y sonaron los clarines para que salieran los mansos, estaba el toro tan vivo como al empezar la lidia.

Acababa el toro de tirarme por vigésima vez contra el suelo cuando sonó el tercer aviso y se abrió el portalón para que salieran los cabestros. Súbitamente me entraron una rabia y una desesperación incontenibles. Me incorporé juntando todas mis energías, y sobreponiéndome al agotamiento me planté de un salto ante el toro, y sin muleta ni estoque, que para nada me servían, me hinqué ante él de rodillas y le desafié frenético:

—¡Mátame, ladrón; mátame!

Estaba ciego de desesperación. Avancé arrastrando las rodillas por la arena hasta que estuve en la cara misma del toro, lo cogí por los cuernos, le escupí, y finalmente me puse a aporrearle el hocico a puñetazo limpio al mismo tiempo que le gritaba:

—¡Mátame, asesino; mátame!

Calderón y el mozo de espadas, asustados, intentaban arrancarme de allí. Hay una fotografía que reproduce fielmente la escena. El mozo de espadas me tiene cogido por un brazo y Calderón tira de mí agarrándome por el cogote, mientras yo sigo de rodillas debatiéndome entre los largos pitones del toro, que, la verdad, no me mató porque no quiso.

«Me hinqué ante él de rodillas y le desafié frenético: ¡Mátame, ladrón; mátame!».

Aquella noche estaba yo en la plazoleta de San Jacinto con mis cuatro o cinco incondicionales rumiando tristemente el fracaso. Apenas hablábamos. Mis amigos me acompañaban piadosamente, como si estuviesen en un velatorio, el de mis ilusiones taurinas. Yo estaba tan agotado, que apenas podía tener los ojos abiertos. Cabeceaba soñoliento oyéndoles decir de cuando en cuando algo en descargo mío, hasta que me quedé profundamente dormido. ¡Qué placer experimentaba al cerrar los ojos y olvidarme de todo! Me dormí pensando que nada en el mundo me importaba. Y era feliz.

Cuando desperté eché una mirada a mi alrededor y me encontré solo. Los amigos se habían ido a la chita callando. ¡Qué bien se estaba en aquella plazoleta silenciosa y vacía! La brisa del río oreaba la noche caliente de julio y me acariciaba el rostro, dado a las estrellas. ¡Qué feliz me sentía! Volví a quedarme dormido.

Me despertó el contacto blando y tibio de una mano que se apoyaba en la mía. ¡Había venido! Abrí los ojos y la vi sentada en el banco a mi vera. Me miraba mientras dormía, y cuando me sintió despierto me besó. No nos dijimos palabra. Echamos a andar muy juntos. En la esquina, un coche la esperaba. Montamos en él, y abrazados bajo la sombra protectora de la capota, cruzamos el puente y el Arenal y nos hundimos en la fronda rumorosa y cargada de esencias de las Delicias Viejas.

Por la orilla del río al trote lento del caballejo fuimos diciéndonos nuestro querer en voz baja y con largos y expresivos silencios. A veces nuestro coche se cruzaba con otros cargados de juerguistas borrachos y de mujeres que encaramadas en el pescante herían la noche con el desgarrón de sus bulerías. Fuimos a una venta y nos escondimos bajo la sombra de un emparrado para saborear nuestra dicha ante una botella de manzanilla. Cerca vibraba una guitarra y se quejaba por soleares un gitanillo de voz quebrada y entrañable. El amargor suave del vino de Sanlúcar, el cálido sabor de aquellos labios húmedos y carnosos y la cadencia estremecida del cante, junto con el escalofrío de la madrugada, sacudieron mis sentidos y me dieron por un instante esa felicidad alquitarada y difícil de la juerga flamenca, tan cara al espíritu de Andalucía.

Rompió aquel encanto la presencia inoportuna de mi conciencia. Mi conciencia, como ya he dicho, era Calderón.

Estaba Calderón tomándose unas cañas con unos amigos en la misma venta que nosotros, y tuve la mala suerte de que nos descubriese. Se vino hacia nosotros con los brazos en jarras y se puso a sermonearme:

—¿Es así como quieres ser torero? ¡Valiente granuja estás hecho!

Se encaró con ella después:

—Ya sé yo quién tiene la culpa de que nos hayan echado esta tarde los cabestros. ¡Maldita sea la...!

Se quedó mirándola atentamente, y no debió de parecerle del todo mal porque atusándose los tufos y engallándose con aquella prestancia suya de viejo flamenco se puso a piropearla al mismo tiempo que la reprendía «por lo que estaba haciendo conmigo, que era una herejía».

La conciencia estaba sobornada. Y se puso tan tierna y pegajosa, que tuvimos que sacudírnosla.

CUANDO FUI JORNALERO EN LA CORTA

Pronto pude advertir que mi fracaso en la plaza de toros de Sevilla era la ruina total de mis ilusiones. Todo se volvió contra mí: la familia, los amigos, los protectores. Eché mala fama, y no me quedó más cobijo que el de aquel amor al que lo había sacrificado todo. Contra el hombre que se enamora se fragua siempre una confabulación de cuanto le rodea; las gentes que más cerca están de uno y las que más le quieren son las que de manera más implacable y enconada combaten esta versión generosa del enamoramiento que uno quiere dar a su vida. Todo se volvía contra mí.

Mi padre, cansado de la lucha, se echó al surco y dejó que nuestra casa se hundiera; mis hermanillos, faltos de lo más necesario, tuvieron que ser amparados por la beneficencia pública en hospicios y asilos. Los amigos me daban de lado; los padrinos me volvían la espalda. Estaba desacreditado, y el mundo se desplomaba sobre mi cabeza.

Si me hubiese dejado llevar por la fatalidad, pronto habría sido uno de tantos fracasados como andan por el mundo. Pero reaccioné con coraje, y dando de lado a mis ilusiones taurinas me puse a trabajar con verdadero entusiasmo. Como no tenía oficio, arte ni industria para ganarme la vida, tuve que colocarme de jornalero en la obra más penosa que había entonces en Sevilla: se estaba haciendo una corta en el Guadalquivir para desviar su curso, y allí conseguí que me admitieran como peón a destajo; mi obligación era darle aire a un buzo que trabajaba en el fondo de un pozo. En aquella obra gigantesca trabajaron, como yo, todos los desgraciados de Sevilla; por lo menos, todos los jornaleros sevillanos que me he encontrado después, a lo largo de los años, me han recordado que fueron compañeros míos en la corta de Tablada.

Entonces, sin embargo, encontré pocos compañeros y ningún amigo. Yo era un jornalero encarnizado en el trabajo, sin humor para camaraderías y con el único anhelo de cobrar mi jornal el sábado y llevárselo a mi madrastra para aliviar la miseria en mi casa. Vestía miserablemente, no fumaba ni bebía y no tenía más diversión ni alegría que la de que no dejase de quererme aquella mujer, que me veía pobre, obscuro, fatigado y triste. Así pasaron los meses de aquel invierno, en el que puse a prueba mi voluntad. Fui un jornalero más en aquella legión de proletarios que arañaba tenazmente la tierra para abrir un cauce nuevo al viejo Betis.

Con la primavera me volvió la ilusión por el toreo. La dehesa estaba cerca de donde trabajaba, y muchas tardes, al dar de mano en el tajo, me internaba en el campo esquivando a los guardas para torear. Cuando a solas citaba a la res con mi blusilla de trabajo y la hacía pasar junto a mí rozándome el cuerpo con los pitones una vez y otra, pensaba: «¡Pero si yo no tengo miedo! ¡Si no me asustan los toros! ¿Por qué no puedo ser torero?».

Una tarde estaba yo toreando en Tablada junto a la orilla del río; había cruzado el cauce a nado y toreaba completamente desnudo. Desde la orilla de Triana, unas muchachas que volvían de trabajar en algún cortijo me saludaban a lo lejos agitando alegremente los brazos. Había conseguido apartar un becerro, y al sentirme contemplado a distancia por aquel grupo femenino me puse a torear con todo el arrojo y el estilo de que era capaz. En uno de los lances pasó el becerro tan cerca de mí, que me dio un puntazo con el pitón en la cara y me partió el labio. Rodé por el suelo. Ya estaba yo otra vez en pie y con la blusilla en las manos cuando llegó hasta mí el eco perdido del grito de terror que en la otra orilla dieron las mujeres al ver la cogida. La herida era pequeña; pero, como ocurre con todas las heridas en la cara, manaba sangre en abundancia. Me di cuenta de que el percance no era grave y dejé que la sangre me corriera por el cuerpo para seguir toreando. No quería quedar mal ante aquellas mujeres que desde la otra banda del río se entusiasmaban viendo aquel muchacho desnudo que lidiaba a solas a los toros. Pero cuando ellas me vieron con el cuerpo tinto en sangre se asustaron y se pusieron a dar unos gritos espantosos. Unas se tapaban la cara con las manos, otras avanzaban hasta el borde del agua llamándome con voces angustiadas, otras huían despavoridas. Llevaron a Triana una imagen pavorosa de aquel muchacho que toreaba solo, desnudo y sangrante en pleno campo de Tablada.

Pasó el invierno y llegó la temporada taurina. Nadie se acordaba de mí. Yo era un pobre jornalero que ganaba penosamente su jornal en aquella obra ciclópea de abrir un nuevo cauce al río, que agotaba la pujanza juvenil de una generación de trabajadores sevillanos. Mi triste destino era agotarme allí en aquel tajo de grandeza faraónica

Uno de los primeros retratos de Belmonte novillero.

hinchándole los pulmones a mi pobre buzo. Pero algo mantenía viva en mí la ambición.

Rendido por el trabajo de la dura jornada, cuando llegaba la tarde, aún me quedaban energías para meterme en el cerrado y luchar con los toros. Muchas noches me faltaban el tiempo y la energía para ir a mi casa a dormir, y después de agotarme toreando hasta la madrugada me tumbaba junto al rescoldo de la fogata en que se calentaban los guardas de la corta. Aquello me salvó.

Yo iba una vez y otra a decirle a la gente que quería ser torero, que lo era, que a diario toreaba y que estaba más diestro y más fuerte cada día. Al verme con mi blusilla de trabajo remendada, mis pies calzados con destrozadas alpargatas y mi aire grave y triste de jornalero no me creían. Alguna vez fui a un tentadero. Me echaron diciéndome despectivamente:

«Nadie se acordaba de mí. Yo era un pobre jornalero que ganaba penosamente su jornal» [Martínez de León].

—¿Torero tú? ¿Cómo vas a ser torero con esa pinta de desgraciado?

Únicamente Calderón seguía teniendo fe en que yo era torero. Había hablado de mí a un amigo suyo empresario de Valencia, y un día me sorprendió con una inesperada proposición:

—¿Quieres ir a torear a Valencia?

Su amigo el empresario le había escrito diciéndole que me enviase. Busqué dinero y me metí en el tren. Todo mi equipaje cupo en los cuatro picos de un pañuelo. En mi bolsillo tintineaban de diez a doce pesetillas. Pero llevaba también en el bolsillo interior de la chaqueta un tesoro inapreciable: el retrato de aquella mujer.

A lo largo del viaje, cada vez que me veía a solas en mi departamento de tercera clase, sacaba aquel retrato, lo contemplaba enternecido y lo besaba. Besándolo fervorosamente una vez y otra entré en Valencia.

X

¡VIVA BELMONTE!

Iba en el tren, camino de Valencia, besando a escondidas el retrato de mi amante y con una desesperada resolución de triunfar. Me haré torero en Valencia o me matará un toro, pensaba. Después del fracaso de Sevilla había pasado muchos días amargos, trabajando como jornalero en la Corta de Tablada, y estaba convencido de que aquella novillada de Valencia era la última coyuntura que tendría para triunfar. Desde el desastre de Sevilla nadie quería llevarme a torear; no se fiaban de mí. No toreé más que una vez en Lorca, adonde tuve que ir con el nombre de otro torero; era una novillada para la que estaban contratadas las cuadrillas de niños sevillanos que acaudillaban un tal Pichoco y un Pepete, de la Puerta de la Carne. Pichoco no quiso ir, y el empresario me llevó para sustituirlo, pero con la condición de que no había de aparecer mi nombre en los carteles, sino el de Pichoco. Con este nombre toreé en Lorca, y tuve la tristeza de ver cómo me sacaban de la plaza en hombros, dando vivas al valiente Pichoco. En Valencia se me brindaba ahora la ocasión de que me sacasen en hombros y me vitoreasen con mi propio nombre. Iba heroicamente dispuesto a no desaprovecharla, porque quizá fuese aquella la última oportunidad que tenía para ser torero.

En el tren me encontré con un soldado licenciado, muy parlanchín, que volvía a su pueblo; me dijo que se llamaba también Belmonte, y, quieras que no, resultó pariente mío, en vista de lo cual se comió la merienda que yo llevaba. Que es lo que me ha pasado luego con casi todos los parientes que me han salido.

Entré en Valencia lleno de ilusiones y sin un céntimo. Era en primavera; estaban en flor los naranjos, y yo iba enamorado y ansioso de gozar de la vida, pero dispuesto a jugármela alegremente en aquel albur. Todo, antes que volver a la miseria del jornal. Fui al club Bombita a buscar a don Vicente Calvo, que era el empresario a quien me había recomendado Calderón, y que me había ofrecido contratarme. Todas mis ilusiones se derrumbaron. Llegaba tarde. Me había llamado el señor Calvo para que sustituyese a un novillero apodado el Mestizo, en una corrida que tenía anunciada en Castellón, pero, desconfiando de que yo llegase a tiempo desde Sevilla, había contratado ya como sustituto a Torerito de Valencia. No sabiendo qué hacer conmigo, se brindó a llevarme a Castellón como sobresaliente. Hice el viaje con él; era Vicente Calvo un empresario original, simpático, atrayente, con esa cordialidad estruendosa de los valencianos. Cuando se abría la taquilla, se colocaba junto a ella, y a todo el aficionado que iba a sacar un abono le convidaba a cerveza y le hablaba con grandes ponderaciones de sus toreros y sus toros.

Se celebró la novillada en la que yo actuaba de sobresaliente. En el primer toro fue cogido Torerito de Valencia, y nos quedamos solos en el ruedo Vaquerito y yo. Desde aquel momento me puse a convencerle de que debía dejarme que matase un toro. Al principio me dijo que sí, pero luego fue dándome largas, y cuando se abrió la puerta del chiquero para que saliese el último novillo de la tarde, tuve que convencerme de que Vaquerito no estaba dispuesto a dejarme matar. Eché a correr apenas salió el toro a la plaza; me abrí de capa y le di varios lances con todo el entusiasmo y el coraje de que era capaz. Luego, en los quites, me arrimé tanto, que vi cómo el público se ponía en pie y me aclamaba. Los que presenciaron aquella corrida dicen que se asustaron al ver cómo toreaba aquel muchachillo desmedrado y mal vestido que era yo. Les di la impresión de que se trataba de un loco o de un borracho; en suma, un tipo disparatado, que se jugaba la vida a cara o cruz, sin saber por dónde se andaba. Cuando llegó la hora de matar, pedí a Vaquerito que me cediese la espada y la muleta. Se resistió; pero, aunque de mala gana, fue conmigo a pedirle al presidente que me autorizase para matar al novillo. A todo esto, el público tomaba parte estruendosamente en la pugna que yo sostenía. Unos, los partidarios del hule, querían que yo matase; otros, los más prudentes, las gentes de buen corazón, se oponían a gritos, considerando que yo era un pobre suicida que iba por un cornalón seguro. Tal impresión les había hecho mi manera de torear. El presidente se puso de parte de la gente de buenos sentimientos, y no me dejaron que matase al novillo.

Quedé con una aureola de temerario que empezó a ser motivo de discusiones. Sostenía la mayoría de los que me vieron que yo era un tipo disparatado, sin ningún fundamento taurino; pero algunos expertos aficionados afirmaron que lo que yo había hecho con el capote era cosa de gran torero. Entonces empezó aquella famosa discusión que durante muchos años estuvo zumbándome en los oídos por dondequiera que iba.

Vicente Calvo me llevó a Valencia, prometiéndome influir para que me contratasen, y, como yo no tenía ni un céntimo, me recomendó a una pensión muy pintoresca que había frente a la plaza de toros. Costaba estar allí unas dos pesetas diarias, y la dueña, una buena mujer llamada doña Julia, me admitió con la ilusión de que alguna vez fuese yo torero, o con la esperanza de que el empresario que me recomendaba pagase por mí. Pasaba el tiempo sin que yo me convirtiese en el gran torero que Vicente Calvo le había anunciado a doña Julia, y, como nadie le pagaba, la pobre señora, en vez de plantarme en la calle, como pudo y lógicamente debió haber hecho, se contentaba con utilizarme para algunos pequeños servicios, que yo prestaba con fina voluntad, ganoso de desquitar lo que me comía. Corrían las semanas y, no obstante las recomendaciones de Vicente Calvo, la empresa de Valencia no me sacaba a torear. Hubo varias novilladas sin picadores, en las que nadie se acordó de mí. Desesperado, iba casi todos los días a pedir inútilmente que me contratasen. Hasta que una vez me sorprendieron diciéndome que podía ver logrado mi deseo de torear en Valencia. ¡Pero en qué condiciones! Había encerrados en los chiqueros seis toros, tan grandes, tan feos y con unas cornamentas tan imposibles, que ningún novillero se arriesgaba a torearlos. No sé de dónde sacaron aquellos toros; de algún museo arqueológico debió ser. Ansioso como estaba de torear a todo trance, me comprometí por dieciséis duros a matar dos de aquellos mastodontes.

Me eché a buscar quien me alquilase un traje de torero, pero no lo encontré; de una parte, la fama de suicida que me habían dado, y de otra, el aspecto pavoroso de los novillos encerrados en los corrales fueron causa de que ningún sastre de toreros ni alquilador de trajes quisiese correr el riesgo de cubrir mi cuerpo con unas ropas que seguramente iban a devolverles en jirones. Si a mí no me importaba demasiado mi pellejo, a ellos sí les importaban sus sedas bordadas. Llegó el sábado anterior a la corrida sin que hubiese podido resolver el problema. Aquella tarde fui a los corrales de la plaza para contemplar una vez más, con el ánimo entristecido, la horrible catadura de mis enemigos. Considerándolos estaba, lleno de pesadumbres, cuando se me acercó un viejo banderillero, hombre experimentado en las lides taurinas, que se interesó piadosamente por mi estado de ánimo. Le expliqué lo que me ocurría. Había ido a Valencia dispuesto a triunfar y me encontraba con aquellos animales antediluvianos, que imposibilitaban todo lucimiento. Ni siquiera tenía quien quisiese alquilarme un traje de torero. No tenía traje, ni cuadrilla, ni dinero para pagar la fonda donde estaba, ni amigos a quienes volver la cara, ni nada. Lo único que tenía eran toros, ¡y qué toros!

El viejo banderillero me echó el brazo por encima del hombro y me aconsejó paternalmente:

—Mira, muchacho: lo mejor que haces es irte ahora mismo a la estación y coger el primer tren que salga para Sevilla. Con eso que hay ahí —y me señalaba a los toros— no es posible esperar nada, como no sea un cornalón en la barriga.

Salí de los corrales sin ninguna esperanza. Camino de la fonda encontré a un conocido, a quien se le ocurrió que fuésemos a ver si nos querían alquilar un traje de torero en la guardarropía de un teatro, ya que la gente de tablado, ajena al mundillo de la tauromaquia, no estaba, de seguro, en antecedentes, ni de mi aureola de suicida ni de lo que fatalmente habían de hacer con el traje que yo llevase las feroces bestias encerradas en los corrales de la plaza. Encontramos, efectivamente, un traje de torero en la guardarropía de un teatro; pero era un traje confeccionado con una tela deleznable y unos bordados imposibles, como para que una tiple del género chico contonease las caderas cantando pasodobles. Cargué con él y me fui a la fonda, donde me lo probé, advirtiendo que la tela que le faltaba en la cintura le sobraba, como era natural, en las caderas; las costuras eran tan débiles que saltaban a la más leve presión; llovían las lentejuelas apenas se las sacudía, y las borlas de la montera estaban lamentablemente desrizadas. Pedí hilo y una aguja y me puse pacientemente a remendar aquellos pingajos. Las muchachas de la fonda, compadecidas de mi torpeza, estuvieron ayudándome a recoser el traje hasta que les entró el sueño. A última hora me quedé solo, dando puntadas, a la luz de una vela.

Hacía aquello como un autómata, procurando distraerme para no pensar en lo que me aguardaba. Una gran desesperanza me invadía. El recuerdo de los toros que tenía que matar, los prudentes consejos del viejo banderillero, el aspecto grotesco de aquel traje con el que había de salir vestido y verme allí solo y en ridículo, recosiendo aquellos trapos a la luz de una vela, me dieron la impresión de que estaba metido en una aventura disparatada, cuyo desenlace no podía ser otro que mi definitivo descrédito como torero o una cornada que me dejase tendido en la arena. Opté por la cornada. Ya de madrugada, cuando di por terminada mi tarea, tenía la íntima resolución de morir. No había más remedio. Moriría. Esta convicción prendió en mí tan vivamente, que me puse con la mayor seriedad a arreglar mis asuntos, como si en efecto hubiese de morir horas más tarde. Tenía yo un paquetito de cartas, tan preciadas para mí que con ellas bajo la almohada dormía. Eran las apasionadas cartas que con una tinta roja me escribía mi amante, asegurándome que aquel rojo, de evidente anilina, era sangre pura de sus venas. Releí aquellas cartas y el pecho se me llenó de congoja. Luego me asaltó el temor de que al morir yo, al día siguiente aquellas cartas fuesen a manos extrañas que comprometiesen a mi amante, mujer casada, y sintiéndome orgullosamente caballeresco, fui quemándolas una a una en la llama de la vela. Sentado en el borde de la cama hice examen de conciencia, me despedí mentalmente de los míos, y luego puse el traje recosido sobre una silla, sin atreverme a someter su resistencia a una prueba temeraria, soplé el pabilo de la bujía y, con un ánimo sereno que a mí mismo me maravillaba, me eché a dormir mi último sueño terrenal. A la tarde siguiente moriría. Ya estaba decidido.

LA CARA DE ORO DE AQUELLA VALENCIANITA

Cerca de metro y medio tenía aquel toro de pitón a pitón. Pensando en cómo resolvería el problema de entrarle a matar sin que me cogiese, andaba yo tras él con la lengua fuera, ante unos millares de valencianos que me contemplaban con lástima desde los tendidos. A cada carrera me palpaba la taleguilla, temiendo que el traje de la cupletista se hubiese descosido. «¿Cómo acabar con este toro?» —me preguntaba perplejo—. Cuando se me presentó la ocasión me perfilé y, guiñando el ojo, miré a ver si encontraba algún sitio por donde salir indemne. No lo había. Cerré los ojos y me fui tras el estoque, con toda mi alma. Me pareció sentir que el acero se hundía en la carne de la fiera; pero simultáneamente me sentí cogido por el vientre y volteado. Cuando me vi derribado en la arena, lo primero que advertí fue que aún tenía empuñado el estoque. Me levanté pensando que nunca lograría matar aquel toro y con la convicción de que iba a dar el mismo espectáculo que en la plaza de Sevilla. Cogí de nuevo la muleta, resignado a seguir la desigual pelea con aquel enemigo invencible, cuando vi, con ojos maravillados, que aquella mole inmensa vacilaba, como un barco que naufraga, humillaba el hocico, se abría de patas, y después de recular un poco, se desplomaba como herida por un rayo. Estalló una ovación como jamás en mi vida la había oído. El toro rodaba a mis pies, muerto de una estocada que yo le había dado, con el puño tan fieramente crispado, que no pude abrirlo a tiempo, y al salir volteado me llevé el acero. A partir de aquel instante, mi crédito como torero estaba rehecho. El segundo toro que me tocó era tan grande y destartalado como el primero. Lo toreé de capa y de muleta con mucho entusiasmo, y al darle un pase de rodillas me enganchó y me dio una cornada en una pierna. Me llevaron a la enfermería, pero el honor estaba ya a salvo, y los valencianos se rompían las manos aplaudiéndome mientras iba por el callejón en brazos de los monosabios.

Desde la enfermería de la plaza fui conducido al hospital en una camilla. En el trayecto me di cuenta de que, mezclada a la chiquillería que seguía a los camilleros, iba una muchacha bonita. Pedí que me levantasen el hule negro de la camilla para poder mirarla. Era una valenciana con cara de Virgen que me miraba tristemente, mientras caminaba al lado de la camilla, cogida del brazo de otra muchachita.

Al día siguiente, a la hora de la visita en el hospital, la vi entrar en la sala, que cruzó lentamente buscando con los ojos la cama donde yo yacía; pero cuando llegó junto a ella se limitó a mirarme y pasó de largo. Volvió al día siguiente y al otro. Paseaba despacio por la sala del hospital, y luego de dar dos o tres vueltas, como la que no quiere la cosa, se atrevía a quedarse un momento, sonriéndome, a cierta distancia de mi cama. Cuando yo intentaba incorporarme en el lecho y hablarle, se avergonzaba, daba la vuelta y se iba.

Volvía siempre al día siguiente. Aquella cara, bonita y seria, de la valencianita del hospital es uno de los mejores recuerdos de mi vida de torero. En medio de la fiebre que me consumía, recordaba, en aquellas largas noches del hospital, la cara de oro de la valenciana triste que todas las mañanas venía a estar un instante a los pies de mi cama. Un día se atrevió a llevarme unas flores y me sentí dichoso como nunca lo había sido.

Estuve un mes en el hospital, y cuando salí me encontré con que tenía ya cierto cartel de buen torerito. Se llegó a pensar en mí para que alternase con Joselito, sustituyendo en una corrida a Limeño, que estaba herido. Me contrataron para otras dos novilladas, una de ellas sin picadores, y la otra nocturna. Por cada una de estas corridas me daban diez y seis duros, que yo mandaba en un sobre-monedero a mi gente, para que fuese comprando pan. Quedé bien en ambas corridas, y los revisteros me elogiaron mucho. Uno de ellos dijo que yo era un diamante en bruto.

El eco de mis éxitos en Valencia llegó hasta Sevilla, y Calderón, que andaba, como siempre, por las tertulias taurinas diciendo que yo era un verdadero fenómeno de la tauromaquia, me pidió que le mandase cincuenta periódicos de aquellos que decían lo del diamante en bruto, para refregárselos por los hocicos a los que no querían creer en mí. Hubo también un vendedor de patatas del mercado de la Encarnación que me vio torear en Valencia, y se fue a Sevilla diciendo que yo era un torerazo.

Así fue haciéndose ambiente en favor mío, y llegó el momento en que Calderón me avisó para que fuese a torear en Sevilla. Organizaban entonces las hermandades sevillanas unas novilladas, cuya finalidad era recaudar fondos para las procesiones de Semana Santa. Se contrataba para torear en estas corridas a dos novilleros de cartel, que arrastrasen al público con su fama y el tercer puesto se cedía a algún torerito, poco o mal conocido, que se comprometiese a colocar entre sus amistades un crecido número de localidades. En este humilde lugar entré yo a formar parte del cartel que confeccionó la Hermandad de San Bernardo para el 21 de julio de 1912. Mis amigos don Francisco Herrera y don Carlos Vázquez, que tenían dinero, y Antoñito Conde, que no lo tenía, cargaron con las localidades que era necesario tomar para que yo torease.

Yo quería entrar en Triana como un señorito, y antes de salir de Valencia, con el poco dinero que tenía, me hice un traje de verano, muy llamativo, y me compré unos zapatos de color rojo, que entonces llevaban los elegantes. Los amigotes trianeros, que ya tenían noticias de mis éxitos en Valencia, me recibieron con gran entusiasmo y yo estuve presumiendo de torero entre ellos con mi terno claro y mis zapatos rabiosos. Me echó un jarro de agua fría uno de aquellos gandules insobornables de la pandilla que, cuando estaba yo en el Altozano contando mis triunfos, me dijo:

—Todo eso está muy bien y tú estarás hecho un gran torero, pero ya te puedes quitar ese traje de cómico y esos zapatos de cupletista, si no quieres que te corran los chiquillos de la Cava como si fueses un inglés.

Entonces empecé a darme cuenta de mi incapacidad para postinear y a resignarme a no ser nunca un tipo petulante y llamativo. Aparte petulancias, yo estaba decidido a que me aplaudiesen en Sevilla. Hay una carta que por aquellos días escribí a mi camarada Riverito, en la que, según parece, expreso de manera bastante convincente la heroica resolución de triunfar que me animaba.

La víspera de la corrida estuve paseando por Triana, muy engallado y dándomelas de torero de cartel. Mi gente vivía aún en una casa de vecindad, y aquella noche me llevaron hasta allí Calderón y los cinco o seis admiradores que me daban escolta. Había a la puerta de mi casa un puesto de melones, y Calderón, tan hiperbólico como siempre, advirtió solemnemente al melonero:

—¡Eh, amigo! Quite usted mañana de aquí los melones, si no quiere quedarse sin ellos.

—¿Por qué voy a quitarlos? —gruñó el melonero.

—Porque mañana van a traer en hombros al matador —sentenció Calderón— y la gente, que vendrá ciega de entusiasmo, se los va a pisotear.

Me miró el melonero de arriba abajo y se encogió de hombros despectivamente, pensando seguramente que éramos unos ilusos. Al día siguiente, como Calderón le había pronosticado, la muchedumbre, que me llevó en volandas desde la plaza, no le dejó un melón al pobre melonero.

EL TRIUNFO

Al comenzar aquella corrida, que fue mi consagración, mi triunfo definitivo como novillero, tuve un momento de desaliento absoluto. Cuando salió el primer toro, Larita lo toreó de capa, muy pinturero y valiente, y luego hizo un quite que se aplaudió mucho. Le tocó el turno a Posada, al que también ovacionaron, y me llegó la vez a mí. No había hecho más que abrirme de capa, cuando el novillo tiró un derrote y me arrancó el capote de las manos. En el segundo toro volvió a lucirse Larita en un quite muy ceñido, y tras él, Posada, en franca competencia, arrancó una clamorosa ovación. Entré yo en turno y, a la primera embestida, el toro volvió a llevárseme el capote. Cuando pude recobrarlo intenté de nuevo lancear, y por tercera vez el novillo se llevó el trapo prendido en los cuernos. Larita, muy postinero, se acercó al toro, adelantándoseme, y con mucho aplomo llegó con la mano al testuz, cogió el capote y me lo alargó con un ademán flamenco. Me quedé estupefacto. Comprendí que estaba en ridículo y me entró un desaliento invencible. ¿De dónde sacaba yo que era torero? «Tú —me decía— eres un pobre iluso, que por haber tenido suerte en un par de novilladas sin picadores te consideras capaz de todo. Esto es más serio de lo que tú te creías, desdichado». Cuando salió mi toro me fui hacia él, y al tercer lance oí el alarido de la muche-

«Dicen que mis lances de capa y mis faenas de muleta aquella tarde fueron una revelación en el toreo» [Martínez de León].

dumbre puesta en pie. ¿Qué había hecho yo? Prescindir del público, de los demás toreros, de mí mismo y hasta del toro, para ponerme a torear como había toreado tantas noches a solas en los cerrados y dehesas, es decir, como si estuviese trazando un esquema en un encerado. Dicen que mis lances de capa y mis faenas de muleta aquella tarde fueron una revelación en el toreo. Yo no lo sé ni puedo juzgarlo. Toreé como creía que debía torearse: ajeno a todo lo que no fuese mi fe en lo que estaba haciendo. En el último toro conseguí, por primera vez en mi vida, entregarme por entero al placer de torear haciendo abstracción de la muchedumbre. Yo tenía la costumbre de hablarles a los toros mientras los toreaba a solas en el campo, y aquella tarde entablé también una larga conversación con el toro, al mismo tiempo que iba trazando con la muleta los arabescos de la faena. Cuando ya no sabía qué hacerle al novillo, me hincaba de rodillas ante los pitones y, acercándole la cara, le decía por lo bajito:

—¡Anda, torito, cógeme!

Me levantaba, volvía a ponerle el engaño ante el hocico y continuaba mi monólogo animándole para que siguiera embistiendo:

—Ven acá, toro; embiste bien —le decía—. No seas así, muchacho; si no te va a pasar nada. ¡Toma! ¡Toma! ¿Lo ves, torito? ¿Qué? ¿Te cansas? Anda, cógeme; no seas cobarde. ¡Cógeme!

«Sentí que me cogían en vilo, me levantaban sobre un mar de cabezas vociferantes y me arrastraban flotando sobre aquel oleaje humano» [Martínez de León].

Estaba haciendo la faena ideal. En mis sueños de aficionado, yo siempre había imaginado una faena ideal, cuyos detalles, a fuerza de perfilarlos imaginativamente, se me representaban ya con una exactitud matemática. La faena ideal con la que yo siempre había soñado terminaba fatalmente, porque al tirarme a matar el toro me empitonaba y me daba una cornada en el muslo. No sé qué subconsciente reconocimiento de mi falta de habilidad para entrar a matar me dictaba invariablemente este trágico final.

Yo seguía realizando mi faena ideal, metido entre los cuernos del toro, y apenas llegaban hasta mí las aclamaciones de la multitud como el eco de un fragor lejano. Hasta que, como en la faena de mis sueños, el toro me cogió y me dio una cornada en el muslo. Estaba tan embebido, tan poseído, que ni lo advertí siquiera. Entré a matar y cayó el toro a mis pies.

La gente se echó al ruedo, frenética. Sentí que me cogían en vilo, me levantaban sobre un mar de cabezas vociferantes y me arrastraban flotando sobre aquel oleaje humano. Di un par de vueltas al ruedo, resbalando sobre los hombros de la multitud entusiasmada. Recuerdo que, cuando aquel tropel me empujaba hacia la Puerta del Príncipe, vi junto a la barrera a un viejo aficionado, de clásica estampa, que con el sombrero de ala ancha derribado sobre el cogote y los brazos en alto tomaba al cielo por testigo de la maravilla que habían visto sus ojos, rebosantes de lágrimas. Encaramado sobre la multitud crucé el puente y atravesé las calles de Triana. Agotado por la emoción y el júbilo y trastornado por el dolor de la herida, que nadie había advertido, oí por primera vez aquel grito de «¡Viva Belmonte!», que me sonó de una manera extraña y desconcertante.

Entró aupándome en el patiezuelo del corral una masa humana que llegó apretujándose hasta nuestra mísera habitación, y me arrojó sobre el único camastro que allí había como un pelele. La sangre manaba en abundancia de mi herida y me sentía desfallecer, rodeado de mi pobre gente, estremecida, mientras en la calle vociferaba la enardecida multitud:

«¡Viva Belmonte!».

La primera media verónica que dio Belmonte en la plaza de Sevilla.

El patio del corral de la calle Pureza en Triana, donde vivía Belmonte cuando triunfó en la plaza de Sevilla. La estrecha puerta que hay en primer término, a la izquierda, era la habitación donde moraba toda la familia de Juan. Hasta allí dentro le llevó la multitud entusiasmada.

XI

HALAGO Y TORMENTO DE LA POPULARIDAD

A partir de mi triunfo en Sevilla tuve la sensación de que todo estaba ya conseguido. No había más que dejarse llevar por la corriente del éxito. Se acabaron aquellas angustias de los primeros tiempos, aquel constante dudar de uno mismo y aquella íntima desesperanza. Tuve desde entonces la convicción de que nunca retrocedería.

Tan seguro me sentía de mí mismo, que a la mañana siguiente de la corrida, con los cincuenta duros que por ella me habían pagado, decidí rehacer mi casa y rescatar a mis infelices hermanillos, repartidos por los establecimientos de beneficencia de Sevilla. Nos juntamos nueve hermanos, mi padre y mi madrastra. Para festejar el triunfo los llevé a todos a comer a La Bomba, una famosa casa de comidas en la que por muy poco dinero daban un cubierto pantagruélico, cuya sopa era por aquel entonces el *non plus ultra* de mis sueños gastronómicos.

Empezaron a lloverme contratos. Los empresarios se apresuraron a explotar el éxito del momento. Al domingo siguiente fui a torear a Sanlúcar de Barrameda. Me di el gustazo de pasear por la playa hecho un señorito y de comer langostinos por primera vez en mi vida. Todavía llevaba abierta la herida de Sevilla, y al estoquear el primer novillo fui derribado y pisoteado.

Para el domingo siguiente estaba comprometido a torear en una novillada organizada por una hermandad sevillana. El hermano mayor cuidaba de mi salud como de las niñas de sus ojos, y para que pudiese curarme bien y reponerme pronto me sacó de mi casa y a sus expensas me llevó a un confortable hospedaje. Pero llegó el día de la corrida, yo no estuve en condiciones de torear, y aquel mismo día el cariñoso cofrade me dijo que se habían acabado la protección y el hospedaje.

Ocho días más tarde pude volver al ruedo, y logré consolidar el triunfo del primer día. Tuve desde entonces tantas corridas como pude torear. En los meses que quedaban de temporada toreé más de veinte novilladas, casi todas ellas en las plazas de los alrededores de Sevilla: Utrera, Sanlúcar, Morón, Higuera, Santa Olalla, Écija, Fregenal y Pilas. Toreé también en Cádiz, Úbeda, Cartagena, San Sebastián y Barcelona. Hice en Barcelona varios descubrimientos sensacionales, que me apresuré a revelar a mis camaradas de la pandilla tan pronto como regresé a Triana. Uno de aquellos descubrimientos era el de las mujeres de la vida con sombrerillo que había visto en las Ramblas; otro, el de que los catalanes sacaban tabaco para ellos solos. En San Jacinto contaba estas cosas y no me querían creer.

En San Sebastián tuve que matar los seis novillos porque Posada, que era con quien alternaba, fue cogido en el primero. Por falta de facultades o por el concepto estricto que tengo de la responsabilidad he rehuido de ordinario el comprometerme a matar más de dos toros; pero cuando el caso se ha presentado, como ocurrió en aquella corrida, he logrado siempre sobreponerme, sacar fuerzas de flaqueza y cumplir como es debido. No soy capaz de hacer la reseña de las corridas que he toreado. Mi vida taurina, además, en cuanto tomó un cauce profesional, perdió para mí la emoción y el interés que me ha hecho conservar frescos y palpitantes en la memoria los episodios de la que me atrevo a llamar época heroica. Toreaba con mejor o peor fortuna, y rápidamente iba alzándose en torno a mi parva figura el estruendo de la popularidad. En la feria de Écija sentí el entusiasmo popular más cálido y próximo a mí que en ninguna parte. Toreé allí en las dos novilladas de la feria. En la primera tuve la fortuna de lograr uno de esos momentos felices del toreo que le hacen a uno entusiasmarse con el arte de lidiar y matar toros, a despecho de la inevitable deformación profesional. Era en el último toro. Casi todos mis grandes triunfos los he logrado en ese último toro que sale del chiquero cuando ya va cayendo la tarde, el sol se sale del anillo para perderse en los gallardetes, y el público, fatigado por la emoción o el aburrimiento de toda la corrida, mira distraídamente lo que pasa en el redondel. Con aquel toro me entregué por entero al placer de torear, que tan pocas veces siente de veras el torero. El público se dejó arrastrar por el entusiasmo que yo ponía en lo que estaba haciendo, y cuando, satisfecho de la faena que me había tenido embebido, alcé los ojos a los tendidos, vi un espectáculo que me enorgulleció. Millares de personas me aclamaban frenéticas. Los músicos de la banda, que tenían ya enfundados sus instrumentos, entusiasmados también, habían sacado sus pitos automáticamente, y cada cual tocaba por donde quería. Me llevaron a la fonda en hombros de una muchedumbre que enronquecía vitoreándome. Luego advertí que tenía clavadas en una pantorrilla las cinco uñas de un furioso entusiasta. Todo, tal y como Eugenio Noel lo describía en sus esperpentos taurinos.

Aquella noche, un poco sofocado ya por el aliento cálido de la multitud, me escabullí de la fonda y me fui solo y con la gorrilla echada sobre las cejas a las barracas y las calesitas de la feria. Quería divertirme con aquellas pueriles diversiones que durante toda mi infancia había ambicionado inútilmente. Montado en un tiovivo estaba yo muy a mi gusto cuando dieron conmigo los que andaban buscándome por encargo de don Pedro la Borbolla para presentarme a unos señorones que querían conocer y tratar al «fenómeno».

Al día siguiente, aquellos señorones me sacaron a pasear en un coche abierto, del que tiraban cinco caballos enjaezados a la andaluza. Me llevaron triunfalmente por el real de la feria, y de todas las casetas salían hombres y mujeres que me daban vino y me felicitaban.

EL MITO DE JUAN BELMONTE

Me sentí arrastrado súbitamente por una popularidad explosiva, fulminante. Aquel vaho de multitud hubiese trastornado a cualquiera por muy firme que tuviese la cabeza, y yo, muchachillo desorientado, anduve, naturalmente, perdido en aquel mar de adulaciones inexplicables, entusiasmos frenéticos y homenajes incomprensibles. Me salvaron del peligro de desvanecerme en multitud que corría, aquella incapacidad que tuve siempre para la petulancia, aunque me hubiese gustado dejarme llevar por ella; mi gran puerilidad de hombre que añora una infancia que no ha tenido y el amargo sabor y el recelo que los fracasos y la injusticia me habían dejado en la época de mi duro aprendizaje. La popularidad que yo gocé y padecí en mis dos o tres primeros años de torero fue uno de esos fenómenos de la psicología de las multitudes que difícilmente analizan y desentrañan después los sociólogos. ¡Cómo iba a explicármelo yo! Me sentía materialmente envuelto por el halago de la muchedumbre. Creo que pocos hombres han estado tan estrechamente cercados por la popularidad. Yo mismo, años después, cuando mi fama de torero se extendía por España y América, no he tenido la aguda impresión de ser un hombre entregado a la multitud, mimado y vigilado por ella, que tuve en aquellos primeros tiempos, cuando mi popularidad era casi exclusivamente local, cuando eran solo trianeros y sevillanos los que ponían su entusiasmo en convertirme en un mito viviente. El Juan Belmonte de aquel tiempo era una creación mítica de sus paisanos. Yo era lo que ellos querían: bueno o malo, valiente o cobarde, feo o guapo, simpático o antipático, según querían la imaginación y el fervor de aquellos millares de seres que hacían de mí el objeto de sus discusiones y apasionamientos, de su capacidad para elaborar leyendas y hasta de lírica inspiración. Lo que después ha ganado mi popularidad en extensión lo ha perdido en intensidad. Entonces yo era no solo yo, sino también algo de cada sevillano. Se hizo de mí una figura patética en la que cada cual veía el atributo de su propio patetismo. Los buenos padres de familia celebraban en mí que yo hubiese conseguido rehacer la mía; los que esperaban triunfar en la vida se miraban en mí como en el espejo de sus futuros triunfos; los desvalidos pensaban que mayor que el suyo había sido mi desvalimiento; los que peleaban en malas condiciones, mal pertrechados para la lucha, recordaban que más inerme estaba yo y había triunfado; los que se sentían feos, desgarbados y tristes se consolaban al pensar que feo, desgarbado y triste era yo. Cada cual veía en mi triunfo milagroso la posibilidad del suyo. Me veían tan débil, tan poca cosa y tan distinto de como suelen ser los héroes triunfantes, que todos se sentían triunfar en mí, a despecho de sus debilidades. Había luego en favor mío la conmiseración que se tiene por el hombre que va a perecer. Los técnicos del toreo dictaminaron que me mataría un toro irremisiblemente, porque como yo toreaba no se podía torear. Rafael Guerra, desde su olimpo de la calle Gondomar, me había sentenciado: «Darse prisa a verlo torear —aseguran que dijo—, porque el que no lo vea pronto no lo ve». Además, yo, entonces, ni siquiera había ganado dinero para asegurar el pan de los míos y cuando uno no tiene dinero es más simpático, y la gente le quiere más.

Sevilla estaba llena de mí. Las discusiones de las tabernas, las fiestas populares, las polémicas periodísticas, las coplas de seguidillas, hasta las canciones que cantaban los coros de niñas en las plazuelas, todo giraba en torno al mito de Juan Belmonte. Empezó a fatigarme aquella presencia constante de la multitud. Me desazonaba aquella muchedumbre que anulaba mi propia personalidad, grande o pequeña. Llegué a odiar mi popularidad, carga terrible echada por el éxito sobre mis pobres hombros. No salía una vez a la calle que no me viese acosado.

Había en Triana un chiquillo que merodeaba por los alrededores de mi casa, al que por lo visto le divertía el espectáculo de mi popularidad, y apenas me veía en la calle daba la voz de alerta y me echaba a la gente encima. En cuanto me veía echaba a correr delante de mí y gritaba:

—¡Belmonte! ¡Ahí viene Belmonte!

Salían las comadres de las casas de vecindad para jalearme y hacerse lenguas de lo buen hijo y buen hermano que yo era, hasta que me abochornaban; los borrachos se asomaban a la puerta de las tabernas y me hacían beber su vinazo agrio; las mocitas se asomaban a las rejas y balcones sonriéndome; corrían alborozados los chi-

«Salían las comadres de las casas de vecindad para jalearme» [Martínez de León].

quillos, ladraban los perros, se detenían los carros y los coches que pasaban, venían poniendo orden los guardias, y yo tenía que salir de estampía maldiciendo aquella agobiante popularidad. Llegué a sentir una rabia loca contra aquel maldito chiquillo que alborotaba el barrio a mi paso. Una tarde iba yo con Riverito cuando le sorprendimos dispuesto, como de costumbre, a dar la voz de alerta. Estábamos ya sobre aviso, y antes de que el chiquillo pudiese gritarle salimos al paso y lo entrecogimos; lo metimos en un zaguán, cerramos el portal para que no escandalizara, y entre Riverito y yo le dimos una paliza que se le quitaron las ganas de volver a echarme la gente encima. Tanta rabia le tenía.

Cuando fui soldado en Sevilla, el general de la división estaba obsesionado con la idea de que se me trataba en el cuartel con demasiadas consideraciones. ¿Por qué no iba yo, como los demás al campo de instrucción? El coronel transmitió una orden enérgica. Yo formaría como todos los reclutas e iría con el regimiento al campo de instrucción. Y recuerdo aquella mañana en que, cuando desfilaba por las calles de Sevilla, la gente que me descubría en las filas seguía el paso marcial de las tropas llamándome cariñosamente «¡Juan! ¡Juan!». Al regreso, la noticia había prendido, y un gentío denso aguardaba al desfile para aplaudirme y rodearme con esa apasionada efusividad de mis paisanos. También el general esperaba el paso del regimiento para tener la certidumbre de que yo había ido al campo de instrucción, y por asegurarse de esto fue testigo de cómo la gente se abalanzó alrededor de mi personilla, rompió las filas marciales, intentó conducirme en hombros y desbarató la formación. Aquel mismo día, el propio general dio la orden de que nunca más saliera el recluta Juan Belmonte con el regimiento.

Cuando un hombre es tan popular como yo lo fui entonces, se debe a su popularidad. Todo lo suyo es un poco también de los demás: su intimidad, sus afectos y, desde luego, su dinero. Y es hasta cierto punto lógico que así sea. El que gasta sus energías discutiendo sobre un torero en vez de gastarlas en trabajar, cuando necesita algo va a pedírselo al torero a cuya gloria consagra lo mejor de su vida. De ahí la obligación de ser rumboso que el torero tiene. Yo acepté esta obligación resignadamente. Las veintitantas corridas que en aquella primera temporada había toreado me produjeron unas diez o doce mil pesetas, que previsoramente se encargó de administrarme mi padrino, don Francisco Herrera. Todos los sábados, Herrera me daba cincuenta duros, que solían acabárseme el domingo o lunes. No es que yo fuese gastoso. Es que todo el mundo se creía con derecho a pedirme, y yo aceptaba vanidosamente la obligación de dar en que a mi juicio estaba. Había días que salía de mi casa para ir al café, y jalonados a lo largo de mi obligado trayecto estaban los pedigüeños, que iban saqueándome por turno, hasta el punto de que cuando me sentaba a la mesa del café tenía que pedir al mozo que me fiase porque no me quedaba dinero para pagarle. Me nombraron socio de honor o presidente honorario de infinidad de sociedades extrañas y me entregaban solemnemente unos historiados diplomas, a los que había que corresponder con alguna fineza en metálico. La tradición quiere que el torero popular sea así, y había que aceptarlo con resignación y gratitud. El que no estaba tan resignado ni agradecido era mi padre, que armaba unos escándalos formidables a los pedigüeños, comprometiendo seriamente mi popularidad.

Otro de los quebrantos de la fama era el tener que dejarse arrastrar por los que generosamente le admiran a uno. No se puede defraudar a los admiradores, y mucho menos a las admiradoras. Una vez pasaba yo muy seriecito por delante de una venta en la que estaban de juerga unos admiradores míos con cuatro o cinco mujeres alegres, que debían admirarme también. Quieras que no tuve que alternar con los juerguistas y con sus hembras jaraneras. Una de ellas, desfavorablemente conocida por el delicado apodo de la «Chivita», enloqueció de amor súbitamente por mí, y dando de lado a su cortejo me anunció la heroica resolución que había tomado de ser mía o de la tumba. Yo me resistí todo lo que le es dable resistirse a un lidiador de reses bravas; pero aquel benemérito admirador mío, que hasta entonces había estado cortejándola, consideró como un alto honor cederme a la apasionada Chivita. Que me deparó el peor percance que he sufrido en mi vida taurina.

EN EL MUNDO HAY MÁS

Empecé a torear al año siguiente en el mes de febrero. Fui a Barcelona, donde tomé parte en dos novilladas, en las que me ayudó la suerte. Me pasearon en hombros por las Ramblas, y algún periódico protestó contra el hecho de que un pueblo culto como el catalán hubiese

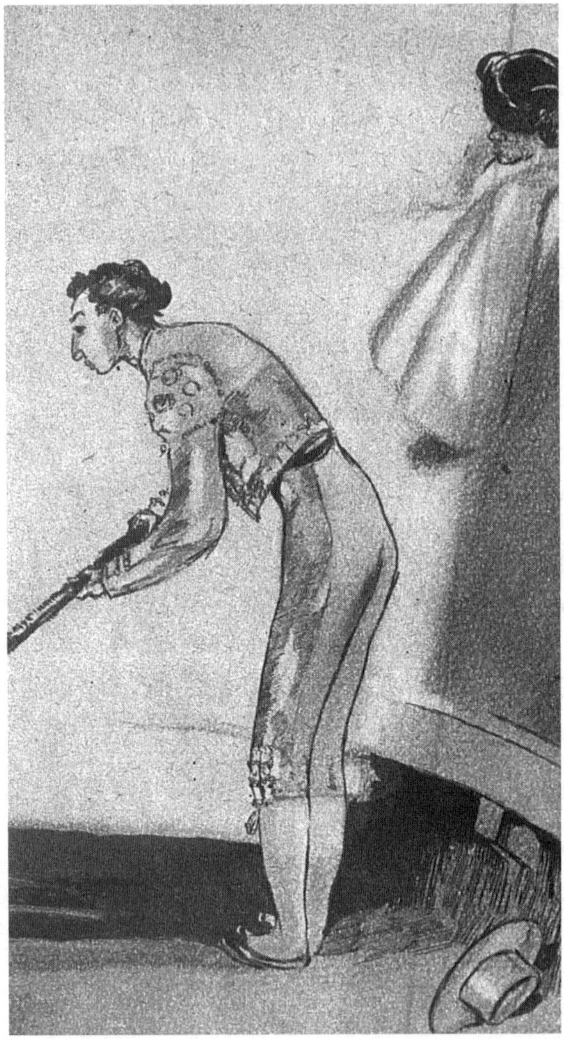

«Empezó el público a quererme enfrentar con Joselito,
que estaba entonces a la cabeza de los novilleros» [Martínez de León].

dado aquel espectáculo, a su juicio bochornoso. Ya en aquellas corridas empezó el público a quererme enfrentar con Joselito, que estaba entonces a la cabeza de los novilleros. Fue a Barcelona para verme torear uno de los revisteros más entusiastas de Joselito, y dictaminó que yo no era ningún «fenómeno», aunque sí un buen torerito.

Toreé otras dos novilladas en Valencia, y después fui a Toulouse con Posada y Cortijano. Mi primer contacto con Francia me produjo un gran estupor. Todo cuanto vi me pareció extraordinario. Aprendí en aquel viaje que en el mundo había más, mucho más, de lo que desde el aguaducho de San Jacinto podía imaginarse. Resultaba que se podía vivir de otra manera, que las gentes pensaban de otro modo y se movían por unos estímulos distintos de los que nosotros sentíamos. Y resultaba también que, en definitiva, vivían mejor, más cómodamente, más amablemente.

Al hotel en que nos hospedábamos vinieron unas muchachas bonitas que querían ver de cerca la ropa de los toreros y que se divertían probándosela ante nuestros asombrados ojos. ¡Cómo se reían calzándose la taleguilla, ciñéndose la faja y haciendo ante el espejo unos absurdos desplantes de torero! Lo que más nos desconcertaba era que no nos hacían demasiado caso y que, a pesar de su aparente facilidad, sabían mantener a raya nuestras acometidas de celtíberos poco habituados a bromear con una cosa tan seria como la lujuria. Aquella estrategia difícil de las muchachas alegres de Toulouse, que a mis compañeros les hacía arrugar el entrecejo melodramáticamente, me puso a mí del mejor humor del mundo.

Se celebró después de la corrida un baile de disfraces organizado por los estudiantes. Los bravos lidiadores españoles, que habíamos sido los héroes de la jornada, fuimos invitados y llevados en triunfo a la tribuna del jurado, donde nos obsequiaron con champaña. Era presidente del jurado que había de distribuir los premios a los mejores disfraces un estudiante gordo, coloradote y sonriente, que cada vez que subía una mascarita a la tribuna para recoger su premio, alargaba el hocico y estampaba un sonoro beso en la mejilla de la muchacha. La primera mascarita que subió se fue simplemente con el beso grasiento del estudiante gordo; pero a la segunda la entrecogimos nosotros, los impetuosos lidiadores, y cuando quiso darse cuenta, nos la estábamos comiendo a besos. La gente se reía a mandíbula batiente, viendo la codicia con que nos habíamos lanzado, y nosotros, ya que nos reían la gracia, nos guiñamos el ojo y nos pusimos a besuquear golosamente a cuantas iban subiendo a la tribuna. El espectáculo que estábamos dando debía de ser divertidísimo para aquella gente, porque nos aplaudían a rabiar cada vez que nos precipitábamos sobre una muchacha. Se bailó después, y el estudiante gordo que hacía de presidente me invitó a bailar con una muchacha rubia muy guapa que debía ser su novia, su mujer o su amante. Aquella chica era deliciosa. Cogida de un brazo del estudiante y de otro mío, paseamos los tres por el salón mientras ella manifestaba su contento besándonos alternativamente al estudiante y a mí. Al principio me divirtió aquel toreo al alimón; pero al poco rato empezó a molestarme el tener que compartir los besos de la rubia con aquel cachalote. Comencé maravillándome de su condescendencia para conmigo y terminé tomándole ojeriza.

—¿Por qué besas también a ese tío cerdo? —preguntaba yo con un purísimo acento andaluz a la muchacha, que me miraba risueña con sus ojos claros sin entender una palabra.

Se reía y me tapaba la boca con sus labios, pero a renglón seguido se volvía a contentar al gordo, y yo me ponía frenético. Llegué a sentir un odio incontenible contra aquel tío. Él no se daba cuenta. La muchacha sí, y se reía con toda su alma. Me puse de tan mal humor, que acabé desasiéndome violentamente de su brazo y echando a correr «por no meter la pata».

Estuve rabiando de deseos por llegar a Triana y contarlo. Pero los de mi pandilla, al oírme contar estas cosas inverosímiles, empezaron a pensar que yo me estaba volviendo fantasioso. No querían creer que hubiese más vida que la nuestra ni más mujeres que las adustas mocitas que querían casarse o las «tías tirás» de nuestra tierra. Pero yo sabía ya que en el mundo hay más: unas gentes de mejor carácter, que se divertían más y se alegraban como nunca un andaluz se ha divertido ni alegrado. Unas gentes que sabían vivir de otra manera.

LA ENTRADA EN MADRID

Toreé de nuevo en Barcelona, y luego en Bilbao, y con una aureola de «fenómeno» que me preocupaba bastante me presenté en Madrid. Iba formando pareja con Posada, y el éxito de las últimas novilladas en que toreamos había levantado en torno nuestro tal polvareda de discusiones, que entre los aficionados de Madrid había cierta expectación por vernos torear. Antes de llegar a la villa y corte subió al tren en el que íbamos el reportero más en boga por entonces, que era El Duende de la Colegiata, quien nos hizo una interviú, que se publicó en el *Heraldo*, en la que contábamos nuestra vida y milagros. Todo aquello daba un aire de acontecimiento a nuestro debut en Madrid. El Duende, maestro en el arte de llamar la atención, nos llevó de la mano desde la estación al escenario del Teatro Romea, donde estaba bailando Pastora Imperio; nos presentó a ella e hizo que nos retratásemos juntos. Yo no era capaz de advertir el aire de reto antigallista que tenía aquello de ir a retratarse con Pastora, poco tiempo antes separada de Rafael, el Gallo. Estos artilugios de la publicidad y el escándalo eran por entonces cosa incomprensible para mí. El Duende, después de haberme hecho aquel gran reclamo, que preparó mi entrada en Madrid con todos los honores, me pidió:

—Mañana estaré en una barrera con la Chelito. Usted va a brindarme un toro. ¿No es eso?

Así lo prometí, agradecido.

La entrada de Belmonte en Madrid acompañado de Posada, Antonio Soto, Manuel Acedo, Paco Torres y otros aficionados.

«El Duende, maestro en el arte de llamar la atención, nos llevó de la mano desde la estación al escenario del Teatro Romea, donde estaba bailando Pastora Imperio; nos presentó a ella e hizo que nos retratásemos juntos».

Belmonte veroniqueando el día de su debut.

La corrida debió celebrarse el día 25 de marzo, pero se aplazó hasta el día siguiente por la lluvia, lo que prolongó y exacerbó la expectación que había por juzgar a los «fenómenos», como nos llamaban. Salí a la plaza con verdaderas ansias de triunfar. Di al primer novillo cinco verónicas que entusiasmaron al público y, al salir de un recorte, me ceñí tanto, que recibí un pitonazo en un muslo. El buen público de Madrid estaba ganado desde el primer momento. Cuando llegó la hora de matar, cogí los trastos y me fui hacia la barrera donde estaba El Duende con la Chelito. Al darse cuenta el público de mi intención de brindar el toro al reportero del *Heraldo* se armó en la plaza un escándalo formidable. De todas partes salían gritos de «¡No! ¡No!».

Yo advertí en seguida lo que ocurría, pero me hice el desentendido y continué impertérrito hasta colocarme delante del periodista con la montera en la mano. Una verdadera tempestad de gritos y silbidos caía sobre mí. La impopularidad que en aquellos momentos tenía El Duende se volvía contra mi persona, y vi claramente que con aquel brindis concitaba con mi daño al público madrileño. Pero yo había prometido al periodista que le brindaría la muerte del toro y cumplí mi palabra. Cuesta mucho trabajo ponerse en contra de la gente que llena una plaza de toros; pero, ¡qué diablo!, cuando llega la ocasión, hay que hacerlo, aunque sea jugándoselo todo.

El malhumor que produjo mi inoportuno brindis pasó pronto; tuve suerte; maté al novillo en buena lid, después de haberme dejado romper la taleguilla a fuerza de arrimarme, y a partir de aquel instante, los madrileños fueron tan entusiastas de mi toreo y mi persona como los sevillanos. Aquella noche entraba yo en los cafés de la calle Alcalá y Puerta del Sol, y las gentes, al reconocerme, me aplaudían y vitoreaban. Madrid estaba conquistado.

XII

«NO TE FALTA MÁS QUE MORIR EN LA PLAZA»

Aquella temporada de 1913 fue la más dramática de mi vida taurina. A raíz de mi debut en Madrid comenzó la lucha furiosa de mis entusiastas y mis detractores. Creo sin jactancia que fue aquella una de las épocas más apasionadas del toreo. La gente llenaba las plazas esperando o temiendo que me matase un toro en cualquier momento, y aquella cédula de presunto cadáver que me habían extendido los técnicos al negarse a aceptar que fuese posible torear como yo lo hacía, provocaba tal tensión de ánimo en torno a mi figura, que con el menor pretexto se desataban los más frenéticos apasionamientos de la multitud.

Tuve que torear en Sevilla a primeros de abril, pero el día señalado amaneció lloviendo, y los tres espadas, puestos de acuerdo, dijimos que había que aplazar la corrida porque el piso de la plaza estaba encharcado. Los que empezaban a considerarse defraudados porque el toro no me mataba todo lo aprisa que su ciencia taurina exigía, se irritaron contra mí y me armaron con aquel pretexto un escándalo formidable, diciendo que la verdad pura era que yo tenía miedo. Sustentaban la teoría de que yo me había jugado la vida como un loco en las primeras novilladas y empezaba ya a no querer jugármela. Se celebró días después la corrida aplazada, y procuré demostrar que si tenía miedo, al menos seguía disimulándolo con bastante habilidad. Al día siguiente toreé en Madrid por segunda vez y fue aquella mi verdadera consagración. Salí al ruedo como el matemático que se asoma a un encerado para hacer la demostración de un teorema. Se regía entonces el toreo por aquel pintoresco axioma lagartijero de «Te pones aquí, y te quitas tú o te quita el toro». Yo venía a demostrar que esto no era tan evidente como parecía: «Te pones aquí, y no te quitas tú ni te quita el toro si sabes torear». Había entonces una complicada matemática de los terrenos del toro y los terrenos del torero que a mi juicio era perfectamente superflua. El toro no tiene terrenos, porque no es un ente de razón, y no hay registrador de la Propiedad que pueda delimitárselos. Todos los terrenos son del torero, el único ser inteligente que entra en el juego, y que, como es natural, se queda con todo.

Los que me veían ir contra las que ellos consideraban leyes naturales, se llevaban las manos a la cabeza y decían: «Tiene que morir irremisiblemente. O se quita de donde se pone o lo mata el toro». Yo no me quitaba, el toro tardaba en matarme, y los entendidos, en vez de resignarse a reconocer que era posible una mecánica distinta en el juego de la lidia, que era lo más sencillo y razonable, se pusieron a dar gritos histéricos y a llamarme hiperbólicamente «terremoto», «cataclismo», «fenómeno» y no sé cuántas cosas disparatadas más. Para mí, lo único fenomenal era la falta de comprensión de la gente. Lo que hoy, al cabo de veinte años, sabe ver el más humilde aficionado, no les entraba entonces en el meollo a los que entendían de toros. Esta fue, sencillamente, mi aportación al toreo.

En aquella segunda corrida de Madrid, el revistero más famoso entonces, don Modesto, se puso de mi parte y escribió que como yo toreaba no habían toreado jamás Lagartijo, Frascuelo, Guerrita, Espartero, Fuentes, Bombita, Machaco y los Gallo. Aquella afirmación, que parecía temeraria, desencadenó un huracán de pasiones, en cuyo vértice estaba yo estupefacto. Era yo un pobre hombre que creía estar en posesión de una verdad y la decía. La decía en todas las plazas poniéndome con el capote o la muleta en las manos delante de los toros, sin ningún artificio. Yo no era un practicón, no sabía bien el oficio, no tenía los recursos de la experiencia y de añadidura estaba hasta tal punto enfermo, que apenas si podía valerme. Llegaba al redondel arrastrándome, casi sin poder andar; me abría de capa y daba mi lección lo mejor que sabía. Esto era todo. ¡Pero qué tumultos ocasionaba aquello! Nadie creía que yo torease de una manera consciente y según arte. Les resultaba más cómodo pensar que yo era un *chalao*, un tipo temerario, un verdadero suicida de aquellos de «más *cornás* da el hambre». En vez del valor reflexivo y prudente que hay que tener para torear, y que era el que en realidad tenía yo, me atribuían un valor fabuloso de héroe de la fantasía, un desprecio sobrehumano a la vida que, en realidad, no he tenido nunca. A mí no me perjudicaba aquella incomprensión. Antes bien, me beneficiaba. Esta catastrófica disposición de ánimo del público explica sobradamente que la incorporación de mi manera personal de torear al arte tradicional de los toros provocase aquel estado pasional, que, a mi juicio, ha sido uno de los momentos más intensos de la historia del toreo. Dejémonos de falsas modestias.

EL TOREO, EJERCICIO ESPIRITUAL

Cuando salí a torear por segunda vez en Madrid estaba verdaderamente enfermo. No podía tenerme en pie. Viejos males mal curados habían ido agotando mis energías, hasta el punto de que solo me sostenía el entusiasmo, la energía espiritual que me daba la carrera de triunfos emprendida. En la calle era incapaz de dar un paso. En la plaza, en cambio, la gente se levantaba de los asientos, con un nudo en la garganta al verme torear. Hago notar esto en apoyo de mi tesis de que el toreo es, ante todo, un ejercicio de orden espiritual. En una actividad predominantemente física jamás ha podido triunfar un hombre físicamente arruinado, como yo lo estaba entonces. Si en el toreo lo fundamental fuesen las facultades, y no el espíritu, yo no habría triunfado nunca.

Años después, estando en Norteamérica, fui interviuvado por un periodista yanqui, que mientras hablábamos no hacía más que mirarme de arriba abajo y remirarme con una insistencia y una estupefacción francamente molestas. Me observaba atentamente y luego preguntaba en inglés al amigo que nos servía de intérprete: «¿Y este es el rey de los toreros?». Volvía a mirarme de una manera impertinente, me confrontaba con un retrato mío que llevaba e insistía: «¿Está usted seguro de que es este el rey de los toreros?». Me di cuenta de su estado de ánimo y me puse de mal humor. Me levanté dando por terminada la entrevista, y pedí al amigo que traducía la conversación: «Dígale usted a ese tío que sí, que yo soy el rey de los toreros... ¡Que no me mire más! Dígale también que los toreros no tienen que matar los toros a puñetazos, y, por si es capaz de comprenderlo, dígale, además, que el toreo es un ejercicio espiritual, un verdadero arte. Y que se vaya».

Porque es así, y no de otra manera, pude triunfar cuando me presenté en Madrid. Pero, aunque yo, arrebatado por el entusiasmo y transfigurado por el éxito no lo advirtiese, algunos de mis amigos se asustaron al verme hecho una verdadera ruina física. Fernando Gillis habló con mi apoderado, Antonio Soto, y convinieron en que era necesario hacerme descansar una temporada y ponerme en tratamiento. Tuve la fortuna de que se preocupase por mi salud un excelente médico y entusiasta aficionado, el doctor Serrano, al que debo la salud y quizá la vida. Me recluí en Sevilla, fue allá a curarme el propio doctor Serrano, y en pocos días logré restablecerme un poco.

No era fácil, sin embargo, substraerse a los deberes de la popularidad que había conquistado. Aquel absoluto reposo que me recomendaban venía a perturbarlo el jubileo de amigos y admiradores, que no me dejaban ni a sol ni a sombra.

De grado o por fuerza me llevaban a fiestas y excursiones, me hacían beber, y en definitiva me ajetreaban y rendían tanto como si torease. La codicia de los empresarios y mi propia codicia me pusieron cerco, y veinte días después, sin estar curado, volví a los toros. Era tal la curiosidad que había en España por verme torear, que durante una semana toreé cada día en una plaza distinta. Comencé en Alicante, donde no pude matar ningún toro, porque el primero me cogió al dar un pase y me lesionó. No obstante, seguí toreando todos los días de la semana; el martes, en Écija; el miércoles, en Huelva; el jueves, en Sevilla; el viernes, en Cortegana; el sábado, en Osuna, y el domingo en Badajoz. A Badajoz no podía materialmente ir. Mi apoderado telegrafió diciendo que estaba enfermo; pero aquella madrugada fueron a buscarle unos agentes de policía que le llevaron a presencia del gobernador civil de Sevilla, quien le comunicó que el gobernador de Badajoz telegrafiaba diciendo que era indispensable que a todo trance fuese Juan Belmonte a torear, pues en caso contrario temía una grave perturbación. La ciudad estaba invadida por millares de forasteros, llegados de toda Extremadura y de Portugal, que amenazaban con un serio conflicto de orden público si yo no toreaba. Tuve que ir a la fuerza, aunque con la condición de que llevaría conmigo a otro espada que me sustituyese, pues no me comprometía más que a dejarme ver de la gente para que los ánimos se aplacasen.

Aquella cadena de compromisos era inacabable. Porque si había toreado el domingo en Badajoz, ¿cómo dejaba de torear el lunes en Pozoblanco? Y así sucesivamente. Todavía tuve ánimos para torear una vez más en Linares, pero allí caí, al terminar la corrida, definitivamente agotado.

Solo pude tomarme otras dos semanas de descanso. Los amigos me aconsejaban que no torease, y el doctor Serrano se enfurecía cuando le hablaba de ello; pero había en torno mío una confabulación de empresas interesadas, y además, yo mismo, en cuanto me veía en pie, anhelaba volver a los ruedos. El día primero de junio estaba yo otra vez abierto de capa en la plaza de Málaga. Toreé en Antequera y Huelva, y el día 8 fui a Valencia.

SE LE ACABA LA CUERDA AL MUÑECO

En aquella corrida de Valencia quedé mal. El público estuvo gritándome e injuriándome desde que hicimos el paseíllo hasta que se arrastró el último toro. Nada de lo que hacía aplacaba la furia de la muchedumbre. Sentí pesar sobre mí aquel día el agobio de la injusticia multitudinaria. ¿Por qué se habían vuelto contra mí los valencianos? El apasionamiento en torno a mi figura llegaba entonces al paroxismo, y con el mismo furor con que me aplaudían de ordinario me silbaban aquel día. Cuando terminó la corrida estuve charlando con el empresario sobre aquella inexplicable hostilidad del público.

—Es que los aficionados están irritados contigo —me dijo— porque consideran que, siendo como eres un fenómeno, las empresas te ayudan y te preparan corridas fáciles para el triunfo. Se ha corrido la voz de que no quieres torear una novillada grande y difícil que hay encerrada.

—Anuncie usted —le contesté— que pasado mañana toreo esa novillada.

Aquella misma noche tuve que salir para Madrid, donde toreaba al día siguiente, y desde la plaza, apenas terminada la corrida, volví a Valencia para desenojar a los valencianos lidiando aquellos toros pésimos con los que querían enfrentarme. Conseguí que me aplaudiesen con el mismo entusiasmo con que me habían silbado dos días antes. ¡Así es el público de los toros! Y también desde la plaza salí para la estación, porque al otro día tenía que torear de nuevo en Madrid. Iba rendido y además aquejado por el vivo dolor que me producía una herida que uno de aquellos toros mansos me había causado en una mano. No pude pegar un ojo en todo el viaje. Recuerdo que hacia las diez o las once de la noche llegó el tren a una estación, a cuyo andén yo bajé desesperado buscando algo que me calmase el dolor. Uno de mis banderilleros se dirigió a un grupo de muchachas de esas que en los pueblos bajan a las estaciones para disfrutar el romántico encanto de sonreír a unos viajeros a los que no volverán a ver jamás.

—¿Tendrían ustedes algo para calmar un dolor? —les preguntó—. Es para Juan Belmonte, que viene herido.

—¿Para Belmonte? ¿Dónde está Belmonte? ¿Quién es?

—Aquel —les contestó el banderillero, señalándome.

Sonreí lastimosamente a las muchachas, que debieron de emocionarse al verme tan dolido, porque echaron a correr, y antes de que pasasen los cinco minutos que el tren tenía de parada volvieron solícitas trayéndome todos los calmantes que pudieron encontrar en un kilómetro a la redonda. La popularidad tenía también sus deliciosos halagos.

Al día siguiente salí al ruedo de Madrid definitivamente agotado. Cuando dieron suelta a mi toro avancé hacia él trabajosamente, clavé los pies en la arena, y mandándole, más que con los brazos con el espíritu, le di cinco verónicas lentas, suaves, acaso las mejores que haya dado en mi vida. No me moví. El público rugía de entusiasmo. Al rematar con un recorte, el toro me atropelló y pisoteó, dejándome tendido en la arena, con el traje destrozado. Me recogieron hecho un pingajo. Cuando me sentí en brazos de los monosabios que me llevaban por el callejón cerré los ojos placenteramente aliviado. La muchedumbre, ebria de entusiasmo, vociferaba en torno mío; pero yo, casi desvanecido, apenas percibía el estruendo como un confuso rumor lejano, muy lejano. Me depositaron en la mesa de operaciones de la enfermería, donde me quedé exánime con los ojos cerrados, sin percibir más que una sensación borrosa de cuanto me rodeaba. Mientras llegó el médico, se puso la blusa de trabajo, requirió sus trebejos y comenzaron a quitarme la taleguilla, dejé de sentir y pensar. Estaba beatíficamente dormido.

El médico estuvo reconociéndome minuciosamente en medio de un silencio angustioso, según me han contado. Yo no daba señales de vida.

—¿Qué tiene? —preguntaba ansiosamente mi mozo de espadas.

—Lo que ese hombre tiene —sentenció al cabo el galeno— es sueño. Se ha dormido, señores. Lo único que necesita es dormir.

Fueron unos desalmados, y no me dejaron. Me pusieron el pantalón de un monosabio, y así salí a seguir toreando. Fue aquella una de las tardes triunfales de mi vida torera. «¡Cinco verónicas sin enmendarse!» —decían los técnicos, llevándose las manos a la cabeza—. Y yo clamaba: «¡Cinco días sin dormir y toreando!».

MADRID PINTORESCO

Tuve que abandonar los toros, y decidí quedarme en Madrid para descansar y curarme. Paraba en una pintoresca fonda de la calle de Echegaray, la casa más disparatada del mundo. Los huéspedes eran, por lo general, toreros, novilleritos que empezaban y tenían poco dinero, viejos banderilleros, mozos de estoques, picadores y toda esa humanidad indefinible que se agita alrededor del toreo. El dueño de la fonda era un personaje extraordinario, al que llamábamos el Niño del Chuzo. Había querido ser torero en su juventud, y ya maduro presumía de haber sido contrabandista y hasta bandolero al estilo de los legendarios bandidos generosos de Andalucía. En realidad era un buen hombre, un poco majareta. Teníamos de mandadero en la fonda a otro tipo extraordinario, don Antonio el Loco, quien, a pesar de su tipo lamentable, sus pies planos y doloridos y su aire de perro traspillado, presumía de tenorio. Tenía la obsesión de creerse irresistible para las mujeres, y nos regocijaba con sus inverosímiles aventuras galantes. Su sistema de conquista era infalible: cuando veía una mujer que le gustaba, la miraba fijamente con sus ojillos vivos hasta que como él decía, «la penetraba bien», y luego chascaba la lengua mimosamente alargando el hocico. Era infalible. Las mujeres no podían resistir aquella terrible insinuación sensual de sus ojos y su hocico y se le entregaban. Nosotros le embromábamos llamándole Don Juan; pero él se engallaba y decía:

—Soy más, mucho más que el Tenorio. Porque Don Juan contaba para sus conquistas con sus doblones y con Brígida, y yo no tengo ni alcahueta ni dinero. ¡Si al menos tuviese yo un bastón y una cadena de reloj!

Porque a don Antonio el Loco lo único que le faltaba para ser definitivamente irresistible era eso: un bastón y una cadena de reloj. Era uno de esos maravillosos tipos que se producen en Madrid, ni loco ni cuerdo, agudo, disparatado y cargado de malicias, producto genuino del ambiente madrileño de entonces. Nos divertíamos mucho con él.

Aquel verano de Madrid en un segundo piso de la calle de Echegaray, rodeado de aquella humanidad pintoresca y atrabiliaria, contemplando desde el balcón el ajetreo de los tipos castizos aún no desterrados, las chulas esquineras con mantón de picos y pañuelo a la cabeza, los pobres hombres que se paraban a pactar con ellas en el arroyo mismo, los manchegos, clientes de los cafés de camareras, los borrachos de los *colmaos* andaluces, los señores de hongo que por allí merodeaban vergonzantes, todo aquello que hace veinte años tenía un color y una vida que se han perdido, me sugestionaba y divertía, hasta el punto de encontrarme en la fonda del Niño del Chuzo como si estuviese en el más confortable hotel.

MIS AMIGOS LOS INTELECTUALES

La misma noche que entré en Madrid fui a caer en el Café de Fornos, y me senté casualmente junto a una tertulia de escritores y artistas que allí se reunían habitualmente. Formaban parte de aquella tertulia el escultor Julio Antonio, Romero de Torres, don Ramón del Valle-Inclán, Pérez de Ayala, Enrique de Mesa, Sebastián Miranda y algunos otros.

Belmonte con don Ramón del Valle-Inclán, Pérez de Ayala y Sebastián Miranda en el estudio de este último.

Aquella misma noche, Sebastián Miranda estuvo haciéndome un apunte, y desde aquel momento trabamos amistad. Fui después a visitarle a un estudio que tenía en la calle de Montalbán, y me sentí fuertemente atraído por la vida extraordinaria de los artistas y los escritores, que para mí estaba envuelta en una aureola bohemia y romántica. Procuré desde el primer momento ganarme sus simpatías, y vi maravillado que me las otorgaban con largueza. Yo iba al estudio de Miranda, me colocaba discretamente en un rinconcito y los oía discutir poniendo mis cinco sentidos en comprender lo que decían. No era floja tarea. Empezó entonces para mí la difícil gimnasia mental de pasarme horas y horas oyendo hablar de cosas que no entendía. Pronto fui haciéndome mi composición de lugar y creí descubrir a través de las diferencias de estilo y lenguaje una extraña semejanza entre aquellos artistas y escritores de espíritu rebelde y los anarquistas de la pandilla de Triana. Algo era común a unos y otros.

El esfuerzo de comprensión que tuve que hacer fue grandísimo. Venir de robar naranjas por las huertas de los alrededores de Sevilla a sentarme en aquel cenáculo de artistas gloriosos, que discutían abstrusos problemas de filosofía o estética, era una transición demasiado brusca, y yo procuraba extremar mi discreción. Ellos me animaban con su benevolencia, pareciéndoles seguramente que mi conducta y mis palabras eran siempre demasiado prudentes para ser mías, es decir, de un torerillo semianalfabeto. Llegué a no hallarme a gusto más que entre aquellas gentes, tan distintas de mí, y muchas noches me quedaba incluso a dormir en el estudio de Miranda. Me subyugaba la fuerte personalidad de aquellos hombres: Julio Antonio, Enrique de Mesa, Pérez de Ayala y, sobre todo, Valle-Inclán.

Don Ramón era para mí un ser casi sobrenatural. Se me quedaba mirando mientras se peinaba con las púas de sus dedos afilados su barba descomunal, y me decía con un gran énfasis:

—¡Juanito, no te falta más que morir en la plaza!

—Se hará lo que se pueda, don Ramón —contestaba yo modestamente.

Se les ocurrió a aquellos hombres hacerme un homenaje. Redactaron una convocatoria en la que con las firmas de Romero de Torres, Julio Antonio, Sebastián Miranda, Pérez de Ayala y Valle-Inclán, se decía que el toreo no era de más baja jerarquía estética que las bellas artes, se despreciaba a los políticos y se sentaban algunas audaces afirmaciones estéticas. Yo estaba verdaderamente aturdido al sentirme la causa de todo aquello.

Se celebró el banquete en el Retiro, lugar donde entonces se reunía a cenar la gente elegante de Madrid. El dueño del restaurante, al ver que se trataba de un banquete a un novillero, puso discretamente la mesa en un rinconcito disimulado, para que no espantásemos a su selecta clientela. Pero llegó don Ramón, le pareció mal el sitio, y armó un escándalo terrible. Se fue hacia el dueño, un industrial con mucha prestancia, que estaba en su bufetillo, y le dijo altivamente:

—¡Tú, levántate!

El hombre balbució, sorprendido e impresionado por el talante de Valle-Inclán.

—¿Qué desea usted, señor?

—¿Dónde nos has puesto, bellaco? —gritó don Ramón—. ¿Dónde nos has puesto, di?

El pobre hombre, aturdido, ensayaba unas disculpas.

—Es un sitio de la casa como otro cualquiera.

—¡También es un sitio el *water-closet*! —replicó don Ramón—. ¡Colócanos en el sitio de honor, badulaque! ¿Sabes quiénes somos? ¿Sabes quién es este hombre? —y me señalaba con un gran ademán.

Yo quería que la tierra me tragase; me acercaba humildemente a don Ramón y le decía:

—Pero no se moleste usted; si yo como en cualquier parte...

—¡Qué es eso! —rugía él—. ¡En el sitio de honor he dicho!

Y, efectivamente, desalojaron a los clientes distinguidos, y allí me senté a comer, apabullado por los gloriosos nombres de los artistas y escritores que me rendían un aparatoso homenaje, sin que yo acertase a comprender bien la razón de que aquellos hombres me admirasen.

«DENTRO DE DOS HORAS ES DE NOCHE»

A primeros de octubre tuve que cambiar de vida. Yo me sentía muy a gusto en aquel mundo arbitrario y divertido en que iba aprendiendo a vivir; pero no podía olvidarme de que era el torero que más emoción y curiosidad había despertado en España. El doctor Serrano me dio de alta, y volví a torear unas cuantas novilladas antes de tomar la alternativa. Ya entonces cobraba hasta seis mil pesetas por corrida. Debuté en Jerez, donde me encontré después de la corrida metido en una de esas juergas escandalosas de Andalucía, con flamencos, mujeres borrachas y guardias que intervienen. Empezaba a disgustarme el estilo clásico de la vida del torero. Toreé después en Sevilla, Toledo, Orihuela, Alicante, Valencia y Granada, ganando en estas corridas unas cincuenta mil pesetas.

El 16 de octubre volví a Madrid a tomar la alternativa de matador de toros. Alterné con Machaquito y el Gallo. Fue aquella una corrida accidentadísima, en la que salieron del chiquero hasta once toros. El público había ido a la plaza con la ilusión de verme hacer algo nunca visto, y ninguno de los toros que me tocaban le parecía bastante a propósito. Echaron al corral a uno porque era manso; a otro, porque era chico, y a otro, porque era grande. No he visto nunca a una muchedumbre vociferar durante tanto tiempo. Aquella tarde en medio de las tempestades que se levantaban a cada momento, hice una reflexión simplicísima, pero que por su misma simplicidad tenía un extraordinario valor. Parecía que se iba a hundir el mundo, que iban a quemar la plaza, que íbamos a ser arrastrados y despedazados, no sé. Yo veía encresparse a la multitud y me acongojaba imaginando cómo terminaría aquello. En lo más impresionante del tumulto se me ocurrió: «Dentro de dos horas será de noche, y esto tiene que haber cesado. Se habrán muerto, nos habrán matado, lo que sea. Pero es indudable que dentro de dos horas todo estará tranquilo y silencioso. Es cuestión de esperar. Dos horas pasan pronto».

Desde aquel día, esta es la reflexión que íntimamente hago cuando veo en torno mío a quince o veinte mil personas que aúllan como fieras. «Dentro de dos horas —pienso— estarán en sus casas cenando bajo la lámpara familiar con sus hijuelos y sus mujercitas».

A pesar de los formidables tumultos de la corrida de mi alternativa, de los que yo no tuve culpa, conseguí quedar bien en los toros que por fin me dejaron torear, y, ya ungido matador de toros, hice las maletas y me fui a México, donde había sido contratado por la empresa de El Toreo.

XIII

EN MÉXICO TODOS ESTÁN LOCOS

Mi cuadrilla embarcó en Cádiz rumbo a México, y yo me fui a París, para embarcar en el puerto de El Havre en un gran trasatlántico alemán, el Imperator, que hacía en muy pocos días el viaje a Nueva York y La Habana. Entré en París con una carta de recomendación de don Natalio Rivas y un aparatoso sombrero de ala ancha que paseé altivamente por el bulevar de los Italianos. La persona a quien iba recomendado me atendió cumplidamente, y como yo le expusiera mi ferviente deseo de conocer París en las pocas horas que había de estar allí, me llevó a un cabaret de estilo español llamado La Feria, donde me pasé la noche bebiendo manzanilla y alternando con cantaores, guitarristas y bailarines flamencos. Esto me ha pasado frecuentemente. Recuerdo que al desembarcar en La Habana me acogió con grandes extremos un español admirador mío, que se obstinó en llevarme a su casa para convidarme a comer el cocido más auténtico del mundo. Se ofendió mucho cuando le dije que yo había salido de España y estaba por América jugándome la vida en las plazas de toros precisamente para no comer cocido. No volvió a saludarme.

En aquel cabaret de París, que era la reproducción exacta de un café cantante de mi tierra, el único descubrimiento que hice fue el de una señora polaca, guapa y rara, que se pasó la noche sentada a mi lado sonriéndome de cuando en cuando y acariciándome la coleta. Me miraba, suspiraba y me pasaba la mano por el pelo para terminar dándome un cariñoso tironcito de la trenza.

—¡Señora! —le decía yo amoscado—. ¡Quiere usted hacer el favor de dejarme la coletita!

El Imperator en 1913.

Me miraba estúpidamente, se sonreía y, al rato, vuelta otra vez a darle a la trenza. Al amanecer dieron por terminada aquella juerga en mi honor y la polaca quería llevarme a su casa a todo trance, pero yo estaba hasta la coronilla de que me tomase el pelo, y le recomendé que se comprase un mono si quería entretenerse, aunque sospecho que no se enteró.

Al día siguiente embarqué en el Imperator. Desde el momento en que pisé la pasarela de aquel formidable trasatlántico fui de maravilla en maravilla; pero me hice la composición de lugar de no sorprenderme de nada, por extraordinario que me pareciese, y adopté un aire natural y displicente, dispuesto a aceptar sin pestañear las cosas más extrañas del mundo. Un sevillano, y más aún un trianero, está siempre de vuelta de todo y no puede andar por el mundo con aire de aldeano boquiabierto. Los aldeanos eran ellos, naturalmente; los que no eran de Sevilla, ni de Triana. Iba en aquel mismo barco Rodolfo Gaona, con su mozo de estoques, el famosísimo Maera. A Gaona no se le veía en todo el viaje, porque se mareaba y se pasaba la travesía encerrado en el camarote; pero el gran Maera andaba por el buque como por su casa, con una desenvoltura genial. Cuando en la cubierta se cruzaba con una *miss* o una *fraulein* que le gustaba, se volvía con aire de jaque y le decía con el mayor aplomo:

—¡Olé tus *sacáis*!

Escupía por el colmillo y seguía adelante contoneándose como si estuviese en la calle Sierpes. El mundo era para él. Tenía una actitud de hombre superior. Por las noches entraba triunfalmente en el comedor, lleno de damas escotadas y caballeros de *smoking*, calzando unas babuchas de orillo, carraspeando, escupiendo y con un pañolito de seda al cuello. Era realmente un tipo imperial.

Yo, en cambio, procuraba adaptarme al medio y disimularme lo mejor que podía. La coleta seguía siendo lo que más extrañaba de mi persona desde que salí de España. En la peluquería del Imperator, el peluquero, un alemán típico, se sorprendió mucho al tropezar con ella en mi cabeza. El hombre quiso bromear haciendo ademán de cortármela, y yo simulé que me enfurruñaba. Los peluqueros alemanes dan jabón debajo de la nariz, no con la brocha, sino con el dedo, y cuando aquel buen hombre me pasó por el labio superior el dedo untado de jabón le tiré un mordisco, fingiendo con muchos aspavientos una rabia y una indignación que estaba lejos de sentir. El terror de aquel hombre fue de una comicidad extraordinaria. Para él los toreros españoles serán ya siempre unas alimañas que muerden a los honrados barberos.

La primera noche de viaje, cuando me metí en mi camarote, estuve canturreando mientras me desnudaba. Era una cancioncilla muy popular entonces, que decía: «Dale y dale a la rueda; / ruede, ruede la bola. / La mujer que no canta / no es clásica española».

Advertí luego que en mi mismo camarote viajaba un señor inglés, y a la noche siguiente entré a la chita callando y me puse a desnudarme sin chistar siquiera. Iba ya a acostarme, cuando el inglés asomó la cabeza por entre las cortinas de su litera y me dijo:

—¡Oh, *please*! ¡Cante usted! ¡Cante eso de la española!

Insistió tanto, que tuve que ponerme a cantar. Y todas las noches mi buen inglés se dormía plácidamente mientras yo le cantaba la nana.

Aquel inglés era un tipo fino y sonriente, un verdadero *gentleman*; se divertía mucho conmigo y me presentó a una inglesa que por las tardes, cuando la encontraba en la cubierta, me hacía sentarme en una hamaca a su lado. No nos entendíamos ni podíamos decirnos nada, pero a las dos o tres tardes de mutua y aburrida contemplación, la inglesa me dijo el número de su camarote y yo me creí en el caso de ir por la noche a visitarla. Cumplido que es uno.

Era ya tarde cuando me aventuré por el pasillo buscando el camarote de la inglesa. Me perdí y estuve yendo y viniendo de un lado para otro. Aquellas idas y venidas debieron parecer sospechosas a un vigilante que había allí, quien procuró no hacerse visible, pero fue espiando mis movimientos y, en el instante preciso en que yo ponía la mano en el picaporte del camarote de la inglesa, dejó caer su pesado brazo sobre mi hombro. Intenté desasirme; pero aquel tío me agarró con fuerza y se empeñó en llevarme detenido. Preví el escándalo que se iba a armar, y entonces se me ocurrió meterme la mano en el bolsillo y sacar un billete de cincuenta marcos que le pasé por las narices. El vigilante alemán que estaba en aquel instante forcejeando conmigo, aflojó automáticamente la presión de su garra, miró el billete, me miró a mí, y poco a poco fue dibujándose una plácida sonrisa en su rostro de color de rosa. Terminó cogiendo el billete, y después de dar media vuelta con una exactitud matemática se alejó solemne por el pasillo, mientras yo me sacudía la solapa, empujaba el picaporte y seguía mi camino.

Cuando entramos en el puerto de Nueva York, estuve presenciando desde la toldilla el desembarco de los centenares de emigrantes que habían hecho el viaje ocultos en la enorme panza del Imperator. Era un rebaño de gente miserable, judíos y polacos en su mayoría, que se apretujaban en las pasarelas guardadas por la policía como el ganado se apelotona en la mangada. Aquellos desdichados se abrían paso lentamente, cargados con sus míseros petates y arrastrando a sus mujeres y sus hijuelos hasta llegar al lugar donde los agentes de admisión los examinaban rápidamente, como los veterinarios examinan a las reses que van al matadero, y sin contemplaciones aceptaban a unos y rechazaban a otros. Los *policemen*, altos y fuertes, separaban violentamente a los padres de los hijos y a las mujeres de sus maridos, insensibles a los gritos y protestas de aquellos infelices, cuyas quejas eran en aquella batahola tan débiles como el balido de las ovejas azuzadas por los mastines.

No sé por qué me desconcertó profundamente aquel espectáculo. Miré con rabia los gigantescos rascacielos que proyectaban sus sombras monstruosas sobre el puerto y entré en Nueva York con una extraña sensación de miedo. Yo no había visto nunca tratar así a la gente. Me horrorizaba pensar que pudiera verme humillado de aquel modo. Y desembarqué apretando en el bolsillo nerviosamente una pistola que me había comprado en París.

Por Nueva York anduve con mi pistola en el bolsillo y un aparato fotográfico en bandolera. Yo había visto que todos los turistas llevaban una máquina de hacer fotografías y no quería ser menos. Me encontré con un sevillano pintoresco que andaba por allí viviendo a salto de mata; era un tipo audaz y gracioso, que me sirvió de cicerone. Con él fui al barrio chino una noche y anduvimos olisqueando por los fumaderos de opio. Nunca me han mirado con tan malos ojos como los que nos echaban aquellos chinos tristes y sucios cuando mi paisano y yo nos parábamos bromeando a la puerta de sus inmundas viviendas. Ya de madrugada nos sacó de allí con muchos aspavientos una ronda de policía con la que topamos.

Nueva York no me gustó. Demasiado grande y demasiado distinto. Ni aquellas simas profundas eran calles, ni aquellas hormiguitas apresuradas eran hombres, ni aquel hacinamiento de hierros y cemento, puentes y rascacielos era una ciudad. Va un hombre por una calle de

Sevilla pisando fuerte para que llegue hasta el fondo de los patios el eco de sus pasos sonoros, mirando sin tener que levantar la cabeza a los balcones, desde donde sabe que le miran a él, llenando la calle toda con su voz grave y bien entonada cuando saluda a un amigo con quien se cruza: «¡Adiós, *Rafaé*...!», y da gloria verlo y es un orgullo ser hombre y pasar por una calle como aquella y vivir en una ciudad así.

Pero aquí en Nueva York, donde un hombre no es nadie y una calle es un número, ¿cómo se puede vivir?

«Alterné frecuentemente con Gaona» [Martínez de León].

Desde Nueva York fuimos a Cuba. La Habana, cuando yo fui por primera vez, hace veinte años, era una ciudad distinta de lo que es hoy. Aún no se había borrado el carácter español, que perduraba en las iglesias innumerables, en el ámbito de La Soleta, en las casas bajas y las plazas anchas y silenciosas en cuyos rincones crecía la hierba por entre los guijarros del empedrado. Era entonces La Habana como uno de esos pueblos grandes y ricos de Andalucía, en los que había palacios viejos y recios conventos.

Lo que más me impresionó cuando llegué a La Habana fue un negro. Le había dado mi maleta para que la llevase al hotel, y no sé qué torpeza cometió, por la que yo, irritado, le reñí violentamente, pero cuál no sería mi asombro cuando vi que aquel hombrón imponente, de anchos pómulos, que le daban un aspecto feroz, se ponía a hacer pucheros y soltaba el trapo a llorar como una débil criatura, queriendo cogerme las manos para besármelas, lo mismo que los perros lamiéndolas quieren aplacar la ira de sus amos. ¡Qué desastroso efecto me produjo aquello! Yo no concebía que hubiese hombres así, seres humanos tan distintos de los que siempre había tratado. El viaje a Cuba lo hice con Gaona y con Enrique Uthoff, el escritor mexicano, que estaba desterrado e iba a reunirse en La Habana con un grupo de compatriotas revolucionarios que vivían, como él, en la emigración. Asistí a un banquete organizado por aquellos hombres extraños en honor de su paisano Gaona. Fue un banquete divertidísimo. Empezaron los discursos antes de que se sirvieran los entremeses, y continuaron sin interrupción a lo largo de toda la comida; para cada plato había un orador de turno, y así hasta dos horas después de haber tomado el café. Firme en mi decisión de no extrañarme de nada y resuelto a hacer cuanto hiciesen los demás, vi que los mexicanos, en el banquete, cogían unas guindillas pequeñitas que había en la mesa, las mordían y después daban un soplido que a mí se me antojó de satisfacción. Hice lo que veía y sentí que la boca y la garganta me ardían como si me las hubiese quemado con un hierro candente. Saltándoseme las lágrimas soplé también, sabiendo ya que no era puro deleite lo que hacía soplar a los mexicanos, sino la necesidad de aliviar el cauterio de aquellas terribles guindillas. Ponía tan buena voluntad en adaptarme a todo, que terminé aficionándome a ellas.

UN TORERO EN MÉXICO

La llegada a México de un torero español precedido de cierta fama movilizaba en torno suyo a un mundo raro de gentes diversas, para las que el torero en sí era un espectáculo. Tan pronto como llegué a México, me vi rodeado por docenas de personas a las que no conocía y que no me dejaban ni a sol ni a sombra. Desde la estación me acompañaron al hotel, y allí, en el *hall*, tuve que prestarme a una especie de recepción, a la que acudieron los tipos más extraordinarios que yo podía haber imaginado. Cuando subí a mi habitación me acompañaron los «íntimos» que en media hora me habían salido, y allí estuve charlando con infinidad de personas, mientras desfilaban los periodistas que iban a hacerme interviús y los fotógrafos que querían retratarme. Entre aquellos visitantes apareció un señor muy fino, con una cajita bajo el brazo, que me saludó con grandes extremos, se sentó a mi lado y se puso a charlar de España, de los toros y de no sé cuántas cosas más. Era un tipo encantador, que me hablaba de Pastora Imperio, de las cofradías de Sevilla y de todo lo que se imaginaba él que podía interesarme. Ya llevábamos media hora de coloquio, cuando muy ceremonioso, me indicó:

—Bueno; cuando usted quiera...

Yo no sospechaba sus intenciones; pero resuelto como estaba a dejarme llevar sin extrañarme por nada, le contesté:

—¡Ah! Usted dirá...

—Pues venga hacia este lado y siéntese en esa silla.

Me senté en la que me señalaba.

—Quítese las botas.

Me las quité.

—Quítese también los calcetines.

Me los quité también. Y con una aparente indiferencia, pero con un íntimo sobresalto, vi que aquel hombre cogía su cajita, se agachaba, se apoderaba de uno de mis pies y se ponía a cortarme las uñas. Era sencillamente un pobre pedicuro que no sé de dónde había sacado que yo reclamaba sus servicios. La cosa fue para mí mucho más sorprendente, porque yo entonces no sospechaba que fuese necesaria la colaboración de un señor tan fino para tan sencillo menester. Terminó, se inclinó cortésmente, y me dijo:

—Son cinco pesos.

—Ahí van —le contesté con la mayor naturalidad del mundo, como si en toda mi vida no hubiese hecho otra cosa que dar trabajo a los pedicuros.

En México me sentí por primera vez en mi vida dueño del mundo. Me había despegado de cuanto hasta entonces había sido una preocupación para mí. Lejos de mi gente, de mis amigos y de aquella angustiosa necesidad de afirmar mi personalidad que había sido la obsesión de mi juventud, me encontraba flotando en un ambiente grato, en el que me dejaba ir a la deriva, sin que nada me importase ni me preocupase lo más mínimo lo que pensasen de mí aquellas gentes tan raras, tan diferentes de las que antes había tratado y, en definitiva, tan incomprensibles y ajenas a mí. Sin nadie que me tutelara y sin ninguna coacción del ambiente, me esponjaba en la expectación que entre los aficionados mexicanos había producido, y me dejaba llevar por aquellos amigos disparatados que me salían, gente toda extraordinaria, pintoresca y simpática. Me hice a la idea de que todos los mexicanos estaban un poco locos y empecé a sentir yo también la euforia de dejarme arrastrar por los impulsos menos razonables que durante tantos años había tenido que refrenar. Aquella actitud mía de hombre lanzado a la insensatez produjo en los mexicanos un excelente efecto, y me encontré con que lo que más popular y simpático me hacía a los ojos de aquella gente era precisamente el que yo fuese un tipo insensato. En México perdí la cabeza, y creo que cuando volví a España estuve un poco loco durante algún tiempo.

Me rodeaban los personajes más sorprendentes. Me hice íntimo amigo de unos muchachos muy ricos y muy juerguistas, que organizaban verdaderas bacanales, derrochaban el dinero a manos llenas y bebían como locos. A mí no me gustaba beber, y aquellos compadres, cuando yo me resistía a continuar con ellos rodando por las borracherías de México, se llevaban a un representante mío que bebía en mi nombre. Este representante era, naturalmente, Calderón. A veces, después de llevarse toda una noche de juerga, se me presentaban por la mañana en el cuarto del hotel borrachos como cubas, y se ponían a dar zapatetas y a decir cosas incongruentes mientras yo, desde la cama, les miraba asombrado. Cada día me afirmaba más en mi creencia de que en México todos estaban locos.

UN BRILLANTE GRANDE, GRANDE

Una vez, uno de mis íntimos me preguntó si yo no tenía algún brillante o alhaja de precio que ponerme, y como le contestase que no, torció el gesto. Ocurría que en México se valoraba el prestigio de los toreros que iban de España por el tamaño de los brillantes que lucieran. Esto era ya un prejuicio indestructible, y los mexicanos, al verme tan sin alhajas, desconfiaban pensando qué clase de torero sería yo cuando no tenía ni un mal brillante que ponerme. La cosa era tan chocante, que me advirtieron repetidas veces. Me dijeron que era imprescindible que me comprase unos brillantes para no defraudar a los aficionados, y como creían que no los tenía por falta de dinero, vino incluso un hombre que misteriosamente me propuso que se los alquilase, aunque no fuese más que por el buen parecer. Yo no sentía la necesidad de comprarme brillantes; pero no queriendo pasar por un pobre diablo, adopté una pose altiva. Cuando venían a ofrecerme alguno, lo miraba despectivamente y lo devolvía diciendo:

—Es muy chico. No me interesa.

Aquello causaba buena impresión, y me sirvió durante algún tiempo para quitarme de encima a los infinitos corredores de piedras preciosas que caían sobre mí.

Hasta que se presentó un tío con un brillante como un pedrusco, tan grande que, la verdad, no tuve cara para devolvérselo diciendo que me parecía chico, y para quedar bien no hubo más remedio que comprarlo. A mi padre se lo di para que lo luciera por Sevilla. Parecerá exagerado, pero puedo decir que la compra de aquel diamante, que no me puse nunca, fue lo que más prestigio me dio entre los aficionados.

PURA FLAMENQUERÍA

Hice rápidamente amistad con mucha gente importante, militares en su mayoría, y no pocos de ellos generales. Era gente brava, a la que entusiasmaban las flamenquerías y los desplantes. Ellos me llevaron una vez a cenar con el presidente Huerta, que quiso conocerme. Un día fui a una juerga típicamente mexicana, organizada por un general en una finca suya. Los invitados y el general mismo bebieron como locos. Al final sacaron todos sus revólveres y estuvieron entreteniéndose en tirar contra las botellas que se habían bebido. Yo me excusé al principio, diciendo que no era tirador; pero me obligaron; cogí una pistola y casualmente hice un blanco difícil al primer disparo. Tuve querella con ellos porque se les antojó que yo era poco menos que un tirador profesional, y para presumir y humillarles lo había ocultado haciéndome de nuevas. En definitiva, todo aquello servía para realzar mi prestigio de flamenco, cosa que a los mexicanos les entusiasmaba. Mi fama de hombre valiente y sereno ante el peligro la gané tanto lidiando toros como generales.

En aquella juerga famosa se presentó un invitado en un automóvil potentísimo que acababa de comprar. El general tenía otro automóvil, no menos potente, y apenas estuvieron borrachos empezaron el general y su huésped a disputar sobre cuál de los autos corría más. La discusión se agrió y terminaron desafiándose. Quedó concertado un desafío entre ellos. A una señal partirían ambos vehículos para hacer un recorrido de varios kilómetros en torno a la finca, y ya se vería cuál de los dos autos resultaba vencedor.

Subió a su coche el general y se puso al volante su mecánico, un mulato imponente de ojos brillantes y anchas narices. Cuando iban a partir, el general paseó orgullosamente la mirada por los emocionados testigos de la hazaña y se encaró conmigo:

—¿Qué, torero? ¿Viene usted? ¿Se atreve?

—Bueno —le contesté, metiéndome en el coche. Estaba allí providencialmente un hermano de Antonio Fuentes, quien previendo lo que iba a ocurrir, se empeñó en que se le quitase al automóvil la capota, y no nos dejó partir para el desafío hasta que estuvo quitada.

Sonó un disparo y los dos automóviles partieron como exhalaciones. Fue una carrera loca. El camino a través de la finca era estrecho y malo. Desde el momento de la arrancada el otro automóvil nos había sacado unos metros de ventaja y marchaba delante, envolviéndonos en una nube de polvo y sin dejarnos paso. El general, a medida que avanzábamos, iba poniéndose frenético. Agarrado con las manos crispadas al respaldo del *baquet*, gritaba enronquecido al mulato:

—Corre, maldito. ¡Más, más! Pásalo, no seas cobarde.

Íbamos casi cegados por la polvareda que levantaba el otro coche. Era imposible adelantarlo. El mulato que enseñaba sus dientes blancos debajo de una sonrisa, que se le había quedado cuajada en la bocaza, horadaba con sus pupilas la nube de polvo que nos precedía, en acecho del instante preciso para lanzarse sobre el otro coche. Volaban el tiempo y los kilómetros, y el general, fuera de sí, manoteando, golpeándose el rostro, gritaba como un loco:

—¡Ahora! ¡Pásalo!

El mulato seguía impertérrito al volante con las fauces abiertas y los ojos clavados en el camino. Hubo un instante en que consiguió adelantar un poco, y durante un corto trecho los dos autos caminaron casi unidos. El otro chófer, al advertirlo, dio un formidable acelerón y con un golpe de volante audacísimo se colocó en el centro del camino para cortarnos el paso, aun exponiéndose a que hubiésemos chocado. El general, ciego de ira, sacó la pistola y colocándola en la nuca del mulato, rugió:

—¡Pásalo!

Sin dejar de sonreír, el mulato echó una mirada como un relámpago a su amo y se aferró al volante.

—¡Ahora mismo! ¡Pásalo o te mato! —repitió aquel loco apretando el cañón de la pistola contra el cuello del chófer, que ni siquiera volvió la cabeza.

Sentí que el coche se alzaba y no tocábamos tierra. Hubo un golpe seco, una desgarradura terrible y luego un impulso formidable que me levantó del asiento y me hizo saltar en el espacio. Habíamos chocado contra un árbol. No me di cuenta de más. No sé cuánto tiempo pasaría. Al abrir de nuevo los ojos me encontré mordiendo el polvo y faltándome las fuerzas para incorporarme. Poco a poco fui reaccionando. Me palpé. No; herido no estaba. ¿Y los otros?

Belmonte con los amigos que fueron a auxiliarle al volcar el automóvil del general mexicano.

Cincuenta metros más allá estaba el automóvil con las cuatro ruedas en lo alto. Me incorporé trabajosamente y vi que a poca distancia de mí estaba el general desvanecido. Su respiración lenta y débil me dijo que no se había matado, aunque bien se lo hubiese merecido. ¿Y el mulato? Sangrando y exánime, al lado del coche lo encontré. Procuré auxiliarles, pero poco me era posible hacer. No había más que esperar a que viniesen en nuestro auxilio. Miré hacia el auto y me horroricé pensando en lo que nos habría ocurrido si no hubiésemos salido despedidos a gran distancia como consecuencia del tremendo choque. Debíamos la vida al hermano de Fuentes, que se obstinó en quitar la capota.

Me acordé en aquel instante de que llevaba colgado del costado mi aparato fotográfico, y se me ocurrió que sería curioso hacer unas fotos de aquella escena, en tanto venían en nuestro auxilio. Saqué la cámara, que estaba milagrosamente intacta y estuve impresionando unas placas. Todavía conservo las pruebas.

Cuando, a todo correr, llegaron los invitados en nuestro auxilio y vieron a mis dos compañeros sangrando y exánimes y a mí en pie haciendo fotografías, se quedaron estupefactos. ¿Qué clase de hombre era yo? ¿Quién hubiese tenido semejante sangre fría?

Aquello me dio más prestigio de valiente que cuanto hice en las plazas de toros. Los mexicanos son así. Todos están locos.

XIV

CÓMO SE ENAMORAN DE LOS TOREROS LAS MUJERES

Descubrí en México algo entonces desconocido para mí: la vida galante.

Ocurría que, a veces, me llamaba al teléfono una voz femenina:

—¿Es usted Juan Belmonte, el torero español?

—Yo soy, señorita. ¿En qué puedo servirla?

—Es que... tenía mucha curiosidad por conocerle, ¿sabe?

—¡Allá voy! —bromeaba yo con tono impetuoso. El hilo del teléfono me traía una carcajada que me retozaba en el cuerpo. Luego, una pausa:

—¡Oh! Es imposible. Soy mujer decente; estoy casada —o tengo novio— y me comprometería. Verá usted...

Y nos enzarzábamos en un largo diálogo telefónico, al final del cual, la temerosa desconocida accedía invariablemente a darme una cita con el mayor secreto. Por lo general, eran citas en sitios inverosímiles, porque las mexicanas —al menos las mexicanas que llamaban por teléfono a los toreros españoles— eran muy noveleras. Una me citó a medianoche, junto a las tapias del cementerio francés. Allá fui y allá estaba. Otra, con la que charlaba por teléfono una madrugada, me dijo:

—Venga ahora mismo a tal calle. Deje usted el coche en la esquina y pase despacito por la acera de la derecha. Cuando llegue a una ventana en cuya reja habrá un pañuelo atado, allí estaré yo. ¡No se detenga, por Dios, ni hable una sola palabra, que me pierde usted! Pasa, me ve y se marcha. ¿Me promete hacerlo así?

Lo prometí todo y, en efecto, detrás de una reja voladiza, en la que vi atado un pañuelo, estaba ella. Era guapa de veras. Solo la vi un segundo. Le di un beso y se escondió. Yo seguí calle arriba. Al llegar a la esquina di media vuelta y volví a pasar. Me devolvió el beso, cerró la ventana y ya no la vi más. Aquellas aventuras galantes con las muchachas noveleras me cogían de nuevas y me entusiasmaban. A todos los toreros españoles nos pasaba lo mismo. Porque no era solo a mí a quien llamaban por teléfono las muchachitas que se aburrían y querían divertirse. Aquello respondía, por lo visto, a una tradición de galantería, fundada por los compatriotas que nos habían precedido. Los toreros españoles debíamos tener allí buena fama entre las mujeres. Las llamadas femeninas por teléfono llegaron a ser el principal atractivo que México tenía para nosotros. Y mutuamente nos hacíamos sabrosas confidencias sobre nuestras aventuras y nos embromábamos simulando voces de mujer para darnos citas falsas, con la consiguiente decepción del embromado, que luego comentábamos riéndonos las tripas.

Un pase natural de Belmonte.

LA QUE SE ENAMORÓ DE BELMONTE

Un día me llamó por teléfono una voz femenina, que, de buenas a primeras, me invitó a cenar en su compañía. Era, según me dijo ella misma sin ambages, una mujer joven y guapa, que se sentía atraída por mi fama de torero, y quería conocerme y tratarme íntimamente. En pocas palabras, me dio a entender, sin ningún rubor, que estaba enamorada de mí. Yo me puse más ancho que largo, y como al día siguiente, domingo, tenía que torear, quedé citado para cenar con ella en la noche del lunes. Después no presté demasiada atención a la cita, porque la desenvoltura con que aquella mujer me decía, así porque sí, que estaba enamorada de mí, me pareció excesiva, y supuse que se trataba de una señora al alcance de cualquiera que alargase la mano, o bien de una vieja cotorra desesperada. Tal fue mi convicción, que cuando llegó la hora de la cita se me había olvidado por completo, y me quedé en el hotel, jugando tranquilamente al billar con un muchacho de mi cuadrilla y un torero mexicano llamado Lombardini. Enfrascado en la partida estaba, cuando se me acercó un lacayo de impecable librea, que me preguntó:

—¿Don Juan Belmonte?

No sé por qué se me ocurrió señalar a Lombardini que estaba al otro lado de la mesa dándole tiza al taco, y decir:

—Aquel señor es Belmonte.

El lacayo se fue hacia Lombardini, lo llevó a un rincón y le estuvo diciendo algo con gran reserva. Lombardini, después de escucharlo, vino a repetírmelo:

—Oye, tú —me dijo—; ese lacayo dice que abajo están esperándote dos señoras que te han citado para cenar.

—Ve tú, si quieres —le contesté—. Yo no tengo ganas de aventuras. Diles que eres Belmonte, a ver si se lo creen.

A Lombardini le divirtió la broma y se fue tras el lacayo. Volvió a poco, sorprendido y entusiasmado:

—Son dos mujeres guapísimas, que vienen en un auto soberbio. Me han tomado por ti y se empeñan en que me vaya a cenar con ellas.

—¿Son guapas de verdad?

—¡Estupendas! ¡No te digo!

La cosa empezaba a intrigarme.

—Pues vamos a hacer una cosa rara. Bajas y les dices que estás con unos amigos, de los que no puedes de ninguna manera desprenderte, pero que podemos ir a cenar todos juntos. Yo seguiré diciendo que tú eres Juan Belmonte y tú nos presentas a este y a mí como banderilleros tuyos. A ver qué pasa.

Así se hizo. Lombardini salió y a poco, nos hizo llamar. Nos presentó a dos mujeres elegantísimas, hundidas en el ancho fondo de un automóvil caro a cuya portezuela permanecía el lacayo con la mano en la visera. Nos hicieron poco caso. Me parece que desde el primer momento no les hizo ninguna gracia nuestra compañía. Sentaron a Lombardini entre ellas, y al banderillero y a mí nos dijeron que tomásemos un taxi y fuésemos detrás.

Llegamos a una casa grande e instalada con mucho lujo, y nos hicieron pasar a un saloncito puesto con fino gusto. Una de aquellas dos mujeres, la que me había llamado por teléfono y parecía dueña de la casa, me dio la impresión de ser la esposa o la amante de un hombre importante de México, de cuyas ausencias se aprovechaba ella, por lo visto, para lanzarse a aventuras como la que conmigo, es decir, con Lombardini, intentaba. La otra, tan guapa como ella, y no menos elegante, parecía ser solo una amiga de confianza, la confidente y partícipe de sus caprichos. Advertí, sin embargo, desde que entramos, que la amiga estaba tan interesada en la aventura del torero como ella misma, y tuve que ver con paciencia y resignación cómo entre las dos se disputaban la atención de Lombardini, mientras al banderillero y a mí ni nos miraban siquiera.

Nos dieron de cenar opíparamente. Sentaron entre ellas al falso Belmonte, y durante toda la comida estuvieron bromeando y haciéndole picarescas insinuaciones, a las que él no se mostraba insensible ni mucho menos. Al banderillero y a mí, que nos partiese un rayo. Con la cabeza metida en el plato comíamos y presenciábamos como mudos testigos el escarceo amoroso de nuestro camarada y las dos damas.

Yo no me daba por vencido. Mientras comíamos intenté llamar la atención de las dos amigas hacia mi persona. Ni siquiera me escuchaban.

Me puse entonces a hablar de Belmonte, con la esperanza de poder decir de mí algo más interesante y divertido que lo que por su cuenta dijese Lombardini, pero advertí pronto que cuando ellas se interesaban por algo de lo que yo iba contando, o les hacía gracia, me escuchaban con los ojos vueltos hacia el maldito Lombardini, al que miraban embelesadas.

El granuja de mi sustituto se daba cuenta de mis dramáticos esfuerzos por hacerme notar, y cuando ellas no le veían me guiñaba un ojo y se encogía de hombros, como diciéndome:

—Tú lo has querido. ¿Qué quieres que yo le haga? Resulta que les he gustado. No te esfuerces, que no te hacen ningún caso.

Me puse a hablar entonces de la diferencia que existía entre el Juan Belmonte, tal como se le ve en la plaza y tal como era visto de cerca, a ver si así las defraudaba.

—Fíjense ustedes, señoras, en que no se le parece en nada —les decía yo con aviesa intención.

—¿Cómo que no? —me replicaba la que me había telefoneado—. Su matador es tal y como yo me lo había imaginado por las fotografías y por las cosas que cuentan de él.

Estuve por echarme a llorar. Porque lo espantoso para mí era que aquella mujer tenía allí mismo numerosas fotografías mías que, llevada de su admiración por mí, recortaba de los periódicos ilustrados que las publicaban. ¡Y ni siquiera me miraba a la cara!

Dando, al fin, por fracasada la conquista o, mejor dicho, reconquista de aquella mujer, pensé que aunque era irremediable que el falso Belmonte se la llevara, allí estaba la amiga, no menos guapa y apetecible que ella.

Dirigí mis tiros al nuevo objetivo, pero pronto me dieron a entender claramente que perdía tontamente la pólvora y el tiempo. Las dos mujeres no tenían ojos más que para Belmonte, ni más ilusión que la de Belmonte, mientras el pobre Belmonte estaba allí, en un rincón de la mesa, haciendo desesperados esfuerzos por que se dignasen volver la cabeza hacia él. Lombardini se reía con risa de conejo, y yo estuve a punto de dejarme llevar del mal humor y echarlo todo a rodar, diciendo claramente la verdad y desenmascarando a aquel granuja, que con tanta socarronería se dejaba querer. Me contuvo el amor propio. Me daba rabia pensar que Lombardini desplazado en cuanto dejase de ser Belmonte, podría luego vengarse diciéndome que quien les había gustado a ellas como hombre era él, y, por otra parte, las veía a las dos tan engolosinadas, que temí que ni aun diciéndoles que era yo el verdadero Belmonte y demostrándolo, me hiciesen caso. ¿Y si Lombardini les había gustado realmente, y yo, al descubrirme, hacía ante ellas un papel ridículo?

Esta sospecha me puso frenético. Cuando ya no pude aguantar más, cogí al banderillero de un brazo y le dije:

—Vámonos. Aquí no tenemos nada que hacer.

Eché a correr, escaleras abajo, con una ira incontenible. Arriba se quedaban las dos mujeres disputándose a Lombardini, que contestó con una soberbia carcajada al furioso portazo que di yo al marcharme.

Así se enamoran de los toreros las mujeres.

Y CÓMO SE ENAMORAN DE LAS MUJERES LOS TOREROS

Conocí a una muchachita discreta y alegre, hija de familia severa y bien acomodada, y me enamoré de ella. Era una buena chica, muy joven, que me encalabrinó con su aire modoso y sencillo, hasta el punto de que por ella hice bastantes locuras, que, seguramente, no hubiera hecho por ninguna de esas mujeres llamadas fatales que tanto éxito tienen en el cine. Uno conserva, a pesar del amargo y exacto sentido de la vida que le ha hecho tener su origen, una vena sentimental, un hililllo soterrado de linfa romántica, que le hace caer alguna vez en sabrosas y torpes debilidades.

Me enamoré de aquella muchacha de manera lamentable. Tanto, que cuando ella me anunció un día, con lágrimas en los ojos, que tendríamos que separarnos porque sus padres se trasladaban a no sé qué ciudad de los Estados Unidos, huyendo de la revolución, le juré solemnemente no separarme de su vera y seguirla, no ya a los

Una media verónica típica belmontina.

Estados Unidos, al fin del mundo que se marchara. Aquello tenía un aire novelesco y falso, pero yo había tomado tan en serio mi papel de Romeo, que con toda seriedad resolví irme detrás de la muchacha, abandonándolo todo.

Se marchaba ella de México con su familia tres o cuatro días antes de la corrida de mi beneficio, que estaba profusamente anunciada; pero yo decidí irme en el mismo tren, aunque se suspendiera la corrida y se hundiese el firmamento. Mi decisión era catastrófica, no solo para el empresario, sino para mí mismo. Ocurría que todo el dinero que había ganado en México lo tenía en su poder el empresario, aguardando una ocasión propicia para cambiarlo en dinero español, y, al romper con aquel hombre y ocasionarle un verdadero desastre económico por mi locura amorosa, corría el riesgo de que me hiciese una liquidación de represalia. No vacilé siquiera ante esta consideración. Le puse cuatro letras diciéndole que me marchaba y que arreglase el conflicto como mejor pudiese. Renunciaba a mi beneficio y a todo.

El día que había señalado para el viaje la familia de mi novia, y a la hora de salir el tren, estaba yo en la estación con un maletín en la mano, dispuesto para la fuga. Una fuga amorosa originalísima, puesto que consistía en que la muchacha fuese en un departamento con sus padres y hermanos, muy honestita y tranquila, mientras yo merodeaba por el pasillo del tren, a la caza pueril de una miradita tierna. Por aquellas miraditas había echado a rodar cuanto tenía.

Para los enamorados, como para los borrachos, hay, afortunadamente, una providencia de inagotable bondad. Mi providencia, en aquel caso, fue una partida armada de revolucionarios, de las que frecuentemente se alzaban entonces contra el Gobierno en todo el territorio. A pocas leguas de México, el tren en que nos fugábamos, mi amante con su familia y yo a solas, tuvo que detenerse definitivamente en una estación en la que comunicaron a los viajeros que los rebeldes habían cortado la línea un poco más allá y el tren no podía seguir adelante, por lo que debíamos regresar a la capital o esperar a que la situación cambiase. Volví, pues, a México contra mi voluntad, y por esta circunstancia fortuita se celebró felizmente la corrida de mi beneficio y volví normalmente a España.

Lo curioso es que aquel avasallador enamoramiento se me pasó en seguida, y ni rastro me quedó en la memoria a los pocos meses de aquella insignificante muchachita.

VIRTUD DE LA COMPETENCIA

En las quince o veinte corridas que toreé aquella temporada en México, alterné frecuentemente con Rodolfo Gaona. Me pusieron frente al famoso torero mexicano en ocho o diez corridas, y a esta reñida competencia se debieron principalmente el apasionamiento y la resonancia de mi campaña en México. El público de los toros quiere siempre el estímulo de la rivalidad entre dos toreros, y la fomenta y la exalta hasta el paroxismo, consiguiendo así que se produzca ese estado pasional de la afición, que es el mejor ambiente para la fiesta de toros.

He utilizado siempre como estímulo esta rivalidad, que a veces arbitrariamente crean los públicos; pero en todo caso he procurado mantener la competencia dentro de unas normas de lealtad y juego limpio que me han parecido indesechables.

En aquella etapa de México creo que lo conseguí, y mi mayor orgullo fue que el propio Gaona lo reconociese así.

A pesar del apasionamiento de los partidarios de uno y otro, y de ser Gaona mexicano, conseguí hacerme querer en México. Desde noviembre a febrero toreé casi sin interrupción, no solo en la capital, sino también en Puebla, Veracruz, Guadalajara, San Luis de Potosí y Nogales, conquistando en todo el país una gran popularidad. He oído decir que solo el infortunado Montes llegó a gozar en México de una simpatía popular tan intensa como la que a mí me acompañaba.

No tuve más que un tropiezo en una ciudad, en la que me negué a torear, porque tenía fundados temores de que no me pagase el empresario, y por causa de mi negativa me llevaron a la cárcel. No sufrí más que dos cogidas. Una en México y otra en Nogales, que me hizo perder seis corridas ya contratadas.

EL ENCANTO DE MÉXICO

El 20 de febrero emprendí el regreso a España con mi cuadrilla, en la que iban Vito, Céntimo, Calderón, Pinturas y Pilín. He de decir que dejé México con pena. En aquella época turbulenta de 1913 y 1914, los mexicanos tenían un gran aire de pueblo lanzado a la aventura de una honda y radical transformación. La inseguridad en que se vivía, el dramático proceso de las ideas nuevas en la cabeza caliente de los mexicanos, la exaltación de las malas pasiones populares y, al mismo tiempo, el soberbio desprecio por la vida que sentían aquellas gentes, capaces de morir o matar por no importa qué causa; aquella turbina puesta por la civilización en el alma cruel y heroica del indio, daban al país en aquel tiempo un ritmo de vértigo, por el que uno se sentía fatalmente atraído. Aquella gente brava, leal, amiga de los amigos e implacable con los adversarios, cruel hasta el extremo de que las mayores monstruosidades tenían la calidad de travesuras infantiles, llegó a subyugarme, y creo que durante una época estuve tan loco como todos los mexicanos. Recuerdo que un día íbamos a tomar un tren para no sé qué ciudad en la que teníamos que torear, cuando nos enteramos por un periódico que el día antes una partida revolucionaria, acaudillada por un famoso generalito, había volado con dinamita un tren de aquella línea y habían perecido numerosos viajeros. «¿No se podrá ir a torear?» —preguntamos al empresario—. «Sí, sí; ya no hay peligro —nos contestó—; acaban de informarme de que el generalito que voló ayer el tren, enfadado con el Gobierno de México, ha cambiado de manera de pensar. Y se ha hecho amigo otra vez. Ha prometido que no volará más trenes, y ya se circula normalmente por la línea sin que haya nada que temer». Aquello era de una barbarie inaudita, pero tenía, a mis ojos atónitos, una grandeza de epopeya. No sé lo que pensaría de aquel generalito y de aquel país un sociólogo que hubiese tenido que viajar por México en aquel tiempo, pero yo no era sociólogo, sino torero, y para un torero aquellos públicos amantes, más que de nada, del riesgo, de la audacia y del desplante, eran el ideal.

Cuando volví hacia España traía la añoranza de México. España era, para mí, la contención, el freno a los instintos, el tacto, la prudencia, la tenacidad, el sentido de continuidad. Exactamente lo contrario que México. Y cuando volví fui un poco mexicano durante algún tiempo.

COLOR LOCAL

Era tradicional en Sevilla que todos los toreros que iban a México se trajesen un loro. Yo me traje varios, muchos. Desde muchachillo había yo visto que en el patio de las casas en que vivían los toreros de fama había siempre un loro, testimonio inexcusable de una campaña taurina por tierras mexicanas, y quise que no me faltase ese requisito. Compré primero un par de ellos, pero el mismo día en que embarcaba para España, empezaron a caer sobre mí vendedores de loros, y tanto por no tomarme el trabajo de decirles que no los quería, como por la vanidad de que cada uno de mis amigos tuviese un recuerdo de mi viaje a México, cargué con cuantos me ofrecieron. Aquellos loros, cuyo viaje a España me costó más de lo que pesaban en oro, fueron uno de los episodios más grotescos de mi vida de torero. Venían en la bodega del barco y todos los días había que ir a cuidarles y a prodigarles una serie interminable de atenciones y mimos, porque si no se enfadaban y se morían. Luego resultó que aquellos malditos loros eran mudos o enmudecieron con la expatriación, y los amigos y parientes a quienes se los regalé, no consiguieron jamás arrancar una sola palabra a los antipáticos bichejos. Traía, además, unos gatos raros y unos perritos chihuahuas, famosos por su pequeñez. Calderón se había encargado de comprarme uno de estos perritos, y ocurrió que el que le vendieron no era tal chihuahua, y en los días que duró el viaje creció de tal modo, que cuando llegó a Sevilla era casi un mastín. Con mis loros, mis gatos, mis perritos chihuahuas, mi famoso brillante y un gran aire de insensato, hice mi entrada triunfal en España.

En la plaza de Bilbao en 1914.

¡SACRILEGIO! ¡SACRILEGIO!

Desembarqué en La Coruña, donde me esperaban mi padre y unos amigos que se quedaron sorprendidísimos de mis perros, mis loros, mis gatos y mis extravagancias mexicanas. Me fui directamente a Sevilla a lucir todo aquello, porque para mí lo más importante del mundo seguía siendo la plazoleta del Altozano, y lo que más me gustaba era ir allí a contar con un aire displicente mis triunfos por tierras lejanas.

Sevilla me hizo un recibimiento entusiástico. Los sevillanos habían seguido con verdadera emoción aquella primera salida por el mundo de su héroe, aquel mítico Juan Belmonte, en el que cada uno de ellos creía haber puesto algo, y de cuyas glorias se sentían todos partícipes. Solo así se explica el recibimiento triunfal que al volver de México me hicieron en Sevilla.

Apenas bajé del tren, me encontré estrujado por una imponente muchedumbre que llenaba los andenes. Triana en masa había bajado a la estación a recibir a su Juan. A la salida de la estación, con aquellos millares de seres que gritaban «¡Viva Belmonte!» hasta enronquecer, se formó una verdadera manifestación, a cuya cabeza iba yo materialmente prensado por la multitud, que a trechos me aupaba sobre sus hombros y me hacía ondear como una bandera por encima de sus cabezas. Así llegué hasta el puente de Triana, que crucé poco más o menos como lo cruza el Jueves Santo el Cristo del Cachorro. Al pasar por delante de la iglesia de Santa Ana se le ocurrió a alguien entrar en el templo, coger las andas de la Virgen, subirme a ellas y que entrase así, procesionalmente, en Triana. Hubo un puñado de insensatos a quienes la idea pareció excelente, y en tropel se metieron en la iglesia unos grupos de belmontistas entusiastas, que iban dispuestos a llevarse las andas a todo trance. El sacristán, asustado por la actitud apremiante de aquellos locos, avisó al cura de la parroquia, que se presentó furioso ante aquella amenaza de sacrilegio y arremetió contra los que tal desmán se proponían, hasta que consiguió imponerse a fuerza de gritos y amenazas.

—¡Sacrílegos! —gritaba el cura, congestionado—. Haré llamar a la Guardia Civil para que defienda el templo de vuestra barbarie. ¡Las andas de la Virgen para pasear a un torero! ¡Horror de horrores! ¡Sacrilegio!

La santa indignación del párroco y la amenaza de la Guardia Civil hicieron retroceder asustados a los que iban por las andas. El cura, fuera de sí, quería echarlos a latigazos. Me han contado que a poco se muere del berrenchín.

Me contaron también que luego que hubo desalojado la iglesia de importunos y cuando al fin atrancó las puertas y se dejó caer, rendido, en un sillón de la sacristía, sacó su gran pañuelo de yerbas, se lo pasó por la frente sudorosa, se serenó un tanto y comentó lastimero:

—¡Sacrílegos! ¡Las andas de la Virgen para llevar a Belmonte! ¡Qué barbaridad!

Hizo una pausa en su monólogo, y agregó:

—¡Si siquiera hubiese sido para llevar a Joselito!

«¡Si siquiera hubiese sido para llevar a Joselito!» [Martínez de León].

XV

SUPERSTICIONES TAURINAS

Aquel año de 1914 comenzó mi rivalidad con Joselito o, mejor dicho, comenzó la rivalidad entre gallistas y belmontistas. Empecé a torear en Barcelona el 15 de marzo, alternando con Joselito, y ya seguimos toreando juntos en las cinco corridas siguientes que se celebraron en aquella misma plaza y en las de Castellón y Valencia. El público y las empresas se obstinaban en colocarnos frente a frente, queriendo a todo trance establecer un paralelo, a mi juicio imposible. En aquel tiempo, Joselito era un rival temible: su pujante juventud no había sentido aún la rémora de ningún fracaso; las circunstancias providenciales, que le habían hecho llegar gozoso, casi sin sentir y como jugando al máximo triunfo, le hacían ser un niño grande, voluntarioso y mimado, que se jugaba la vida alegremente y tenía, frente a los demás mortales, una actitud naturalmente altiva, como la de un dios joven. En la plaza le movía la legítima vanidad de ser siempre el primero, y para conseguirlo se daba todo él a la faena, con una generosidad y una gallardía pocas veces superadas. Frente a él yo tomaba fatalmente la apariencia de un simple mortal que para triunfar ha de hacer un esfuerzo patético. Creo que esta era la sensación que uno y otro producíamos.

Recuerdo la primera vez que nos encontramos. Fue en un tentadero. Iba él invitado con todos los honores, como novillerito de postín al que halagan los ganaderos, mientras yo no pasaba de ser uno de tantos aficionados sin relieve como acuden a los cerrados.

Cuando me arrimé a una vaquilla con la muleta en la mano le oí gritar a mi espalda:

—¡Por ahí no, muchacho; que te va a coger!

No volví la cabeza ni rectifiqué una línea, y cité de nuevo a la vaquilla.

—¡Que te va a coger! —repitió Joselito.

Dio el animal una arrancada y, efectivamente, salí volteado. Me levanté renqueando; recogí del suelo la muletilla y, por el mismo sitio y en la misma forma, volví a la carga.

—¡Ju, vaca!

Ocurrió que, tal y como yo quería, pasó la res sin tocarme, obligada por los vuelos del engaño, y, en aquel mismo terreno, le di cinco o seis pases que emocionaron a los espectadores. Solo entonces alcé los ojos hacia donde estaba Joselito y le dije:

—¡Que me iba a coger, ya lo sabía yo! La gracia estaba en torearla ahí.

No supo perdonármelo, y me volvió altivamente la espalda. Era lógico y natural que así fuese entonces Joselito. Después... fue cambiando y fui cambiando yo también. La petulancia juvenil de aquel hombre mimado por la fortuna y mi enconado anhelo de triunfo fueron cediendo el paso a una entrañable solidaridad de hombres unidos por el riesgo y el esfuerzo comunes. Uno de los capítulos más emocionantes de mi vida es el de mi intimidad con Joselito en sus últimos años.

GALLISTAS Y BELMONTISTAS

Toreé el 12 de abril en Sevilla y el 13 en Madrid, con poca fortuna en ambas corridas. Los pobres belmontistas anduvieron de capa caída. Dos días después, toreando en Murcia, me dio un toro tal paliza, que tuve que meterme en la cama con un fuerte varetazo en el pecho, magullamiento en todo el cuerpo y una distensión dolorosísima en el pie izquierdo. Estaba contratado para torear en las corridas de la feria de Sevilla, alternando con Joselito, y cuando se corrió la voz de que yo no podría ir por estar lesionado, los gallistas cantaron victoria y dieron por supuesto que mis lesiones eran simplemente un pretexto para eludir el encuentro con su ídolo. El empresario de la plaza de la Maestranza, don José Salgueiro, que sabía mejor que nadie la expectación que había en Sevilla por verme torear con Joselito, me acuciaba para que fuese en cuanto pudiera. Perdí, porque materialmente no podía tenerme en pie, las dos primeras corridas de feria, que eran las más suaves y de mayor lucimiento, pero hice firme propósito de ir a Sevilla para torear la anunciada corrida de Miura, porque mis detractores, cuyo número crecía en la misma proporción que el de mis entusiastas, habían lanzado la especie de que yo le hacía ascos al ganado miureño. Cuando circuló por los mentideros taurinos de Sevilla la noticia de que yo iría a torear la corrida de Miura hubo quienes lo creyeron un ardid del empresario para retener a los feriantes, y quienes afirmaron que tal propósito no pasaba de ser un rentoy que yo no podría sostener. Se cruzaron apuestas cuantiosas sobre si yo torearía o no, y cuando, por fin, salí a hacer el paseíllo en aquella corrida, el apasionamiento de la muchedumbre que llenaba la plaza había llegado al paroxismo. El primer miureño que me tocó era casi ilidiable. Me abrí de capa y, al darle el primer lance, me tiró un derrote que me arrancó la montera de la cabeza y la mandó al tendido. Iba yo dispuesto a jugarme el todo por el todo, y como mis enemigos me acusaban de no torear más que con la mano derecha, cité al toro con la izquierda, y con esta mano hice toda la faena de muleta, que, a juicio de los críticos, fue irreprochable. Tuve igual fortuna en la lidia del otro miureño, y, al terminar la corrida, los sevillanos, enardecidos, me hicieron gozar la borrachera del triunfo una vez más. Fue aquella una de las jornadas apoteósicas de mi vida torera. Entonces, las corridas de toros tenían una resonancia y una trascendencia que hoy no tienen. Una buena faena no se acababa, como hoy, en el momento en que las mulillas se llevan al toro, sino que cuando los aficionados salían de la plaza era cuando empezaba realmente a destacarse y cobrar vida y color en los labios trémulos del espectador entusiasmado, que la relataba una y mil veces, recordándola en sus menores detalles. Era la época en que después de una buena faena se veía a la gente toreando por las calles. «Hizo así», decían, al mismo tiempo que simulaban el pase culminante los contertulios que discutían en los cafés, los transeúntes que se paraban al borde de las aceras, los porteros galoneados en los pasillos de los ministerios y los curas en las sacristías. La noche después de una buena corrida y toda aquella semana no se hablaba de otra cosa. La afición a los toros era universal, y, al revés de lo que hoy ocurre, es posible que entonces fuese menos gente a los toros, pero, en cambio, las corridas no morían en la plaza, sino que salían de ella y llenaban toda una ciudad y el país entero, mientras que ahora, la gran faena se borra y olvida al salir a la calle. El aficionado de hoy lo es únicamente durante el tiempo que está en el tendido. Cuando sale de la plaza tiene otras preocupaciones. En aquel tiempo, los partidarios de los toreros no vivían más que pendientes de sus ídolos. Recuerdo que en Sevilla se formaban los días de corrida unos grupitos que esperaban al anochecer la salida de El Liberal para saber cómo había quedado su torero favorito. A veces, se veía debajo de un farol a uno de estos grupos deletreando el texto de los telegramas que reseñaban la corrida. Si el torero había estado bien, sus partidarios se engallaban y salían buscando pelea por cafés y tabernas con el periódico bajo el brazo. Si había estado mal, doblaban silenciosamente el periódico, se daban las buenas noches y se iban a sus casas a esperar el desquite.

Aquella noche del día de la corrida de Miura, los belmontistas salieron por Sevilla con tal ímpetu, que parecía que se iban a tragar el mundo. Un grupo de entusiastas se fue al real de la feria a celebrar el triunfo. Tenían los partidarios de los Gallo una caseta llamada El Gallinero, y ante ella pasaron, retadores y altivos, los belmontistas. Aquel día El Gallinero estaba poco concurrido. Sus socios, después de doblar el periódico, se habían dado las buenas noches y se habían ido a dormir. Un gallista aburrido bostezaba. Llegó hasta la puerta de la caseta el más esforzado de los belmontistas y, con gesto de triunfo, gritó:

—¡Ea, gallistas, a cerrar!

EL AZAR Y LA CONSCIENCIA

El 2 de mayo, cuando salí a torear en Madrid con Rafael *Gallo* y Joselito, el apasionamiento del público era tal que daba miedo. Mi triunfo en la feria de Sevilla había exacerbado el entusiasmo de mis partidarios y el encono de mis enemigos, hasta el extremo de que en los tendidos se veía a una muchedumbre vociferante e inquieta, sacudida por una intensa vibración que hacía saltar aquí y allá los chispazos de los altercados y las broncas. Para verme torear mano a mano con los Gallo habían pagado muchos aficionados hasta ocho y diez duros por unas entradas que valían en taquilla ocho y diez pesetas. La corrida fue desarrollándose normalmente, en un ambiente de irritabilidad y nerviosismo, hasta que salió el quinto toro. Le tocaba lidiarlo a Joselito. Desde que se abrió de capa hasta que lo mató de una soberbia estocada, aquello fue un verdadero delirio. Hizo Joselito en aquel toro una gran faena, desde el principio hasta el fin, completa, variada, vistosa y valiente. No se podía pedir más. El público se rompía las manos aplaudiéndolo. Después de haber sido arrastrado el toro, Joselito dio dos o tres vueltas al ruedo; no sé cuántas. La gente no se cansaba de aplaudirle. Cuando parecía que la ovación se había extinguido renacía vigorosamente aquí o allá, y de nuevo el público, puesto en pie, aclamaba al gran torero. Joselito, con la montera en la mano, saludaba una y mil veces desde el centro de la plaza. Yo, mientras tanto, permanecía sentado en el estribo, a la espera de que saliese mi toro. Algún amigo me ha dicho mucho después que en aquellos momentos me estuvo observando, con el deseo de adivinar lo que pasaba por mí. Creía aquel amigo haber visto en mí, mientras Joselito recibía la ovación más formidable que se había dado nunca a un torero, un gesto duro y un aspecto reconcentrado de hombre que se forja íntimamente la desesperada resolución de superar aquel triunfo del rival, que parecía insuperable. No me creyó cuando le dije que mientras la muchedumbre aclamaba delirante a Joselito yo estaba allí sentado en el estribo muy preocupado por un pequeño azar que tenía. Soy poco supersticioso, pero el hombre más equilibrado y sensato, cuando se ve en el trance de jugarse lo que más le importa en un albur como el de la lidia de un toro, albur en el que hay que contar con elementos tan ajenos a él, a su valor, su inteligencia y su voluntad, cae fatalmente en esas naderías de la superstición, que son como asideros que la inteligencia quiere poner a lo ininteligible. A través de la media de seda me asomaba un vello de la pierna, y aquello me parecía de mal augurio. Toda mi preocupación en aquellos instantes era meter debajo del tejido de seda aquel pelito que lo había traspasado. Si lo conseguía, era indudable que triunfaba. Cuando las circunstancias que pesan sobre nosotros son pavorosamente superiores a nuestras fuerzas, cuando se rebasa la medida de lo humano, uno se achica y renuncia humildemente a la comprensión del trance descomunal en que está metido, para entregarse a una nadería cualquiera, en la que descansa el ánimo. Creo que hay muy pocos héroes plenamente conscientes de su heroicidad en el momento de realizarla. Me gustaría saber qué es lo que piensa el militar cuando entra en fuego, el aviador que salta el Atlántico cuando le faltan pocos kilómetros para ganar la costa y el cazador que espera a pecho descubierto la acometida de la fiera.

«Joselito, con la montera en la mano, saludaba una y mil veces desde el centro de la plaza» [Martínez de León].

Salió, al fin, mi toro, y desde el primer capotazo que le di tuve una neta sensación de dominio. A medida que toreaba iba creciéndome y olvidando el riesgo y la violencia del toro. Me parecía que aquello que estaba haciendo, más que un ejercicio heroico y terrible, era un juego gracioso, un divertido esparcimiento del cuerpo y del espíritu. Esa sensación de estar jugando que tiene el torero cuando de veras torea la tuve yo aquel día como nunca. Llamaba al toro y me lo atraía hacia el cuerpo para hacerle pasar rozándose conmigo, como si aquella masa estremecida que se revolvía furiosa removiendo la arena con sus pezuñas y cortando el aire con sus cuernos, fuese algo suave e inerme. Convertir la pesada e hiriente realidad de una bestia en algo tan inconsútil como el velo de una danzarina, es la gran maravilla del toreo.

Durante toda la faena me sentí ajeno al peligro y al esfuerzo. Yo y el toro éramos los dos elementos de aquel juego, y movido cada uno por la lealtad de sus instintos dispares, trazábamos sobre el albero de la plaza el esquema de la mecánica pura del toreo. El toro estaba sujeto a mí y yo a él. Llegó un momento en que me sentí envuelto en toro, fundido con él. Luego, al terminar la corrida, vi que el traje que llevaba estaba lleno de pelos del toro, que se habían quedado enganchados en los alamares. Nunca he toreado tanto ni tan a gusto. El público lo advirtió.

Dijeron que como yo había toreado aquel día jamás había toreado nadie.

SUPERSTICIONES MENORES

He dicho que no tengo supersticiones, pero la verdad entera es que a veces me dejo arrastrar por las que padecen las personas que me rodean. La gente taurina vive esclavizada por este anhelo irracional de sujetar al Destino y prenderlo con los alfileritos de sus augurios. El torero, que contra lo que se cree es un pobre hombre de claudicante voluntad, se halla siempre propicio a doblegarse ante todo lo que sirva para darle ánimos, y de ahí ese cúmulo de supersticiones propias y ajenas que le agobian.

Cuando me estaba vistiendo para la corrida del 2 de mayo advertí que mi mozo de espadas me colocaba en las piernas unas vendas no muy limpias.

—Quítame esas vendas sucias y tráeme unas limpias —le dije.

Antoñito, el mozo de espadas, me replicó:

—Tú, cállate y déjame a mí. Yo sé lo que me hago. Estas vendas estarán algo sucias, pero traen la buena suerte. Estoy convencido.

Cuando uno está vistiéndose para salir a una plaza de toros no se tienen ánimos para llevarle la contraria a ningún supersticioso, y, encogiéndome de hombros, le dejé hacer a su antojo.

Se celebró la corrida, obtuve aquel gran triunfo y, por la noche, Antoñito, al desnudarme, decía, loco de alegría:

—¿Lo ves? ¡Las vendas! ¡Son las vendas de la buena suerte!

Ni que decir tiene que al día siguiente me colocó Antoñito las mismas vendas, cada vez más sucias, sin que yo me atreviera a rechazarlas. Con mis vendas milagrosas estaba, cuando un toro de Santa Coloma me empitonó y me dio una cornada en el muslo. Desangrándome me llevaban los monosabios a la enfermería cuando vi a mi mozo de estoques detrás de la barrera. Volví la cabeza y le grité:

—¡Antoñito! ¡Mira para lo que sirven tus cochinas vendas!

«Desangrándome me llevaban los monosabios a la enfermería» [Martínez de León].

Pero hombre más atormentado por los agüeros que mi apoderado, Juan Manuel, ni lo ha habido ni lo habrá. Su vida fue un continuo sobresalto. Todo, todo, hasta lo más nimio, era indicio de buena o mala suerte. Tenía que ir a mi casa a diario, pero a veces no se presentaba, y cuando yo le llamaba por teléfono contestaba con una voz lúgubre.

—No puedo ir.

—¿Por qué, Juan Manuel?

—Porque al salir de casa he tropezado con un tuerto y he tenido que dar media vuelta y meterme en la cama para evitar una desgracia.

Juan Manuel tenía un sombrero especial para ir a los toros. Era un sombrero lamentable, pero traía la buena suerte. Llevaba colgando de la cadena del reloj un galapaguito de plata, y, mientras yo toreaba, él tenía que estarlo tocando. Una vez, en La Línea, fue a palpar su galapaguito de la buena suerte en el momento en que yo me abría de capa y no lo encontró. Me contó que en aquel mismo instante se tapó la cara con las manos y así estuvo, aterrorizado, hasta que oyó el alarido de la multitud y comprobó que, como no podía menos de suceder, el toro me había cogido. Le tomó ojeriza a unas estatuillas de yeso que yo tenía, y no paró hasta que un día en que me cogió convaleciente y débil me arrancó el permiso para llevárselas. Me contaba después que se las había regalado a un belga, que las aceptó muy contento y burlándose de lo supersticiosos que eran los españoles; pero en pocos días cayeron sobre el pobre belga tales calamidades que se apresuró a deshacerse de los malaventurados yesos. Según Juan Manuel, fueron a parar a manos de un portero, al que días después le sobrevino una desgracia familiar. Nadie hubiese convencido a mi apoderado de que, al llevarse las estatuillas, no me había salvado la vida.

Sin negar que alguna vez estos agüeros típicos del aficionado a toros me hayan impresionado, me gusta poder decir que nunca los he tomado muy en serio. No he sido, en realidad, una víctima de estas menudas preocupaciones que tanto atormentan a los que creen en ellas, y si alguna vez me he dejado arrastrar verdaderamente por una superstición ha sido esta de muy distinta naturaleza. Yo tengo, por ejemplo, el azar de desear fervientemente, con todas las potencias de mi alma, aquello que más puede perjudicarme. Solo así me hago la ilusión de que conjuro el mal. Es como si quisiera agarrar al Destino por los cuernos. Ya he contado que la faena ideal con que yo soñaba cuando quería ser torero terminaba invariablemente dándome el toro una cornada en el muslo. Esa cornada que yo he deseado siempre con ferviente anhelo ha sido la que me ha librado de muchas auténticas cornadas. Mi más firme convicción, mi superstición si se quiere, es esta: no vale escurrir el bulto. Hay que ofrecer gallardamente al Destino el sitio por donde pueda herirnos. Cuando pienso en una desgracia y me familiarizo con ella y tengo alma bastante para vivirla en toda su intensidad, es cuando la evito. Esta es mi única superstición verdadera.

Unos cálculos complicadísimos sobre la ley de las compensaciones, en los que suelo perderme, la fe en una justicia inmanente, que distribuye bienes y males equitativamente, aunque a veces esta equidad no se nos alcance, y, sobre todo, esta convicción de que hay que dar la cara a la adversidad para espantarla son todo mi artilugio metafísico. Demasiado complicado. Preferiría creer que los tuertos traen la mala suerte.

CIENTO CINCUENTA Y NUEVE TOROS

Aquella temporada de 1914 toreé casi a diario. Después del percance de Madrid reaparecí el 24 de mayo en Oviedo, el 26 volví a Madrid, el 27 actué en Córdoba, el 30 de nuevo en Madrid y el 31 en Linares, donde recibí una herida en un párpado. En el mes de junio comencé el día 5 en Valencia y seguí el 7 y el 8 otra vez en Madrid. En esta última corrida se cortó la coleta Minuto. Toreé tres corridas en Granada y tres en Algeciras, y el 24, un toro me dio en Bilbao una paliza que me tuvo sin torear hasta el 4 de julio, que reaparecí en Zaragoza. Al día siguiente actué en Barcelona, y, a renglón seguido, tomé parte en las tres corridas de San Fermín, en Pamplona. Seguí toreando casi a diario en La Coruña, Oviedo, Gijón, La Línea, Barcelona y las cuatro corridas de la feria de Valencia. Recorrí en agosto las plazas de San Sebastián, Vitoria, Santander, Huesca y Bilbao, donde, después de torear tres corridas seguidas, caí enfermo. Cinco días estuve en la cama, y al sexto hacía el paseíllo en la plaza de Almagro, para seguir luego toreando en Almería y Linares. Hubo dos corridas en Málaga, dos en Mérida y otras dos en Salamanca, más una en Murcia y otra en Albacete. Fui a Lisboa y después a Valladolid, Oviedo, Barcelona, Madrid y Sevilla, donde sufrí una nueva lesión que me hizo perder ocho corridas. Maté aquella temporada ciento cincuenta y nueve toros.

Cuando terminó la temporada estaba un poco cansado de ser torero y sentía la necesidad de sustraerme a la curiosidad de los públicos y de vivir a mi gusto, como un señor cualquiera al que nadie tiene derecho a molestar. Quería hacerme una vida privada lo más alejada posible del mundillo taurino. Mi ideal era vivir como cualquier otro muchacho de mi edad, independiente y con algún dinero. Para ello, decidí instalarme en Madrid. El año anterior, a raíz de mis primeros triunfos, pretendí instalarme cómodamente en Sevilla, pero mi vida privada siguió siendo allí espectacular y llamativa, hasta hacérseme imposible sobrellevarla. Recuerdo que, al abandonar el mísero corralillo donde había vivido para instalarme en una vivienda más confortable, se me ocurrió comprarme una bañera, pero el sencillo hecho de que me la llevasen a casa se convirtió en un acontecimiento para el barrio. «¡Es el baño para Belmonte!», decían las comadres, arremolinadas a la puerta de mi casa, mientras los mozos lo descargaban del carro y lo metían en el portal. Recuerdo también que me compré un caballo, y cuando me lo trajeron ensillado a mi casa, se juntaron en el portal todos los gandules del barrio para verme montar en él. Cada vez que salía por Triana cabalgando me paraban todos los amigotes, y siempre había alguno que terminaba subiéndose a la grupa. Hubo veces que fuimos tres los que íbamos encaramados en el infortunado animal. Aquello de ser caballo de un torero popular no debía ser grato oficio, porque un día la pobre bestia se hartó de mí y de mis amigos y, emprendiendo un furioso galope, se lanzó contra una tapia y se suicidó. Mi destino de torero famoso no era mucho más llevadero que el de mi caballo.

Aquel agobio tenía, sin embargo, sus gratas compensaciones. Una vez fui montado en mi caballo a una romería. Los romeros, al verme pasar muy postinero sobre el lomo de la jaca, que braceaba garbosa, me vitorearon entusiasmados. Al volver a Triana iba escoltado por una muchedumbre entusiasta, a la que se le antojó que yo había de entrar con caballo y todo en el convento de San Jacinto. Los frailes se opusieron, como era natural, y hubo a la puerta del convento una verdadera batalla, en la que los pobres frailes fueron arrollados por los belmontistas, que querían ungirme en el templo con no sé qué original y nunca vista consagración. Tuve que escapar al galope.

Otro día regresaba a Sevilla en el expreso, cuando al llegar a una estación, advertimos que viajaba en el mismo tren un ministro, al que sus correligionarios de aquel pueblo le habían preparado un saludo entusiástico. Una charanga se colocó junto al vagón en que viajaba el personaje, rodeada por unos centenares de pueblerinos que daban vivas «al salvador de España». Uno de los amigos que viajaba conmigo propuso:

—¿Vamos a quitarle el público al ministro?

Y dicho y hecho: bajó al andén y se puso a gritar:

—¡Belmonte! ¡Ahí va Belmonte! ¡Viva Belmonte!

A los pocos segundos, los centenares de personas que habían acudido a la estación para rendir homenaje «al salvador de España» estaban aclamándome ante la ventanilla de mi departamento, y al pobre ministro no le quedaban más que el alcalde del pueblo y los seis músicos de la charanga, que soplaban sus pitos con el cuello vuelto hacia donde yo estaba.

De aquella época es también la anécdota que cuenta don Natalio Rivas, para dar idea de la popularidad de que yo gozaba. Dice el célebre exministro que una vez andaba por el mercado de libros viejos de Valencia a la búsqueda de curiosidades, cuando se le acercó un librero que le había visto por allí algunas veces y creía conocerle. Le dijo don Natalio su nombre, y el librero exclamó:

—¡Ah, claro! Ya decía yo que le conocía. Usted es ese político que es muy amigo de Belmonte.

Todo aquello era muy halagador, pero, a la larga, resultaba terriblemente molesto. Por eso procuré instalarme en Madrid como un desconocido cualquiera. Alquilé un estudio en el barrio de Salamanca, cultivé únicamente la amistad de aquel grupo de intelectuales que había conocido en el estudio de Sebastián Miranda, y un día entré en una peluquería y me corté la coleta.

XVI

EL MIEDO DEL TORERO

El día que se torea crece más la barba. Es el miedo. Sencillamente, el miedo. Durante las horas anteriores a la corrida se pasa tanto miedo, que todo el organismo está conmovido por una vibración intensísima, capaz de activar las funciones fisiológicas, hasta el punto de provocar esta anomalía que no sé si los médicos aceptarán, pero que todos los toreros han podido comprobar de manera terminante: los días de toros la barba crece más aprisa.

Y lo mismo que con la barba, pasa con todo. El organismo, estimulado por el miedo, trabaja a marchas forzadas, y es indudable que se digiere en menos tiempo, y se tiene más imaginación, y el riñón segrega más ácido úrico, y hasta los poros de la piel se dilatan y se suda más copiosamente. Es el miedo. No hay que darle vueltas. Es el miedo. Yo lo conozco bien. Es un íntimo amigo mío.

La mañana del día de corrida, cuando todavía está uno dormido, viene el miedo cautamente y, sin hacer ruido, sin despertarnos, se instala a nuestro lado en la cama. Cuando el torero se despierta es su prisionero. La noche anterior, al acostarnos, anduvo ya rondándonos, pero con un poco de imaginación y buena voluntad no es difícil espantarlo. Yo me duermo como un bendito las vísperas de corrida, merced a un arbitrio sencillísimo: el de ponerme a pensar en cosas remotas que no me importen gran cosa. Como uno no tiene una imaginación extraordinaria he llegado a construir mentalmente una especie de película fantasmagórica, la misma siempre, con la que distraigo la imaginación hasta que me quedo dormido. Es una divertida sucesión de imágenes, que me entretienen y me apartan de pensar demasiado en el trance del día siguiente. Mi esperpento imaginativo me hace el mismo efecto que la nana a las criaturitas.

Por la mañana, el efugio no es tan fácil. El miedo llega sigilosamente antes de que uno se despierte, y en ese estado de laxitud, entre el sueño y la vigilia, en que nos sorprende, se adueña de nosotros antes de que podamos defendernos de su asechanza. Cuando el torero que ha de torear aquel día guiña un ojo al ras de la almohada y le hiere la luz de la mañana que se filtra por las rendijas, es ya una infeliz presa del miedo. El mozo de espadas, encargado de despertarle, lo sabe bien. Si no hay grande hombre para su ayuda de cámara, ¿qué torero habrá que sea valiente a los ojos de su mozo de estoques?

Acurrucado todavía entre las sábanas, con el embozo subido hasta las cejas, el torero empieza su dramático diálogo con el miedo. Yo, al menos, entablo con él una vivísima polémica.

No sé lo que harán los demás toreros. Al miedo yo le venzo o, al menos, le contengo a fuerza de dialéctica. Es un diálogo incoherente, como el de un loco con un ser sobrenatural.

—Ea, mocito —me dice el miedo, con su feroz impertinencia, apenas me he despertado—: a levantarte y a irte a la plaza a que un toro te despanzurre.

—Hombre —replica uno desconcertado—, yo no creo que eso ocurra...

—Bueno, bueno —reitera el miedo—; allá tú. Pero yo, que soy tu amigo de veras, te advierto que esto que haces es una temeridad. Llevas demasiado tiempo tentando a la fortuna.

—No todo es buena fortuna. Yo sé torear.

—A veces los toros tropiezan, ¿no lo sabes? ¿Qué necesidad tienes de correr ese albur insensato?

—Es que como ya estoy comprometido...

—¡Bah! ¿Qué importancia tienen los compromisos? El único compromiso serio que se contrae es el de vivir. No seas majadero. No vayas a la plaza.

—No tengo más remedio que ir.

—¿Pero es que crees que se hundiría el mundo si no fueses?

—No se hundiría el mundo, pero yo quedaría mal ante la gente...

—¿Qué más te da quedar mal o bien? ¿Crees que dentro de cinco años, de diez, se acordará nadie de ti ni de cómo has quedado hoy?

—Sí se acordarán... Hay que vivir decorosamente hasta el final. Me debo a mi fama. Dentro de muchos años los aficionados a los toros recordarán que hubo un torero muy valiente.

—Dentro de unos años, a lo mejor, no hay ni aficionados a toros, ni siquiera toros. ¿Estás seguro de que las generaciones venideras tendrán en alguna estima el valor de los toreros? ¿Quién te dice que algún día no han de ser abolidas las corridas de toros y desdeñada la memoria de sus héroes? Precisamente, los gobiernos socialistas...

—Eso sí es verdad. Puede ocurrir que los socialistas, cuando gobiernen...

—¡Naturalmente, hombre! ¡Pues imagínate que ha ocurrido ya! No torees más. No vayas esta tarde a la plaza. ¡Ponte enfermo! ¡Si casi lo estás ya!

—No, no. Todavía no se han abolido las corridas de toros.

—¡Pero no es culpa tuya que no lo hayan hecho! Y no vas a pagar tú las consecuencias de ese abandono de los gobernantes.

—¡Claro! —exclama uno, muy convencido—. ¡La culpa es de los socialistas, que no han abolido las corridas de toros, como debían! ¡Ya podían haberlo hecho!

Advierto al llegar aquí que el miedo, triunfante, me está haciendo desvariar, y procuro reaccionar enérgicamente.

—Bueno, bueno. Basta de estupideces. Vamos a torear. Venga el traje de luces.

—¡Eso es! A vestirse de torero y a jugarse el pellejo por unos miles de pesetas que maldita la falta que te hacen.

—No. Yo toreo porque me gusta.

—¡Que te gusta! Tú no sabes siquiera qué es lo que te gusta. A ti te gustaría irte ahora al campo a cazar o sentarte sosegadamente a leer, o enamorarte quizá. ¡Hay tantas mujeres hermosas en el mundo! Y esta tarde puedes quedar tendido en la plaza, y ellas seguirán siendo hermosas y harán dichosos a otros hombres más sensatos que tú...

Al llegar a este punto, uno se sienta en el borde de la cama, abatido por un profundo desaliento. El mozo de estoques va y viene silenciosamente por la habitación, mientras prepara el complicado atalaje del torero. Este, como un autómata, deja que el servidor le maneje a su antojo. El miedo se ha hecho dueño del campo momentáneamente. Hay una pausa penosísima. El torero intenta sobornar al miedo.

—¡Si yo comprendo que tienes razón! Verás... Esto de torear es realmente absurdo; no lo niego. Hasta reconozco, si quieres, que he perdido el gusto de torear que antes tenía. Decididamente, no torearé más. En cuanto termine los compromisos de esta temporada dejaré el oficio.

—¿Pero cómo te haces la ilusión de salir indemne de todas las corridas que te quedan?

—Bueno; no torearé más que las dos o tres corridas indispensables.

—Es que en esas dos o tres corridas, un toro puede acabar contigo.

—Basta. No torearé más que la corrida de esta tarde.

—Es que hoy mismo puede...

—¡Basta, he dicho! La corrida de hoy la toreo aunque baje el Espíritu Santo a decirme que no voy a salir vivo de la plaza.

El miedo se repliega al verle a uno irritado, y hace como que se va; pero se queda allí, en un rinconcito, al acecho. Uno, satisfecho de su momentáneo triunfo va y viene nerviosamente por la habitación. Luego se pone a canturrear. Yo empiezo a tararear cien tonadillas y no termino ninguna. Entre tanto, voy haciendo las reflexiones

«Es el miedo. Yo lo conozco bien. Es un íntimo amigo mío» [Martínez de León].

más desatinadas. Por la menor cosa se enfada uno con el mozo de estoques y discute violentamente. La irritabilidad del torero en esos momentos es intolerable. Todo le sirve de pretexto para la cólera. El mozo de estoques, eludiéndole, le viste poco a poco. Y así una hora y otra, hasta que, poco antes de salir para la plaza comienzan a llegar los amigos. Antes de que llegue el primero, por muy íntimo que sea, uno le pega una patada al miedo y le acorrala en un rincón donde no se haga visible.

—¡Si chistas te estrangulo!

—¡Qué más quisieras tú que poder estrangularme! Anda, anda, disimula todo lo que puedas delante de la gente; pero no te olvides de que aquí estoy yo escondidito.

—Me basta con que seas discreto y no escandalices —le dice uno a ver si por las buenas se le domina.

Este altercado con el miedo es inevitable. Yo, por lo menos, no me lo ahorro nunca, y creo que no hay torero que se libre de tenerlo. El ser valiente en la plaza o no serlo depende de que previamente haya sido reducido a la impotencia este formidable contradictor, este enemigo malo que es el miedo. Para mí es, como digo, una cuestión de dialéctica. Otros creo que dominan el miedo a fuerza de puños, luchando con él a brazo partido, y otros, en fin, prefieren burlarlo con subterfugios. Pero lo que es de buenas a primeras, sin esta laboriosa disputa, el que vence es el miedo, es decir, el instinto de conservación. Tengo la creencia de que si a todos los toreros, aun a los más valientes, se les presentase en el momento de hacer el paseíllo alguien que pudiera garantizarles el dinero necesario para vivir aunque no fuese más que un duro diario para toda la vida, no habría quien saliese al ruedo. Al menos, no habría toreros profesionales. Quizá hubiera, sí, toreros de ocasión. El hombre que en un momento dado se juega la vida por hacer una gallardía, no habría de faltar. Pero el torero profesional, ese que va a la plaza habitualmente, como el carpintero va todas las mañanas a su carpintería y el pintor se coloca cotidianamente ante su lienzo, ese no existiría.

Tampoco se torearía si hubiese que contratar las corridas dos horas antes de torearlas. Se torea porque los contratos se firman semanas o meses antes de tener que cumplirlos, cuando parece improbable que llegue la fecha en que habrá que salir al redondel a matar los toros. ¡Y la fecha fatal llega siempre!

En cierta ocasión, estaba yo vistiéndome el traje de luces, cuando el mozo de estoques me anunció a unos empresarios que querían que yo les firmase unas corridas. Eran tres contratos muy ventajosos, en plazas distintas, y los tres empresarios andaban al acecho por los pasillos del hotel, a ver si me cazaban. Aquellos hombres, que venían a proponerme que torease todavía más, me parecieron en aquellos instantes, cuando yo estaba en lo más vivo de mi disputa con el miedo, unos verdaderos criminales.

—¡Échalos! ¡Échalos ahora mismo! —le dije a Antoñito.

Y agregué muy convencido:

—Son unos desalmados, una mala gente. ¿Por qué no los has espantado desde el primer momento? ¿No sabes de sobra que ya no toreo más esta temporada?

Los empresarios, que eran perros viejos en su oficio, no le hicieron caso a Antoñito, ni me lo hicieron a mí cuando, personalmente, los eché con cajas destempladas al salir para la plaza. Esperaron tranquilamente a que volviese de la corrida, y cuando, después de haber triunfado en el ruedo, me cogieron en el *hall* del hotel, les firmé todas las corridas que quisieron.

El miedo que se pasa en las horas que preceden a la corrida es espantoso. El que diga lo contrario miente o no es un ser racional. Se cambia el tono de la voz, se adelgaza de hora en hora, se modifica el carácter y se le ocurren a uno las ideas más extraordinarias. Luego, cuando ya se está ante el toro, es distinto. El toro no deja tiempo para la introspección. Es la inspección del enemigo lo que embarga los cinco sentidos. En la plaza solo hay un momento de examen de conciencia: el tiempo que se invierte en el tercio de banderillas. Mientras los banderilleros corren al toro, el matador, junto a la barrera, tiene unos minutos para pensar. ¿Qué piensa entonces el torero? Lo que haga después se ha resuelto en ese instante de dramática meditación. Cuando coge la muleta y la espada ya no hace más que lo que instintivamente le dicta una subconsciencia cuyos mandatos han tenido una previa y morosa elaboración. Ante el toro no se piensa ni se duda. El ejercicio de la lidia es tan absorbente, la cosa es tan vital, que, a mi juicio, ponerse sin decisión ante los cuernos del toro es fatalmente perder la partida.

LOS TRIUNFOS

En la temporada de 1915 contraté ciento quince corridas, de las cuales toreé noventa. Alterné con Joselito en sesenta y ocho, porque cada vez los públicos se enardecían más con la competencia, que se obstinaban en suscitar y mantener entre nosotros. Empezamos la temporada toreando mano a mano en Málaga, después fuimos juntos a las corridas de feria de Sevilla, donde también nos pusieron frente a frente. La tercera corrida de feria era de Miura. Logré aquel año con los toros miureños un triunfo mayor, si cabe, que el del año anterior. Me llevaron en hombros hasta Triana, y al pasar de nuevo el puente, aupado por la muchedumbre arrebatada por el entusiasmo, tuve una sensación neta de plenitud en el triunfo. Fue la de aquella tarde una de las mayores emociones de mi vida.

Lo más destacado de mi actuación en aquella temporada fue la corrida de Beneficencia en Madrid, que se celebró el 25 de abril, fecha gloriosa en los anales de esto que llaman «el belmontismo» unos centenares de hombres entusiastas, a quienes por ser generosos, emocionan los episodios de esta vida mía, que no es, ni más ni menos que todas las vidas que merecen llamarse tales, sino una sucesión constante de esfuerzos dramáticos para afirmar una personalidad penosamente forjada en lucha con el medio.

Aparte el recuerdo de estos momentos culminantes de la lucha, a los que uno, arrastrado por la corruptora benevolencia de amigos y admiradores, otorga cándidamente una importancia y una trascendencia desmesuradas, la vida del torero discurre de ordinario con la misma monotonía que todas las vidas consagradas a un ejercicio profesional.

LA VIDA DEL TORERO

Un año tras otro, la vida del torero discurre así:

Primavera. Comienzo de temporada. El torero se encuentra otra vez con el toro con «barbas», que no había visto desde el año anterior. A lo sumo, se había enfrentado con el becerro barbilampiño en una encerrona. Naturalmente, no pone muy buena cara. Las corridas en esta época son espaciadas, de domingo a domingo. El torero tiene tiempo de reponerse de la impresión. Si la corrida fue buena, la semana es alegre; se puede ir al teatro, a alguna cenita y a una que otra excursión. Por el contrario, si la corrida fue mala, la semana es triste: no se tiene humor y se desea la llegada del domingo para reponerse. ¡Es admirable cómo se renueva el torero interiormente en cada corrida! Naturalmente, hay «semanas tristes» que duran meses, sin posibilidad de reposición.

Comienza el verano. Las grandes ferias en grandes poblaciones. Series de tres o cuatro corridas, viajes cómodos, buenos hoteles. Al torero le acompaña un grupo de amigos que viaja con él, habita en los mismos hoteles y comparte con el torero los buenos y malos ratos. Sin embargo, el mecanismo es el mismo: nerviosismo antes de las corridas. Después, si la tarde no fue buena, el torero se queda en la habitación con los amigos. Comenta los lances de la jornada taurina. Se culpa generalmente al toro. Otras veces al público. A las rachas malas. Algunas al torero, mientras este se halla descansando en la cama.

De pronto, el torero insinúa:

—Me siento un poco cansado. No sé si tendré humor de bajar al comedor.

Un molinete característico de Juan Belmonte.

Los amigos comprenden:

—Mejor será que descanses para mañana. Podían traer la comida aquí, al cuarto, y cenábamos todos. Después echaríamos una partida de póker o de giley.

Así se acuerda... (Ya, *in mente,* estaba acordado). Por el contrario, si la corrida fue buena, el cuarto del torero hierve de aficionados. Alegrías, sonrisas, palmaditas en el hombro. El torero no necesita descanso. Se baja al comedor, se va a un teatro o a un cabaret donde haya mujeres que ver y que vean. Una explicación sexual del arte.

Septiembre. Ferias de los pueblos, de una o dos corridas. Torear todos los días. Viajar todas las noches y parte del día. Trenes, botijos, fondas de pueblo, carbonilla, polvo, calor, luchas con el hambre como en los buenos tiempos de aprendizaje.

Los días de corrida no se come por la mañana; en la noche, hambrientos, una comida fuerte para reponerse. Litros y litros de agua. Digestión difícil. Dilatación de estómago. El torero, en estado de sonambulismo, atraviesa España varias veces. Ahora va solo con su cuadrilla. Los amigos no pueden seguirle en esta carrera loca. Llegada a la habitación de un hotel (¡bueno, hotel!) de pueblo el mismo día de la corrida, después de quince horas de viaje. Entrada de los «buenos aficionados» de la población. Saludos y abrazos. Se sientan todos. Y hablan:

—Buena temporada llevas. Treinta y dos orejas. Este año te colocas por delante de todos. ¡Menudo baño le has dado a Fulanito en Albacete!

Luego, recuerdos de efemérides: la cornada del muslo, el puntazo de la boca y las faenas memorables.

El torero mira a la cama, inicia un bostezo y dice tímidamente:

—Quizá estuviese mejor echado. Hemos hecho un viaje más pesado...

—Sí, hombre, échate —contestan los aficionados—; no gastes cumplidos con nosotros. Aquí nos quedamos.

El torero «obedece»; se desnuda y se mete en la cama. La conversación languidece. El torero cierra un ojo, lo abre y cierra el otro. Y dice al mozo de espadas:

—Más valía que cerraras media puerta del balcón. Da mucha luz en los ojos.

Los aficionados dicen:

—Lo que debes hacer es cerrar las puertas y dormirte, para estar descansado luego. Nosotros nos vamos y volveremos a la tarde. Que no dejen entrar a nadie.

El torero queda solo en esa duermevela de la preocupación, durante la que entreoye el pasodoble tocado por el organillo en la calle, el fandanguillo de un ciego con su guitarra, los pasos y el sonar de los bastones de los feriantes por el pasillo; ruidos de platos, que le hacen esbozar un bostezo... Y sueña..., sueña que un gobierno socialista ha abolido las corridas de toros; que todas las plazas se han hundido y que los toros han sido comidos por las turbas... Sueña con un enorme espacio, lleno de camas amplias, blandas, frescas. El torero va pasando de una a otra, sintiendo el frescor de la ropa de hilo en sus carnes, hasta que en alguna cree encontrar a «alguien»... De pronto, la realidad: el mozo de estoques, que le toca tímidamente en el hombro y le dice: «La hora». Al hacerlo vuelve un poco la cabeza para no recibir de «golpe» las tres primeras miradas del torero.

¡La *toilette*! Vuelven los «buenos aficionados» a presenciarla. Vienen animosos, alegres, con esa alegría que da la esperanza de ver una buena corrida. Fuman puros. Contagian al torero.

—Vamos a ver cómo estás hoy.

—¿Cómo va a estar? Como siempre: superior.

—Si cortas una oreja, échamela para metérsela por las narices esta noche a un «fulanista» que frecuenta nuestra tertulia del café.

El torero sonríe comprensivo. Mentalmente se compromete a ganar una oreja para aquel buen hombre. Sabe la tragedia del buen aficionado de pueblo, donde solo hay una corrida al año y la torea su ídolo y queda mal. Tener que aguantar la tertulia del café hasta el año siguiente... Algunos se mudan...

Unas veces, el torero puede cumplir su compromiso. Otras, no, naturalmente, y de ello depende que la vuelta de los «buenos aficionados» al hotel sea bulliciosa o triste. En Sevilla había un ciego que conocía, por el ruido en las habitaciones de los toreros después de las corridas, el éxito o el fracaso de estos.

Vuelta a la estación. Asalto a un tren a las tres de la madrugada. Los viajeros han apagado las lucecitas, se han calzado sus zapatillas y vienen tendiditos en los asientos. De pronto, ¡la invasión taurina! ¡Veintisiete toreros, dos mil maletas, capotes, botijos, piernas de hierro de los picadores! Voces: «¡Aquí caben cuatro!». «¡Este departamento va casi vacío!». «¡Aquí hay sitio para dos!». «¡Trae el botijo!», «¡Que no se quede esa maleta!».

Los viajeros despiertan malhumorados, furiosos. Las miradas, de acero, relampaguean: «¡Aquí no caben más!». «¡Que me pisa usted, hombre!». «¡Esta maleta no puede ir aquí!». «¡Saque usted esa espuerta al pasillo!».

El tren marcha. Los viajeros terminan de despertarse. Las miradas se serenan. Al poco rato se dulcifican: «¿Quiere usted un cigarro?». «¿Ha habido toros hoy en este pueblo?». «¿Quién toreó y qué tal?». «¿Dónde torean mañana?». «Deben estar ustedes molidos de tantos viajes y trabajos...». «Si quiere estirar un poco las piernas, yo me echaré para acá». «¡Sí, hombre, estírese! yo no tengo nada que hacer mañana...».

Creo que el torero, fuera de la plaza, tiene generales simpatías. Y es que, en el fondo, los ven tan débiles dentro de su brillantez, con la vida pendiente de un hilo, como cualquier monigote...

Se aproxima el otoño. Las corridas vuelven a espaciarse y adquieren doble dramatismo interior para el torero. Ya no solo representa cada una la lucha por la vida y el éxito, sino que también significa un paso hacia el descanso bien ganado: hacia el invierno. El invierno que es para el torero la habitación en el cortijo, calentado por la chimenea con leños encendidos, olor de jara y tomillo, ruido de espuelas y de herraduras, sonar de cencerros, ladridos en el silencio de la noche, la carrera vertiginosa a caballo, armado de garrocha, detrás de un becerro, y el choque con él para lanzarlo al suelo, con las patas al aire. Los galgos y las liebres. El venado, detenido en su carrera y derribado en salto mortal, y el espacio enorme, lleno de camas blancas, frescas, para ir pasando de unas a otras...

Por fin, la castaña ha caído, madura, del árbol. ¡La última corrida! El torero da un suspiro de satisfacción hasta la primavera. Cree que esta satisfacción durará hasta entonces. Pero al poco tiempo duda: ¡y no sabe si prefiere ser «torero de verano» o «torero de invierno!».

XVII

LA MEJOR TARDE DE MI VIDA TORERA

En 1915 estuve un poco chiflado. El ritmo acelerado de mi vida en los últimos años y el desconcierto del triunfo habían relajado mi voluntad y me encontraba enervado, holgazán, desasido de todo. Leía mucho, sin orden ni concierto, haciendo grandes esfuerzos para comprender y digerir cuanto caía en mis manos y hundiéndome en una literatura retorcida y enfermiza que entonces estaba en boga. Recuerdo la penosa impresión que me produjo una obra de D'Annunzio, cuyo comienzo era la descripción de una escena macabra, en la que tiraban un cadáver a un río. Aquella literatura me enervaba, y aunque a veces tiraba el libro, irritado, volvía a cogerlo ávidamente y me dejaba arrastrar por su morboso encanto. Llegué a estar tan sugestionado por las lucubraciones literarias, que terminé pensando en suicidarme. No sé por qué me asaltó aquella monomanía, pero lo cierto es que, a veces, me sorprendía en íntimos coloquios conmigo mismo, incitándome al suicidio. Tenía en la mesilla de noche una pistola, y muchas veces la cogía, jugueteaba con ella y la acariciaba, dando por hecho de que de un momento a otro iba a dispararmela en la sien. Terminaba guardando la pistola y diciéndome en son de reproche: «¿Para qué haces todas esas pantomimas si eres un cobarde, si no te vas a matar? ¡Si no es verdad que quieras suicidarte!».

Aquello era, sin embargo, una obsesión que no conseguía apartar de mí. Fue una época de desequilibrio, de verdadera locura. Me dio por ir a los lugares más inverosímiles y absurdos, llevado únicamente por el prestigio melodramático y folletinesco que pudieran tener. Recorría de madrugada los suburbios buscando no sé qué aventuras. Una noche entré con Antonio de la Villa en una casa horrenda de la calle de Ceres. Estuvimos discutiendo y regateando con unas mujeres espantosas. Cuando me vi a solas con una de ellas, me invadió una sensación confusa de asco y tristeza. Le tiré unos duros a la mujer y eché a correr. Yo había permanecido con el embozo de la capa subido para que no me reconociesen, pero aquella mujer, al ver que no me descubría, le tiraba el dinero y sin mirarla siquiera me marchaba, se sintió ofendida en su amor propio profesional y me armó un escándalo formidable. Mis correrías de aquella época tenían siempre este tono falso y respondían a unas sugestiones puramente literarias.

¿ME HABRÉ VUELTO LOCO?

En cierta ocasión me invitaron a visitar el manicomio del doctor Esquerdo, diciéndome que había allí un enfermo que debía interesarme. Era un muchacho aficionado a toros, que había contraído tal animosidad para conmigo y para con mi toreo, que se había vuelto loco de remate. Su obsesión era yo, según me dijeron, y los médicos que le tenían en tratamiento, al verle ya en la convalecencia, creyeron que acaso fuera conveniente a su salud el verme y hablarme sosegadamente, por lo que me invitaron a ir al manicomio. Fui una tarde con Sebastián Miranda y otro amigo. Preguntamos por el director y nos dijeron que no estaba, pero un empleado muy amable nos invitó a esperarle. Al rato de estar allí, viendo entrar y salir a unos individuos que no sabíamos si eran locos o loqueros, empecé a sentir cierto desasosiego. ¿A qué iba yo al manicomio? ¿Qué se me había perdido allí? ¿No sería que empezaba a estar un poco loco?

Me asaltó súbitamente la idea de que los amigos que me acompañaban me habían llevado con engaños al manicomio para dejarme allí encerrado. La cosa era tan absurda, que ni me atrevía a insinuarla, pero me llenaba de angustia. Sin poderlo remediar, miraba recelosamente a Sebastián Miranda, y dispuesto a no dejarme encerrar, estudiaba el modo de zafarme de los loqueros en el momento en que intentasen poner mano sobre mí. No sé lo que hubiera ocurrido si alguno inicia un movimiento mal hecho. La espera se prolongaba; vino un loco que hablaba alemán, y Miranda estuvo charlando con él en esta lengua; el loco se exaltó y Miranda también; me pareció entonces que el que estaba verdaderamente loco era mi amigo. Luego compareció un individuo que se puso a convencernos de que aquello era un cuartel general, y nos aseguró que acababan de concederle la cruz laureada. Alguien le llevó la contraria y el laureado se puso a dar grandes voces diciendo: «¡Aquí todos estamos locos!». Se me pasaron unas ganas terribles de gritar que yo no lo estaba. Tan poca seguridad tenía.

Por fin, vino el doctor y me presentó al muchacho que padecía la locura del antibelmontismo. Según parece, su obsesión le había llevado meses atrás a injuriarme frenéticamente en las plazas, hasta el punto de que, torease yo bien o mal, tenían que sacarlo del tendido víctima de un terrible acceso de furor. Terminó padeciendo unos espantosos ataques de locura apenas le mentaban mi nombre. Luego, ya en el manicomio, cuando le hablaban de Juan Belmonte, se limitaba a guiñar un ojo y decir sarcásticamente: «Sí; pero Joselito...», y ponía los brazos en alto, haciendo ademán de banderillear.

Charlé mano a mano durante un buen rato con aquel infeliz monomaniaco, que me dio la impresión de estar definitivamente curado de su absurda enfermedad. Le dijeron quién era yo y no manifestó ninguna excitación. Parecía, en cambio, un poco avergonzado y confuso.

—Yo no tenía idea de cómo era usted —me decía, exculpándose—, y puede creerme que si le hubiera conocido y tratado, no le habría odiado tanto. ¡Cómo le odiaba a usted! —agregó con lágrimas en los ojos.

Aquello me produjo una impresión penosísima. No sabía qué hacer ni qué decirle a aquel hombre. Solo respiré a mis anchas cuando, al fin, conseguí verme en la calle.

MAL TORERO

Tal estado de ánimo era deplorable y absolutamente incompatible con mi profesión. Un hombre conturbado y vacilante no se halla en las mejores condiciones para matar toros. Yo los toreaba y mataba por un esfuerzo desesperado de la voluntad y gracias a la destreza profesional que había ido adquiriendo. Pero nada más. Era sencillamente un mal torero. No di, esta es la verdad, espectáculos bochornosos, pero salía a los ruedos sin ninguna convicción ni deseo, dispuesto a echar carne abajo, como un carnicero, y a bregar lo menos posible y con el mínimo riesgo, tal el último de los peones.

Quizá a los belmontistas benévolos les parezca algo exagerado esto que digo, toda vez que no sufrí ningún descalabro vergonzoso; pero yo, que tengo la convicción de que el arte de torear es, ante todo, y sobre todo la versión olímpica de un estado de ánimo, y creo, además, que el torero solo cuando está hondamente emocionado —cuando sale a la plaza con un nudo en la garganta— es capaz de transmitir al público su íntima emoción, no puedo aceptar que en aquella época fuese un buen torero, aunque despachase las corridas sin graves alteraciones de orden público. Me había apartado demasiado del objeto esencial de mi vida, arrastrado por esas sugestiones de tipo literario a que aludo. Estaba perdido en un dédalo de preocupaciones nacidas de mis desordenadas lecturas. Un amigo madrileño me ha recordado recientemente que una vez le desperté de madrugada, llamándole a conferencia telefónica desde Sevilla, para comentar con él una frase de D'Annunzio que acababa de leer. «El peligro es el eje de la vida sublime» era la gran frase dannunziana que tanto me había soliviantado. Como es natural, un hombre que se dispersa y extravía de este modo, no puede torear bien.

Seguía viviendo en la órbita de aquellos intelectuales, mis amigos, que tan fuerte atracción ejercían sobre mí. Además de Valle-Inclán, Pérez de Ayala, Enrique de Mesa, Romero de Torres y Julio Antonio, conocí y traté a Dicenta, Répide, López Pinillos, Luis de Tapia y otros muchos escritores y artistas de fama. Por aquel tiempo fuimos a un tentadero en la finca de Aleas, en El Escorial, El Quemadello. Vino con

Juan Belmonte, toreando un toro de Miura en 1915.

nosotros aquel día don Ramón del Valle-Inclán, quien tomó parte también en la faena campera, jinete en un brioso caballo que regía diestramente con su único brazo y revestido de un sorprendente poncho mexicano. No olvidaré nunca la catadura extraña del gran don Ramón en aquella jornada, en la que galopó como un centauro o poco menos, y nos apabulló luego con sus profundos conocimientos del «jaripeo».

Todo aquello era muy divertido, pero yo no toreaba. Empecé la temporada de 1916 sin entusiasmo. Estuve medianamente en Barcelona, y luego, en la corrida del Domingo de Resurrección en Sevilla, tampoco hice más que salir del paso. En las dos primeras corridas de feria seguí toreando con igual desgana. Reaccioné en la cuarta corrida que toreé en Sevilla, lidiando con gran entusiasmo un toro de Gamero Cívico, que se llamaba «Vencedor». En la faena que le hice recobré mi dominio y sentí de nuevo esa emoción íntima que el torero transmite al público, como si se estableciese entre ambos una corriente eléctrica. Volví aquella tarde a sentir el estremecimiento de la multitud volcada sobre mí en cada lance. Después de torear de muleta cuanto quise y como quise, me hinqué de rodillas ante los cuernos del toro, y estuve un rato con la cara vuelta hacia el tendido, mirando serenamente al público, que hasta poco antes había estado gritándome con cierta razón. Se desbordó el entusiasmo, me concedieron la oreja de «Vencedor», y hasta hubo espectador que se arrojó al ruedo loco de júbilo para abrazarme y besarme.

Aquella temporada toreé treinta y tantas corridas con Joselito. El público no se cansaba de enfrentarnos. El 30 de mayo, toreando en Aranjuez, resulté lesionado en el pecho y perdí siete corridas. Tomé parte en la despedida de Regaterín, celebrada en Madrid el 27 de junio, y el 16 de julio, toreando en La Línea con Freg y Joselito, me cogió un toro de Salas, y me dio una cornada en el muslo. Me disponía a hacer un quite, cuando tropecé con el caballo que, al salir de estampía, me echó sobre el toro, ocasionándome el percance. Al principio pareció que era un puntazo sin importancia, pero cuando quise volver a torear, el 13 de agosto, en San Sebastián, me resentí de la herida y ya no pude volver a salir a los ruedos en todo lo que quedaba de temporada.

La herida aquella me hizo sufrir mucho, y durante varios meses estuve imposibilitado de andar. Se daba entonces por seguro que quedaría cojo y no volvería a vestir el traje de luces. Solo tomé parte el año 1916 en cuarenta y cuatro corridas y maté noventa y tres toros.

«¡NOS ESTÁS DEJANDO EN RIDÍCULO!»

Volví a los toros al año siguiente, ya curado de la herida de la pierna; pero con tan escaso entusiasmo como la temporada anterior. Contra mi voluntad, aparecía en los ruedos apático, indolente, frío. Así, con esta desgana, toreé hasta trece corridas, en las que no hice nada que valiera la pena. No tenía tampoco grandes y estruendosos fracasos; pero solo muy de tarde en tarde, y por casualidad, daba un lance estimable. Los amigos llegaron a enfadarse conmigo. Hubo algunos que fueron a buscarme a mi casa para decirme que aquello no podía seguir. «Nos estás dejando en ridículo», me decían. «Esto no puede ser. O te decides a torear o te quitas de los toros». Yo escuchaba contrito sus amonestaciones; pero, a pesar de los buenos propósitos que hacía, no acertaba a vencer el desaliento. Los amigos, medio en serio, medio en broma, me constreñían para que volviese a ser el que había sido. Medina Vera, uno de los de la tertulia, hizo unos dibujos caricaturescos, en los que se aludía a mis fracasos y se me emplazaba para que en la primera corrida que torease en Madrid volviese a triunfar. Ofrecí quedar bien; pero los amigos, no fiándose ya de mi palabra, me hicieron firmarlo. A cada uno de ellos tuve que firmarle uno de los dibujos de Medina Vera como compromiso escrito de torear con éxito. El día de la corrida vi a los amigos en el tendido agitando en alto los dibujos que les había firmado como acreedores que presentasen sus recibos al cobro. Se llevaron un susto, porque todavía estaban mostrándome sus créditos, cuando el toro, en el primer lance, me empitonó y me mandó a las nubes.

A EMPEZAR DE NUEVO

Demasiado comprendía yo que aquello no podía seguir. El público no tardaría en arrinconarme si no era capaz de salir del marasmo en que vivía. Tuve entonces una resolución salvadora. Necesitaba reencontrarme, y para conseguirlo no hallé más recurso que el de volver atrás y comenzar de nuevo. Me fui a Triana, busqué a los amigos de la pandilla, evocamos nuestras viejas aventuras en cerrados y dehesas, y una noche nos plantamos en Tablada, apartamos un toro y nos pusimos a torearlo como en nuestra época heroica.

Aquella vuelta al comienzo me hizo reaccionar vivamente. Recobré el gusto de torear que había perdido en las plazas, sentí de nuevo el ansia del triunfo, y después de unas corridas de tanteo, en las que fui entrenándome y acostumbrándome otra vez a poner el alma en la lidia, triunfé rotundamente, el 27 de abril, al salir en hombros por la Puerta del Príncipe de la plaza de Sevilla.

Toreé casi a diario, y mi entusiasmo y mi decisión fueron *in crescendo*. Cuando el 21 de junio salí en Madrid a torear la corrida del Montepío, estaba en plena forma.

«¿ES QUE YA NO SOY NADIE?»

Pero el público de Madrid no me había perdonado mi pasada actuación. Al empezar la corrida del Montepío estaba yo absolutamente desacreditado. La gente se había cansado de mí. Se me consideraba como un torero acabado.

Alternaba aquel día con Gaona y Joselito, que se hicieron aplaudir mucho en los dos primeros toros. El tercero, que me correspondía, era un mansurrón que maté sin pena ni gloria. En cambio, mis compañeros, estimulados por la simpatía que les demostraba el público, se crecieron y escucharon grandes ovaciones. Gaona hizo una faena preciosa al cuarto toro, y en el quinto rivalizó en los quites con Joselito. Les aplaudían a rabiar, y, enardecidos por las palmas, salieron a poner banderillas. Clavaron cuatro pares magníficos, después de muchos adornos y alegrías, que acabaron de entusiasmar al público. Cuando Joselito, tras una faena de las suyas, dio muerte al toro de una gran estocada, se venía abajo la plaza. Vi entonces que aplaudían no solo a Joselito sino también a Gaona, que salía con él a saludar, mientras la muchedumbre, enronquecida, gritaba:

—¡Los dos solos! ¡Una corrida para los dos solos!

Era evidente que el hecho de que Gaona compartiese la ovación con Joselito significaba que yo estaba sobrando. Por si alguna duda me quedaba, empezaron a gritarme:

—¡Fuera Belmonte! ¡Que se vaya!

Yo, recostado en la barrera, y con la cabeza gacha, recibía aquellas ovaciones que estallaban en mi daño, y pensaba cuando oía pedir al público que toreasen Joselito y Gaona solos: «¿Pero es que yo no soy nadie? ¿Es verdad que estoy ya definitivamente borrado?».

La cosa era diáfana. El público de Madrid me rechazaba implacablemente. En estas condiciones me abrí de capa ante el sexto toro, en la corrida del Montepío de Toreros, el año 1917.

UN TERCIO DE QUITES

Di dos verónicas que, aunque el toro salió gazapeando, tuvieron la virtud de hacer el silencio en el público y fijar su atención en mí. Luego, en el primer quite, me planté ante la bestia, y quieto, moviendo muy despacio los brazos, di otras tres verónicas, tan suaves, tan lentas, que mientras las estaba dando advertía el silencio emocionante de las trece mil almas pendientes de lo que yo hacía. Terminé con un recorte tan afortunado, que de él guardo la impresión de que el toro era una masa fácilmente moldeable que se plegaba al inverosímil arabesco de mi cuerpo y mi capote. El público debió quedar un poco desconcertado. Seguramente no esperaba aquello de mí. Pero el triunfo aquel día no estaba tan barato. Cuando el toro entró por segunda vez a los caballos, ya estaba allí Rodolfo Gaona con la gracia de su capote para hincarse de rodillas, y con un lance apretadísimo y un recorte bonito y valiente, entusiasmar de nuevo al público y borrar un poco la impresión de mis verónicas. Tras él, Joselito enganchó al toro con su capa maravillosa, y despacito, muy suavemente, le atrajo, y al llegar al instante del embroque, cargó la suerte con el cuerpo y produjo una emoción indescriptible. La muchedumbre hervía de entusiasmo. Fue entonces cuando con más fe he ido en mi vida hacia un toro. Dejándome de adornos y alegrías, llamé a la res como manda la ley del toreo rondeño puro, y entregándome, con una confianza ciega, le di media verónica, que acaso sea la que mejor haya ejecutado en toda mi vida torera. Se levantó la multitud como si un resorte la hubiese alzado de los asientos, y ante sus ojos asombrados tracé luego entre los cuernos del toro el farol más acabado y exacto que podía imaginarse. Tuve suerte. El mayor albur de mi vida estaba ganado. Todavía Gaona se echó el capote a la espalda y se apretó como un valiente en tres gaoneras bellísimas, elegantes, artísticas, todo lo que se quiera. Pero aquella media verónica mía no hubo ya quien la borrara.

Salió Magritas a banderillear, y clavó un par soberbio, como en muchos años no se había visto otro. Ya en estas nuevas condiciones se podía coger la muleta e ir hacia el toro con ciertas esperanzas de reconquistar el prestigio.

LA MEJOR FAENA DE MI VIDA

Hinqué las dos rodillas en tierra y cité al toro. Fue un pase que resultó impecable. Seguí toreando por naturales pegado al toro y clavado en la arena. El animal prendido en los vuelos de la muleta, iba y venía en torno a mi cuerpo, con exactitud matemática, como si en vez de precipitarse por mandato de su ciego instinto, le moviese un perfecto mecanismo de relojería o, más exactamente, aquel «aire suave de pausados giros» de que hablaba Rubén. Después de hacer una faena rondeña, clásica, sobria, y de torear con la mano izquierda suave y reposadamente, me cambié de mano la muleta y burlé a la fiera con la alegría de unos molinetes vistosos y unos desplantes gallardos. Dicen que fue aquella la mejor faena que he hecho en mi vida. Quizá. Yo sé únicamente que en aquel trance en que mi abandono me había puesto, hice lo que de modo inexcusable había que hacer para seguir siendo torero. Por eso seguí siéndolo.

Nunca he visto a un público tan emocionado como aquella tarde. Ni en tan poco tiempo como el que se invierte en lidiar un toro ha cambiado nunca tan radicalmente la actitud de una muchedumbre para con un hombre. Esta capacidad para el entusiasmo y esta buena voluntad para rectificar sus juicios son acaso las mejores virtudes del público de toros. Los buenos aficionados deliraban. La familia real, cosa extraordinaria, seguía en su palco mientras arrastraban al toro. No me concedieron la oreja del animal porque la estupefacción de la multitud ante lo que sus ojos habían visto era tanta, que nadie se preocupaba más que de llevarse las manos a la cabeza y dar rienda suelta a su emoción.

Un momento como aquel vale por todas las amarguras de la vida de torero. Porque así me lo parece es por lo que caigo, acaso, en la impertinencia de contarlo yo mismo con una pueril inmodestia.

«El animal prendido en los vuelos de la muleta, iba y venía en torno a mi cuerpo, con exactitud matemática».

«EL AÑO DE BELMONTE»

Aquella temporada de 1917, que comencé bajo tan malos auspicios, fue la que después han llamado los aficionados «el año de Belmonte». Toreé noventa y siete corridas y estoqueé hasta doscientos seis toros. No tuve ningún percance serio y mi entusiasmo por el toreo fue creciendo de corrida en corrida, hasta llegar al final de la temporada con el mejor temple y vibrando a un diapasón altísimo. Aparte la corrida del Montepío, lo más saliente fueron las corridas de la feria de Bilbao y las de San Sebastián. Mi campaña en las plazas del Norte tuvo aquel año gran resonancia y consolidó mi prestigio. Me despedí del público de Madrid en una corrida que toreé ya en el mes de octubre alternando Celita. Tuvo Celita aquella tarde la mala suerte de que un toro le diese una grave cornada, que debió, más que a su inexperiencia, a su pundonor. Al toro que mi desafortunado compañero debía haber matado, le di una de las mejores estocadas que he dado en mi vida, después de haberle hecho una faena de muleta tan del gusto del público que, ya en la calle, la multitud que salía de presenciar la corrida, rodeó el coche en que yo iba, y, aplaudiéndome y vitoreándome, fueron en torno mío hasta mi casa varios centenares de entusiastas. Toreé la última corrida de la temporada en Barcelona, también con gran éxito, y decidí irme a Lima.

TITIRITERO FRACASADO

Yo, en vez de ir a Lima a torear, había pensado irme aquel invierno con una compañía de circo ambulante. He advertido ya que por aquel entonces me hallaba a merced de las sugestiones más disparatadas, y aquello de ir de pueblo en pueblo con unos titiriteros me ilusionaba. En realidad, yo, soliviantado por las novelas que constantemente leía, y por la aventura extraordinaria de mi propia vida, lo que sentía era un ferviente anhelo de cambiar de vida, de hacer cosas extraordinarias y de ver países extraños. Entonces no se podía viajar por Europa, a causa de la guerra, y yo, que me había comprado en un viaje a Bayona un baúl maravilloso, el primer baúl armario que había visto, me desesperaba al pensar que iba a tener que pasarme el invierno aburriéndome en Madrid.

Fue entonces cuando cayó en nuestra tertulia un empresario de la plaza de toros de Lima, quien me propuso llevarme a torear al Perú, donde, según me dijo, había unos indios auténticos, con sus plumas y todo, tan pintorescos y extraordinarios, que solo por verlos desistí de irme con los titiriteros. El deseo de estrenar mi baúl en un gran viaje y el de ver de cerca a los indios, con los que desde niño había soñado, me hicieron firmar el contrato y embarcarme.

UN HOMBRE EXTRAORDINARIO

Aquel empresario limeño era un hombre extraordinario. Era un tipo raro, pequeño de cuerpo, con la cabeza muy grande y unos pelos rebeldes de mestizo. Iba siempre muy atildado y llevaba en un dedo un brillantazo que producía gran sensación en las tertulias taurinas de Madrid. Tenía la incongruente presunción de que su pie era tan pequeño y delicado, que solo le estaba bien el calzado de mujer, y usaba unos pañolitos casi femeninos, que llevaba siempre intensamente perfumados con raras esencias, porque se las daba de hombre muy refinado. Se sentaba a la puerta de un café, en la calle de Alcalá, a que le limpiasen el calzado y, como estuviese de buen humor, pagaba al betunero tirándole una monedita de oro. Estas moneditas de oro, que con una gran liberalidad repartía, le dieron en pocos días una gran fama de multimillonario en el mundillo taurino. Era realmente un personaje extraordinario. Viajaba por España sin más equipaje que su puñadito de monedas de oro y dos frascos de perfumes exóticos que, cuando salía para la estación, se metía en los bolsillos de la americana. Estaba locamente enamorado de Amalia Isaura, que por lo visto no le hacía ningún caso, y decía ostentosamente que estaba dispuesto a dar todo el oro del mundo para que aquella mujer le correspondiese.

Rodeado de la leyenda de las monedas de oro y con el prestigio de sus extravagancias, cayó en nuestra tertulia. Hombre listo, listísimo, se dio cuenta, en seguida, de lo fácil que le sería arrastrarme, sin muchas exigencias por mi parte, a la aventura de ir a torear a Lima, y se dedicaba a contarme cosas extraordinarias de aquel país y de sus maravillosos indios, al mismo tiempo que se ganaba la voluntad de los que me rodeaban, y les deslumbraba con sus fabulosas riquezas.

Jugaba con nosotros al póker, y se dejaba ganar con un gran desenfado, prestaba dinero a los banderilleros, tiraba sus moneditas de oro a las floristas, y así supo deslumbrarnos a todos y conquistarnos para que nos fuésemos con él a Lima.

Arrambló, al fin, con una tropilla de doce o catorce toreros y, todos a sus expensas, embarcamos para el Perú. De matadores íbamos Fortuna y yo, con nuestras respectivas cuadrillas.

Aunque es la verdad que el empresario antes de salir no nos dio una perra ni nos ofreció ninguna garantía seria, ya nos parecía bastante solvencia la de cargar con toda aquella tropa. Pagó los pasajes de todos hasta Cuba, y el viaje fue bien hasta que llegamos a La Habana, donde desembarcamos y nos quedamos, al parecer, para siempre. Nuestro hombre extraordinario y maravilloso no tenía dinero para seguir.

Por lo que se veía, su caudal eran aquellas moneditas de oro que con tan buen aire había repartido entre los betuneros y las floristas de Madrid, el brillantazo que llevaba en el dedo meñique y los dos frascos de esencia. No había más.

XVIII

QUINCE TOREROS RODANDO POR EL MUNDO

Desembarcamos en Cuba, después de cumplir las penosas formalidades aduaneras y policíacas que imponía la guerra, y nos encontramos a la ventura en La Habana, pues, como iba diciendo, nuestro extraordinario empresario se había quedado súbitamente sin dinero, y con una tropa de quince toreros a los que alimentar y transportar a sus expensas. Esperaba nuestro hombre que su socio de Lima le enviase dinero a Cuba para seguir el viaje; pero, fuese por las dificultades de la guerra o por alguna otra causa menos general, lo cierto fue que las pocas moneditas de oro que le quedaban se las llevaron las docenas de faquines negros que estuvieron porteando nuestro voluminoso equipaje a través del dédalo de las oficinas del puerto. Y allí, en La Habana, nos quedamos, con el día y la noche por todo caudal.

Apenas desembarcamos, me encontré con un tipo español maravilloso, que se me presentó vestido solemnemente de levita y tocado con una refulgente chistera, para decirme que era admirador mío. Era aquel hombre lo que los americanos llaman un «promotor», y nosotros un arbitrista. Tenía una gran vitola, y era personaje de mucho empuje; ya habrá ocasión de hablar de sus andanzas por América. Mi extraordinario admirador se obstinó en invitarme, y, quieras que no, me metió en un taxi y me llevó a su casa. En el trayecto, el chófer, un negrazo grande y fuerte como un castillo, discutió con mi enchisterado mentor sobre si se podía o no pasar por determinada calle. Disputaron violentamente el español y el negro, y llegó la cosa a tal extremo, que nuestro compatriota se apeó enfurecido, depositó la chistera en el asiento del taxi, se quitó la levita y se remangó, dispuesto a entablar un *match* de boxeo. El negro se apercibió igualmente para la lucha a puñetazo limpio y, mientras tanto, yo me tiré del taxi, y, como dicen en la Alameda, «cogí piera», dispuesto a defenderme a pedrada limpia si las cosas venían mal dadas.

Ocurrió entonces la cosa más sorprendente que he visto. El español, después de unas cuantas posturas y unos jeribeques extraños, logró meterle el puño en las narices al negro, que se tambaleó y empezó a sangrar. Al sentir el dolor, el negro se limpió con la manga el morro sangrante y, levantando la mano a la romana, depuso su actitud, se colocó resignado en el volante y, dócilmente, sin decir palabra, entró con su taxi y con nosotros por la calle aquella que se había negado a pasar. Jamás he visto más palpablemente la eficacia de un buen puñetazo. Lo que no me explico es por qué esperó a que se lo diesen.

NUESTRO TÍO, EL CAPITÁN

El empresario de Lima era hombre de grandes arbitrios y apenas transcurrieron unas horas de incertidumbre, vino a comunicarnos que saldríamos inmediatamente con rumbo a Panamá en un buque español que estaba anclado en el puerto. No sé concretamente cómo se las arreglaría. Sí advertí que aquel solitario, que había sido el pasmo de las floristas y los limpiabotas de Madrid, no lucía ya en su mano gordezuela.

El barco español que debía llevarnos a Panamá era un navío antiquísimo que surcaba los mares lentamente, regido con gran prosopopeya por su capitán, un viejo marino muy bien caracterizado, que era tal y como se representaba a los viejos marinos en las zarzuelas. Nos recibió con cara *feroche,* y tuvo mucho empeño en decirnos que los toreros no le hacíamos ninguna gracia, y que no había ido en su vida a una corrida de toros.

El régimen de vida que se seguía en aquel barco justificaba aquellas advertencias, porque el viejo capitán era algo así como el tío de la tripulación y el pasaje. Sobre cuantos íbamos en su barco ejercía nuestro tío el capitán una especie de tutela paternal. No le gustaron al principio las escandaleras que promovían los quince toreros que se le habían metido a bordo. Pero, en definitiva, nuestro tío el capitán era un santo varón, un bendito de Dios, que a la tercera singladura ya estaba encantado de tenernos a su lado, y nos llevaba a su camarote, donde nos convidaba a beber y se pasaba las horas muertas contándonos cuentos del mar y de los viajes. Se le ocurrió un día retratarse en el puente de mando rodeado de todos los toreros. Un oficial del barco actuó de fotógrafo, pero ocurrió que el sol estaba a aquella hora a nuestra espalda, y para retratarnos tal y como a nuestro tío el capitán se le había antojado, hubo necesidad de virar en redondo y darle la vuelta al buque. «¡Aquí, sí! ¡Aquí, no! ¡Orza, timonel a babor! ¡Orza, a estribor!». Estuvimos media hora parados en alta mar a la altura de Jamaica, mientras el pasaje, asustado por aquellas maniobras inexplicables, se asomaba por las escotillas y contemplaba en el puente de mando al viejo marino retratándose, muy orgulloso, con sus quince torerillos.

En aquella travesía me encontré una noche en el comedor con una cartita perfumada que alguien había depositado junto a mi cubierto. Era una mujer que me prometía y se prometía un viaje felicísimo. Creí que era una broma de mis camaradas, y no hice ningún caso de la cita que en la carta me daban. Después resultó que la cosa era cierta.

Una mujer muy guapa que había hecho el viaje con nosotros me llamó por teléfono cuando llegamos a puerto para decirme que era un cerdo. Quise entonces enmendar mi yerro, pero ya era tarde. La ocasión, la gran ocasión de la travesía, se había perdido para siempre.

Al entrar en Panamá, y apenas nos visitó la canoa de las autoridades del puerto, se produjo un gran revuelo. Los pasajeros vimos, extrañados, que se retiraban las autoridades, y a poco venían dos o tres lanchones con marinos de guerra, armados de fusiles, que montaron guardia en torno al viejo buque español, como si se tratase de un barco pirata. Al fin, supimos lo que pasaba. En nuestro barco había viajado clandestinamente un alemán. ¡Nada menos que un alemán! La cosa produjo gran sensación, y aquel alemán misterioso tomó a nuestros ojos unas proporciones gigantescas. ¿Quién sería? ¿Qué terrible espía había viajado con nosotros y qué peligrosos secretos le habríamos desvelado? Vi salir al alemán camino de la cárcel, entre dos pelotones de marinos con el fusil al brazo. Era un pobre diablo, pequeñito, cojitranco, mal vestido y con cara de hambre, que llevaba su mísero equipaje entre los cuatro picos del pañuelo. La guerra tenía estos aspectos grotescos. Se celebró un consejo de guerra en Panamá contra nuestro tío el capitán, por haber llevado a bordo a tan peligroso personaje; el buque estuvo detenido en el puerto durante siete días, y cuando, al fin, pudimos salir, el barco peruano que debía llevarnos al puerto de El Callao se había marchado.

Lo peor de todo era que nuestro empresario, falto de dinero, solo podía llevarnos en el barco de aquella compañía peruana, que le otorgaba crédito.

UN BUEN NEGOCIO

Pasamos del Atlántico al Pacífico en el tren que sigue el curso del Canal, con la esperanza de encontrar al otro lado algún barco que quisiese llevarnos al Perú por la palabra del empresario. En aquel viaje me encontré con una muchacha muy divertida y graciosa, con un aire equívoco, mitad de inglesa y de india. Iba en el mismo departamento, y al notar ella que yo la miraba insistentemente —todavía no había perdido yo la costumbre de mirar a las mujeres con esa impertinente mirada que les dedica el buen andaluz— se ponía nerviosa, se volvía de espaldas, se me encaraba, se retiraba y se acercaba azorada. Terminó sentándose a mi lado y nos pusimos a charlar. De improviso me dijo:

—¿Por qué no viene usted a mi casa esta tarde?

—¡Oh, muchas gracias! No puedo ir, aunque bien quisiera.

—¿Por qué no quiere usted venir? —me preguntó extrañada.

—Porque desde el tren tengo que ir al puerto para embarcar.

Hizo un mohincillo de disgusto, se replegó en el asiento enfurruñada, y, con una vocecilla dulzona, replicó:

—Le advierto que yo le pagaría lo que me pidiera.

No me esperaba aquella salida, y me entró una risa loca. La chica, sorprendida y un poco avergonzada al verme reír a carcajadas, balbució:

—¡No sé cómo lo entiende usted! Lo que quería decirle era que no tengo ningún interés económico...

Oyéndola me moría de risa. Era aquel el único negocio serio que se me había presentado en la vida. Hoy lamento haberlo desaprovechado.

En el puerto nuestro empresario encontró un barco que iba a Guayaquil a cargar azúcar. Su capitán, mediante algún dinero y muchas promesas, se ofreció a desviarse de su ruta para llevar en lastre hasta el puerto de El Callao a aquel cargamento de toreros. Aquella misma tarde embarcamos. Cuando llegamos a la aduana para que nos despacharan el equipaje, el aduanero, un yanqui muy formalote, se marchaba con la chaqueta al brazo una vez terminadas sus horas de despacho. Le dimos coba para que no se fuese sin revisar nuestro equipaje, y el hombre accedió, creyendo que se trataba simplemente de despachar tres o cuatro maletas. Cuando advirtió que era nada menos que la impedimenta de quince toreros, que llevaban las cosas más inverosímiles, se puso de un humor de perros y empezó a gruñir. Lo que más estupefacción le produjo fue un baúl lleno de libros que yo llevaba siempre conmigo. No comprendía el yanqui cómo para lancear toros había que llevar una biblioteca en el equipaje. Además, mi mozo de espadas, que ha tenido siempre un gran espíritu de negociante, aunque en su vida se le haya logrado ni un mediano negocio, llevaba varias cajas de muestras de vino de Jerez, porque se hacía la ilusión de convertirse en el introductor de los caldos jerezanos en el Perú, con lo que soñaba hacerse rico. Mientras el pobre aduanero hacía la revisión de aquella balumba, Fortuna se había puesto a pelear con unos negritos que merodeaban por los alrededores de la aduana. Era esta un barracón con techumbre de hojalata, en la que retumbaban como cañonazos los plátanos y las piedras con que se bombardeaban Fortuna y los negritos. Aquello colmó la irritación del aduanero, que, enfurecido, nos despachó tirándonos a patadas las maletas y vociferando como un loco:

—¡Toreros! ¡Toreros españoles! ¡Qué gentuza!

Aquel aduanero debe tener desde entonces una idea curiosísima de España y de los toreros españoles.

LA NAVE DE LOS LOCOS

El barco aquel que se había proporcionado nuestro empresario era el más pintoresco y extraordinario que puede imaginarse. Como no estaba dedicado al servicio de pasajeros, no había cocinero ni más comida que las latas de conserva, con las que se hacía el rancho de la tripulación. Nos adueñamos, en vista de ello, de la despensa y la cocina, y cada cual se guisaba lo que quería. Los más mañosos de la cuadrilla cocinaban para los demás; los andaluces hacían gazpacho; los vascos, bacalao a la vizcaína. La marinería terminó aficionándose a los platos regionales de la cocina española, y teníamos que guisar también para ellos. Un día, los marineros dieron con las cajas de vino de Jerez que llevaba Antoñito. Se lo bebieron y les hizo un efecto desastroso. Borrachos como cubas, aquellos pobres marinos perdieron súbitamente el respeto a la disciplina de a bordo, y cuando los jefes quisieron castigarlos, se insubordinaron y se hicieron dueños del barco. El capitán y los oficiales se refugiaron en el puente de mando y decidieron prudentemente esperar allí a que se les pasase la borrachera. La marinería y los toreros quedamos dueños del barco que toda aquella noche fue a la deriva por aquel inmenso mar, como uno de esos navíos de aventura que surcan las novelas de Salgari. Marineros borrachos y toreros locos acabaron por pelearse. Entre bromas y veras nos acosábamos y agredíamos, tiroteándonos con cuanto encontrábamos a mano. Un banderillero, amenazado por un marinero indio, se apoderó de un aparato extintor de incendios y se lo tiró a la cabeza a su perseguidor. Una densa humareda invadió el casco del buque, amenazando asfixiarnos. Aquella noche de navegación sin rumbo por el océano Pacífico entre una gente disparatada, a punto de despedazarse, tuve la impresión de haberme embarcado en la auténtica nave de los locos.

No sé ni cómo llegamos al puerto de El Callao.

Vista aérea del puerto del Callao una década después de la visita de Belmonte.

Lima era como Sevilla. Me maravillaba haber ido tan lejos para encontrarme como en mi propio barrio. A veces me encontraba en la calle con tipos tan familiares y caras tan conocidas, que me entraban deseos de saludarles. «¡Adiós, hombre!», le daban a uno ganas de decir cada vez que se cruzaba con uno de aquellos tipos, tan nuestros, que lo mismo podían ser de la Alameda de Acho que de la Alameda de Hércules.

La influencia norteamericana era todavía muy débil en la capital del Perú, que seguía siendo, ante todo y sobre todo, una ciudad andaluza llena de recuerdos coloniales y supervivencias españolas. La plaza de toros, construida dos siglos antes por un virrey español para procurar rentas con que sostener los asilos de pordioseros, tenía un gran sabor colonial. Españolas, es decir, andaluzas eran las casas, de una o dos plantas a lo sumo, con patios floridos y ventanas enrejadas. Y español era, sobre todo, el ambiente en que nos movíamos.

Los limeños acogieron a los toreros españoles con una gran simpatía. La gente se interesaba por nosotros y nos tomaba cariño. Por donde quiera que íbamos nos obsequiaban y festejaban con la misma liberalidad y gentileza que en Andalucía. Todo estaba pagado. Había en Lima una mulatona gorda, a la que sus pupilas llamaban «Mamá Josefina», que tenía una ternura casi maternal por los toreros españoles. Mi cuadrilla se pasaba la vida en casa de Mamá Josefina, comiendo, bebiendo y divirtiéndose sin gastar un céntimo. Pocos americanistas profesionales habrán contribuido tanto como Mamá Josefina a estrechar los lazos de España con América.

En la plaza de toros nos encontrábamos con un público entusiasta, que nos ovacionaba constantemente. En Lima hay buenos aficionados. Las corridas de toros, que se remontan allí a la época de los conquistadores, tienen un público inteligente y entusiasta, que sabía agradecernos el que fuésemos a torear de verdad y no a cobrar caras unas exhibiciones sin riesgo y sin arte. Poco antes había estado en Lima Rodolfo Gaona, que había hecho una temporada brillantísima, y la afición a los toros estaba en un período de resurgimiento. La gente distinguida de Lima no se perdía una corrida. Había en la plaza unas localidades llamadas «cuartos», que eran, como los aposentos de los antiguos teatros españoles, una especie de palco cerrado, con una ventanita abierta sobre el muro de la barrera, a la altura de la cabeza de los lidiadores.

Estos, en los descansos de la lidia, charlaban con los espectadores de los «cuartos», estableciéndose así una comunicación estrecha y cordialísima entre el torero y el público. Las corridas de toros estaban, como digo, de moda, y a los «cuartos» iban las mujeres más elegantes de Lima y las señoritas de la buena sociedad limeña. Allí conocí a mi mujer.

«Había en Lima una mulatona gorda, a la que sus pupilas llamaban Mamá Josefina, que tenía una ternura casi maternal por los toreros españoles» [Bartolozzi].

Nuestro fantástico empresario tenía un socio no menos extraordinario que él. Era un italiano, pulquero, en su origen, muy sórdido y avariento, tachado de estar metido en negocios de usura; personaje penumbroso y turbio, que contrastaba con el tipo espectacular, pintoresco y detonante de su socio industrial, el peruano de las moneditas de oro y los frascos de perfume, que tanto éxito tenía en Madrid. Eran dos seres antagónicos, que tenían constantemente unas trifulcas formidables, pero que en los negocios se completaban maravillosamente. Después de conocer al socio me expliqué los apuros económicos de nuestro empresario durante nuestro accidentado viaje.

Al italiano le llamaban en Lima la Machacuita. Debía el apodo a una famosa trapacería de su pintoresco compadre. En cierta ocasión, el italiano facilitó dinero a su socio para que viniese a España y contratase a Machaquito, entonces en todo el apogeo de su fama. Ocurrió que, cuando ya el peruano estaba en Madrid, Machaquito, al que en principio tenía efectivamente apalabrado, se cortó la coleta de la noche a la mañana, y, no atreviéndose nuestro hombre a presentarse ante el sórdido italiano sin Machaquito después de haberle gastado bastante dinero en la gestión, se le ocurrió contratar a un torerito sevillano que se hacía llamar Machaquito de Sevilla, y colocárselo a su socio como el más auténtico de los Machaquitos. Descubrió el italiano la superchería antes de que su socio regresase a España, y puso el grito en el cielo. A todo el mundo le contaba, desesperado, el fraude de los dos Machacuitas, que era como él decía. Cuando le echó la vista encima al socio, le armó un escándalo formidable a cuenta de la Machacuita falsificada que le llevaba, y tanto se dolió de aquello el mísero italiano, que Machacuita se le quedó de apodo para siempre.

Las relaciones entre los dos socios eran extraordinariamente pintorescas. Desconfiaban el uno del otro, y siempre andaban cogiéndose las vueltas para ver quién engañaba a quién. El italiano se quedaba con la parte del león en los negocios, y el peruano se desquitaba con sus trapacerías de la avaricia de su socio capitalista. Contrataba a los toreros en un precio y le ponía otro a su socio; los días de corrida se colocaba en la puerta de la plaza y, si la entrada valía un sol, a todo el que le daba medio sol contante y sonante le dejaba pasar; cedía a siete personas distintas el monopolio para la venta de gaseosas en la plaza,

Así conquistó Juan Belmonte a su mujer, según la versión de un periodista norteamericano [Bartolozzi].

y como estos, discurría mil arbitrios inverosímiles con los que abrir brecha en la bolsa herméticamente cerrada del italiano.

Eran tal para cual. Empresarios más pintorescos no los he encontrado en toda mi vida torera.

EL AMOR Y EL ARTE

Fue aquella de Lima una de mis mejores campañas taurinas. Todas las tardes salía a torear con un entusiasmo extraordinario. He creído siempre que el torero para entusiasmar de veras al público, tiene que empezar por estar él verdaderamente entusiasmado con su arte. No hay manera de transmitir emoción al espectador si uno mismo no la siente.

Y esa emoción que le hace a uno acercarse al toro con un nudo en la garganta tiene, a mi juicio, un origen y una condición tan inaprehensibles como los del amor. Es más: he llegado a establecer una serie de identidades tan absolutas entre el amor y el arte, que si yo fuese un ensayista en vez de ser un torero, me atrevería a esbozar una teoría sexual del arte; por lo menos, del arte de torear. Se torea y se entusiasma a los públicos del mismo modo que se ama y se enamora, por virtud de una secreta fuente de energía espiritual que, a mi entender tiene allá, en lo hondo del ser, el mismo origen. Cuando este oculto venero está seco, es inútil esforzarse. La voluntad no puede nada. No se enamora uno a voluntad ni a voluntad torea.

En Lima yo me encontré en uno de los momentos de más exuberancia de mi vida. Toreé en nueve corridas, alternando en casi todas ellas con Fortuna, Chiquito de Begoña y Alcalareño. Fueron otros tantos triunfos. Un revistero de Lima escribió que yo salía a torear como si fuese a conquistar a una mujer. Y, efectivamente, conquisté a una: la mía.

CÓMO CONQUISTÉ A MI MUJER

¿Quieren ustedes saber cómo conquisté a mi mujer? Yo me he enterado recientemente, al leerlo en una importante revista norteamericana, que lo cuenta con mucho detalle. Es muy bonito. Verán ustedes.

Yo salía aquella tarde a hacer el paseíllo, envuelto en mi capote de seda bordada y llevando en la mano un gran ramo de rosas. Al compás de un pasodoble crucé la plaza al frente de mi cuadrilla, llevando siempre en la mano aquel ramo de rosas, como si fuese una cupletista, y, después de saludar ceremoniosamente a la presidencia, me fui derecho hacia un palco, donde estaba «Ella». Al llegar aquí, el periodista norteamericano que cuenta el suceso describe la belleza de «Ella» con floridas palabras, que sinceramente agradezco. Describe también con vivos colores el movimiento de curiosidad que se produjo en los millares de espectadores cuando me vieron avanzar hacia aquella mujer bellísima, siempre con mi ramo de rosas en el puño. Ella tomó ruborosa las rosas que yo le ofrecía con gallarda apostura y cogió una de ellas, la más roja, la besó y me la ofreció a su vez con no menor gentileza. Yo me coloqué aquella gran rosa en el ojal (?) de la chaquetilla y, llevándola sobre el pecho como la más preciada de las condecoraciones, me fui, lleno de súbito coraje, hacia la fiera, que me esperaba rugiendo desesperadamente mientras yo hacía todas aquellas cortesías y zalemas.

Echando espumarajos por la boca y fuego por los ojos, el terrible toro se precipitó sobre mí. Yo adelanté el pecho, y el húmedo hocico de la bestia pasó rozando junto a la rosa que «Ella» me había devuelto. Parece ser que este sencillo hecho me irritó sobremanera, aunque no sé exactamente por qué. El caso es que me irrité muchísimo, y, ya una vez irritado, me empeñé en hacer rabiar a la fiera, pasándole la rosa una y otra vez por el hocico, para lo cual yo, en cada lance, le ponía el pecho en el morro.

Al llegar a este punto, el cronista yanqui vuelve a describir con patético acento la escalofriante emoción de la multitud, suspensa ante la tragedia del toro y la rosa, que se veía venir, que se mascaba. Ocurrió, al fin, una cosa sorprendente, algo entre prestidigitación e ilusionismo. El toro, limpiamente, con el más hábil juego de pitones que puede imaginarse, enganchó la rosa roja y me la sacó del ojal de la chaquetilla, llevándosela prendida en el asta. Al ver esta maravilla, mi mujer se desplomó diciendo: «¡Esto es terrible! ¡Ese torero me ha conquistado!».

Así conquisté yo a mi mujer, según he leído en un periódico norteamericano, de cuya seriedad no me atrevo a dudar. Yo creía antes que la cosa había sido mucho más sencilla. Verán ustedes...

XIX

CON JUAN VICENTE GÓMEZ EN VENEZUELA

«Yo la vi y ella me miró; / en la mano llevaba una flor».
Cantar popular de la Montaña.

La verdad de mi casamiento es más sencilla y menos bonita de como el periodista norteamericano la ha imaginado. Vi a mi mujer, por primera vez, en una corrida de toros; nos presentaron después en una de aquellas amables reuniones de la sociedad limeña, flirteamos un poco en el teatro, y hasta nos hablamos alguna vez por teléfono. Todo aquello era de una perfecta vulgaridad y carecía en absoluto de interés novelesco. Hubo un día, sin embargo, en el que aquel jugueteo amoroso tomó de improviso un hondo y patético sentido.

¿Qué pasó? Nada, no pasó nada. Salía yo a la calle una mañana y me había quedado parado en la acera, cuando la vi venir. Avanzaba hacia mí sonriente. «Yo la vi y ella me miró; en la mano llevaba una flor». Tuve en aquel instante una extraña sensación de plenitud, seguridad y satisfacción. Ni sobresalto ni vacilación. Aquella mujer era mi mujer. Me pareció que hasta entonces había andado por el mundo buscando algo que en aquel momento acababa de encontrar. No es fácil para mí reflejar un sentimiento como este. Los enamorados hablan siempre de sus enamoramientos con un gran énfasis lírico y un verbo arrebatado. Yo solo sé decir que como el ciego que abre los ojos a la luz, o el incrédulo que encuentra su camino de Damasco, una grata sensación de paz y sosiego llenó mi espíritu al descubrir en aquella mujer a la que había de ser para siempre la mía. Mucho tiempo después me ha contado ella que también tuvo aquel día, al verme, la misma sensación indefinible. «No sabría explicarte lo que sentí —me ha dicho mi mujer—; pero sí recuerdo que, al pasar junto a ti aquella mañana, tuve el impulso de entregarte una rosa que llevaba en la mano. Pero no me atreví. ¡Hubiera sido tan inconveniente!».

Y véase cómo en aquella leyenda difundida por el periodista norteamericano había, efectivamente, una rosa que era de verdad. En todas las leyendas pasa lo mismo. Siempre hay algo que es verdad, aunque la verdad de las leyendas no suele tener más volumen que el de una florecilla que ni se da ni se toma, ni juega más papel que el de abrirse y deshojarse un día, tan lleno de sentido, que su sencillo tránsito es, para alguien, inolvidable. Todo lo demás es literatura.

LOS ANTÍPODAS SON LOS DE TRIANA

Como yo estaba enamorado, el tiempo se me iba sin sentir y, entre las suavidades del noviazgo y los triunfos de las corridas, pasaban los días felizmente, sin que me preocupase lo más mínimo la necesidad de volver a España. Se acababa la temporada y mi cuadrilla empezaba a sentir cierta inquietud por el regreso. A mí, en cambio, me parecía absurda la idea de marcharme, y me ponía de mal humor cada vez que me recordaban la inminencia del viaje. No veía la necesidad de marcharme de allí. España estaba lejísimos, casi en los antípodas. Esto de que los de Triana fuesen los antípodas no lo aceptaban de ninguna manera mis banderilleros trianeros, para quienes los antípodas seguían siendo los limeños. Yo, sí; como en Lima me había enamorado, me parecía que Lima era mi verdadero centro, y consideraba ya a los trianeros como remotos pobladores de un país novelesco, como a unos antípodas cualesquiera. Los muchachos de la cuadrilla, al oírme discurrir así, cuchicheaban por los rincones, diciéndose que yo estaba más loco que una cabra.

Terminó definitivamente la temporada taurina de Lima, y no hubo más remedio que pensar en el viaje. Tenía, además, contratadas en Venezuela varias corridas y había que salir cuanto antes. Con la inminencia de la partida, el problema de mi enamoramiento exigió un desenlace fulminante. Pensé en raptar a mi novia y fugarme con ella, abandonándolo todo. Un rapto así escapando con mi amor a la grupa de mi caballo, hubiera satisfecho plenamente al periodista norteamericano, mi biógrafo; pero en Lima, desgraciadamente, yo no tenía caballo. Y por no tenerlo tuve que casarme, solución que parecía bastante más asequible.

Me horrorizaba, sin embargo, la idea de casarme. Por más que le daba vueltas no me acostumbraba a la idea de verme vestido de *chaquet* ante un cura. Siempre he tenido una repugnancia instintiva a las ceremonias. Odio con toda mi alma las bodas, los bautizos, los entierros y las recepciones. En los entierros, aun los de personas queridas, me entra una risa que no sé sofocar. Descubrí entonces que, mientras yo iba a Venezuela a torear, otro se podía casar por mí, y aquello me gustó mucho. Me casé, pues, por poderes, con lo que eludí la enojosa ceremonia. No estuve en mi boda, no he estado en los bautizos de mis hijas, no he ido a ninguna de las ceremonias a que me han invitado, y sospecho que ni siquiera voy a estar en mi entierro.

Juan Belmonte con su esposa, doña Julia Cosío.

Para ir a Venezuela, donde teníamos contratadas dos corridas, había que pasar por Panamá, y a nuestro empresario se le ocurrió que podíamos organizar allí otra corrida, en la que actuaríamos Chiquito de Begoña y yo. En Panamá, las corridas son siempre sin picadores, y pensamos que para los indígenas sería una gran novedad la suerte de varas. Como los picadores venían en nuestras cuadrillas, la única dificultad estaba en encontrar caballos.

Era conserje de la plaza de toros de Panamá un cordobés castizo; hombre grave y sentencioso, como buen cordobés, que llevaba allí cerca de veinte años.

—¿Qué ha hecho usted aquí tantos años, compadre? —le pregunté el día que nos conocimos. Movió lentamente la cabeza y respondió:

—Llevo aquí veinte años enseñando a los que vienen de España a no dejarse engañar por esta gente...

Hizo una pausa, tragó saliva y agregó:

—Y al final, todos me han engañado a mí.

Su serena resignación ante la ingratitud humana bastaba para identificarle como paisano de Séneca.

Por no ser menos que los otros y por no malograr su senequismo, le engañamos nosotros también. No encontrábamos caballos para dar la corrida con picadores, y le pedimos que nos prestara dos jacos que él tenía para repartir leche, industria con la que se ayudaba, ya que el cargo de conserje de la plaza no debía darle bastante para vivir. Al principio se negó alegando el gran cariño que había tomado a sus pobres pencos, pero nosotros le convencimos de que nada malo podía pasarles. Nuestros picadores eran diestros en el oficio, se pondrían a las varas unas puyas muy grandes y, como además, el ganado del país era de media sangre, podía descontarse que los dos caballejos saldrían indemnes. El buen cordobés, convencido, puso sus dos jacos en manos de nuestros picadores, después de hacer a estos mil recomendaciones para que a toda costa defendiesen las vidas de sus queridos pencos. Había uno de ellos que atendía por Pabilo, al que quería el cordobés más que a las niñas de sus ojos.

Pero como en una corrida nada es previsible, apenas salió a la plaza el primer toro y antes de que pudiésemos darnos cuenta de la tragedia, los dos caballejos del cordobés estaban despanzurrados. Uno de ellos, precisamente el «Pabilo», al sentirse herido, emprendió una desesperada carrera; salió del ruedo y de la plaza, no sé cómo, y con las tripas colgando echó a correr por las calles de Panamá, y se fue a las casas adonde diariamente iba a repartir las cántaras de leche. Fue un episodio bochornoso y tristísimo. El pobre cordobés se tiraba al suelo y se arañaba el rostro de desesperación, llorando la muerte espantosa de su amado Pabilo, nos quería matar. Toda la noche se la pasó gimiendo: «¡Ay, mi Pabilo!».

LA TRISTEZA DE LOS ANDALUCES

Desde Panamá fuimos a Venezuela. Ya en aquellas travesías, los quince toreros, después de muchos meses de andar mundo adelante, habían perdido el ímpetu de los primeros tiempos y tenían un aire tristón de gente apabullada por la morriña. Yo, como estaba enamorado, me encerraba en mi camarote, a solas con mi enamoramiento. Mi cuadrilla se pasaba las horas muertas mirando al mar y pensando en Sevilla.

—¿Qué hora es? —preguntaba uno.

—Por la catedral, son las siete menos cinco —replicaba otro.

—Las siete y diez por la plaza Nueva —corroboraba el tercero.

Porque los sevillanos que iban conmigo se obstinaban en llevar sus relojes por el horario de Sevilla, que era el bueno, según ellos. En todo el mundo no había hora más cierta que la del reloj del Ayuntamiento de Sevilla o la que cantaban las campanas de la Giralda que, aguzando el oído, se hacían la ilusión de escuchar a lo lejos.

La plaza Nueva de Sevilla, con su reloj al fondo.

—¡Las siete! Ya hay pescado frito en la Europa —recordaba alguno.

—Las aceituneras y las corchotaponeras han salido ya de las fábricas. Pronto estará llena de mocitas la Alameda.

—¡Aquellas sí que son mujeres!

—¡Cómo estará ya a estas horas el Altozano!

—¿Te acuerdas de las medias cañas de Valbanera?

—¿Y de los «sordaos de Pavía» del Postigo?

—¡Ay, mi Triana!

—¡Ay, mi Sevilla!

Y terminaban llorando, o poco menos.

Yo me tumbaba en la litera a soñar. Por aquellos días debía celebrarse en Lima mi casamiento. Un señor muy decorativo, vestido de punta en blanco se casaría por mí, y dentro de poco iría a reunirme con mi mujer en Panamá, donde habíamos quedado citados. ¡Casado! ¡Mientras mis camaradas evocaban Sevilla con lágrimas en los ojos, yo no pensaba más que en mi amor! Una noche, llevado por el ansia de dar expansión a mis sentimientos, salí del camarote, me fui al escritorio y me puse a escribir a mi novia una carta larga, larga... Era una de esas noches del trópico, en las que una atmósfera caliente nos excita y enerva, mientras una luna grande y roja se acuesta en el mar con mucha prosopopeya. Antoñito, mi mozo de estoques, fue a buscarme al camarote, y le extrañó no encontrarme. Me buscó por todo el barco, sin dar conmigo, y, alarmado, fue a dar cuenta a los camaradas de mi incomprensible desaparición. Mi conducta en los últimos tiempos debía parecer muy extraña y sospechosa a los hombres de mi cuadrilla. Yo no les había puesto en antecedentes de mi enamoramiento, ni de mis proyectos de boda, y maliciándose algo raro, todo cuanto me veían hacer les parecía sospechoso. Por lo visto, me creían capaz de cualquier locura y, al decirles Antoñito que yo había desaparecido, se les ocurrió que, dadas mis rarezas, muy bien podía haberme dado la ventolera de tirarme de cabeza al mar. Hasta del suicidio me creían capaz. Dando por cierto, desde luego, lo que su imaginación excitada por la distancia y la curiosidad había supuesto, promovieron una gran alarma e hicieron incluso que el barco se detuviera para salvarme. Cuando, al fin, me encontraron en el escritorio, teniendo por delante un montoncito de plieguecillos escritos con letra menuda, se sorprendieron mucho de que no fuese verdad lo que habían inventado. No las tenían todas consigo. Yo no estaba en mis cabales. Alguno propuso incluso que se me encerrase para que no pudiese hacer ninguna locura.

Al llegar a Venezuela desembarcamos en Puerto Cabello, donde nos esperaban dos automóviles enviados por uno de los hijos del presidente de la República, general Gómez, para llevarnos directamente a una finca suya de Maracay, y evitarnos así el tener que dar la vuelta por La Guaira y Caracas.

En la finca del general Juan Vicente Gómez nos recibieron dos hijos suyos, fuertes mocetones, muy aficionados a los toros y a las faenas ganaderas, los cuales habían preparado una original bienvenida a los toreros españoles. Cuando los automóviles en que íbamos llegaban a la finca, vimos a uno de los hijos del general, jinete en un soberbio caballo, correr por el campo acosando a un novillo; iban a carrera abierta la res y el caballo, cuando el jinete, haciendo una habilísima maniobra, cogió por la penca del rabo al novillo, y con una destreza y una fuerza sorprendentes lo volteó en el aire. Fue una bellísima escena campera, que nos deslumbró.

La finca del general era inmensa. Se criaban en aquella interminable dehesa millares de reses, con las que el general abastecía a grandes empresas norteamericanas de carne congelada. Todos los días había que apartar docenas y docenas de novillos para la exportación, y la faena de escogerlos y encerrarlos en los corrales nos proporcio-

El muelle de la Escalinata en Puerto Cabello, 1915.

naba ocasión constante de torear a los que salían bravos. El general, hombre de campo ante todo, a quien era más grato el ajetreo de su hacienda que el cuidado del Gobierno, vivía casi todo el año en aquella finca, haciendo la misma vida de un ganadero andaluz. Sus hijos eran como él, muy aficionados a la ganadería, y a diario salíamos con ellos a la dehesa para dirigir y ayudar a los peones en sus tareas. Se formaba una tropilla de veinte o treinta jinetes, que se adentraba por aquel campo salvaje y grandioso de Venezuela para acosar el ganado y moverlo. Toreábamos a cuantas reses embestían y al atardecer volvíamos al poblado rendidos de bregar, con las pupilas dilatadas de abarcar inmensidades, y la sangre hirviéndonos en el pecho. Descansar de las galopadas bajo aquellos sombrajos de palma sin soltar las riendas del caballo, mientras los dados saltaban del cubilete y los montoncitos de oro pasaban de mano en mano a cada albur, ante la admiración de peones y vaqueros, aquella gente brava, que comentaba las jugadas con frases como latigazos, era para mí gozar de una vida más recia, más intensa y viril de la que por el mundo se vive.

EL CARIÑO DEL GENERAL

Juan Vicente Gómez, riquísimo hacendado, general y presidente de la República de Venezuela, me tomó pronto un gran afecto. Amante del campo y de la ganadería, le gustaba verme bregando con las reses en su finca. Allí se pasaba los días contemplando cómo sus hijos y yo toreábamos y corríamos a caballo. No iba casi nunca a la capital. Yo tampoco iba más que los sábados para torear el domingo y volverme a la dehesa con el general y sus hijos. En aquella residencia campestre del presidente de la República no había ninguna etiqueta. El viejo andaba por la casona como cualquier hacendado andaluz por su cortijo. A veces venían de Caracas los ministros y los altos funcionarios para despachar con el general, y se lo encontraban entregado a las faenas del campo, como un manijero cualquiera. A pesar de su terrible fama, daba la impresión de un hacendado que no se preocupa más que de su campo y su ganadería. Le divertían mucho las cosas más simples. Por entonces se había hecho llevar de los Estados Unidos un sillón de barbería con muchos niquelados y articulaciones, y estaba con él como un chiquillo con un juguete nuevo. Me tomó tanto cariño, que quiso regalarme unos terrenos para que afincase en Venezuela y no me marchase. No los acepté. Después ha resultado que en aquellos terrenos se han descubierto unos grandes yacimientos de petróleo.

Recientemente he recibido una carta en la que se me invita en nombre del general a ir de nuevo a Venezuela. Me dicen que ha hecho construir una plaza de toros en Maracay, y que no quiere morirse sin verme torear otra vez. No tendré más remedio que ir.

Entonces yo estaba deseando irme a Panamá para reunirme con mi mujer. En aquellos días los alemanes habían torpedeado unos barcos norteamericanos, y en los puertos no se daban noticias de la entrada y salida de buques, por lo que pasaban los días y yo no encontraba la ocasión de marcharme. Los hijos del general, a quienes conté lo que me pasaba, me dijeron:

—No te apures; se lo diremos a papá y que dé orden para que un buque de guerra te lleve.

El general se mostró, efectivamente, dispuesto y llamó al ministro de Marina o al almirante de la escuadra venezolana para que un buque de guerra me llevase a Panamá; pero aquello me pareció excesivo y, agradeciéndoselo mucho, no lo acepté. Me fui a La Guaira y embarqué en el primer buque que llegó: era español e iba a Panamá, pero dando la vuelta por Puerto Rico y Cuba.

En Puerto Rico habían copiado las precauciones de los norteamericanos contra los espías con una escrupulosidad grotesca. Primero nos tuvieron toda una noche encerrados en un barracón del puerto, seguramente para que madurásemos. Luego vinieron unos detectives, muy bien caracterizados y con unos ratimagos graciosísimos, pretendiendo sonsacarnos no sé qué terribles secretos de guerra. Registraron nuestro equipaje, prenda por prenda, examinaron los libros que yo llevaba, página por página y hasta miraron una por una las hojitas de un librito de papel de fumar que me encontraron. Nos hicieron desnudar y nos pasaron una esponja por el cuerpo para ver si llevábamos algún mensaje escrito en la piel. No creo que los cuarteles generales de los ejércitos aliados estuviesen vigilados con tanto celo como el que ponían aquellos detectives morenitos en la vigilancia de su isla.

En Cuba están prohibidas las corridas de toros y, aunque hay allí millares de españoles que rabian por ver torear, el Gobierno, dócil a las excitaciones de la Sociedad Protectora de Animales, persigue inflexiblemente cualquier intento de infracción. Cerca de La Habana hay una placita de toros que se utiliza para encerrar el ganado que llevan al matadero, y en algunas ocasiones se ha intentado por los aficionados españoles lidiar allí clandestinamente algunos novillotes de media sangre; pero había en La Habana una vieja dama, benemérita presidenta de la Sociedad Protectora de Animales, que andaba siempre con cien ojos para impedir que en la isla de Cuba pudiera verse la barbarie de una corrida de toros mientras ella alentase.

A mí me perseguía la vieja implacablemente. Desde el momento en que se enteraba de mi llegada a Cuba por las listas de pasajeros que publicaban las compañías de navegación, se ponía en campaña, y sus sabuesos no me dejaban ni a sol ni a sombra, frustrando todos los intentos de los aficionados cubanos para que yo torease.

Pero aquella vez la vieja no se enteró y, en cambio, supo mi estancia en Cuba un asturiano, ferviente admirador de las corridas de toros, que rabiaba por verme torear. Era un químico notable que llevaba muchos años en La Habana, donde había conseguido una posición social muy destacada. La gran ilusión de su vida era verme torear. Apenas dio conmigo, me propuso que a la mañana siguiente fuésemos a la placita, donde ya lo tenía todo arreglado, para que de ocultis soltasen unos novillos de los que iban al matadero, a ver si alguno quería embestir. El pobre químico asturiano lo preparó todo con gran sigilo para burlar a los agentes de la vieja que, si se enteraban, nos delatarían a las autoridades y nos dejarían sin torear. Creo que aquel hombre no durmió aquella noche, de ilusionado que estaba.

A la mañana siguiente, cuando me disponía a ir a la placita, surgió otro inconveniente. El buque zarpaba a primera hora de la tarde, la plaza estaba lejos, y yo corría el riesgo de quedarme en tierra. El químico resolvió también la dificultad catequizando al capitán del buque al que maldito lo que le interesaban los toros, para que viniese con nosotros. Metimos al capitán en un coche y nos fuimos con él a torear. Para que nadie pudiese delatarnos, el asturiano había hecho que su mujer y su hija se fuesen muy temprano a la placita y trabajasen durante dos o tres horas en arreglar un poco el piso. A tales extremos llegaba su locura.

Toreé lo mejor que pude aquellos toretes mansos. Toreó también el químico, y nunca he visto a un hombre más fuera de sí, más entusiasmado... Se revolcaba por el suelo, besaba la arena de la plaza, lloraba de alegría.

—¡He visto torear a Belmonte! —gritaba al regreso—. ¡Abajo la Sociedad Protectora de Animales! ¡Muera su vieja presidenta! ¡Viva Belmonte!

Llegamos al puerto tres horas después de la señalada para que nuestro buque zarpase. El capitán, al que habíamos retenido con engaños, estaba furioso. Pero el químico asturiano nos despedía saltando como un loco y gritando:

—¡He visto torear a Belmonte!

A VOLAR POR EL MUNDO

Llegué, al fin, a Panamá, y allí estuve unos días, esperando a mi mujer, que venía de Lima. Los hombres de mi cuadrilla habían regresado a España, y solo me había acompañado hasta allí mi mozo de espadas, Antoñito, quien a poco se desmaya cuando le dije que tenía que quedarse allí solito, en espera de un buque que le trajese a España. La perspectiva de verse solo, tan lejos de su Triana de su alma, le horrorizaba.

—No te vayas, Juan —me decía con acento desgarrador—. Mira que yo no sé volver; mira que yo me muero aquí sin dar con el camino de España.

Recuerdo que charlábamos paseando por una avenida de Panamá, en la que había una estatua de Colón, y Antoñito, al verla, se encaró con don Cristóbal y le dijo:

—¿Y para que me pase esto descubriste tú América? ¡Ya te podías haber estado en tu casa quietecito, *so malange*!

El abatimiento de Antoñito era absoluto. Se había hecho amigo del cónsul de España, y una tarde fue a buscarle, y muy seriamente le preguntó:

—¿Cuánto cuesta embalsamar un cadáver y mandarlo a España?

El cónsul, extrañado, no tuvo más remedio que echar las cuentas por encima y decirle una cifra a Antoñito. Este sacó la cartera, contó la cantidad señalada por el cónsul, y le dijo:

—Tome usted y júreme por todos sus muertos, por la gloria de su padre y la salud de su madre que, si me muero en Panamá, hace usted que me embalsamen y me manden a España. Yo no quiero que me entierren aquí, ea.

El cónsul no sabía qué replicar. Antoñito sacó después su reloj de oro y se lo mostró.

—Júreme también que mandará a mi madre este reloj. ¡Que no se le pare! Tiene la hora de Sevilla, la buena, la de la plaza Nueva.

¡Pobre Antoñito! Llorando a lágrima viva le dejamos en el puerto de Panamá. Con sus ahorrillos se había comprado en Lima dos brillantes, y se obstinaba en que se quedase con ellos mi mujer, como regalo de boda.

—¡Para qué los quiero yo! —gemía—. ¡Si no saldré vivo de aquí!

Cuando mi mujer y yo nos vimos solos, fuimos al puerto y preguntamos para dónde salía el primer barco. Salían dos a la misma hora: uno para China y otro para la Argentina. Echamos a cara o cruz nuestra decisión y, afortunadamente, tres días después estábamos en Buenos Aires.

XX

«... Y COMO NI A JOSELITO NI A MÍ NOS MATABA UN TORO...»

Me fui a Buenos Aires con mi mujer, creyendo que íbamos a disimularnos y perdernos en una gran ciudad cosmopolita en la que pasaría inadvertida nuestra presencia. Un torero recién casado es un espectáculo que yo me resistía a dar. Pero tuvimos mala suerte. A pesar de lo grande y lo varia que es la ciudad del Plata, fuimos a caer en el cogollo del españolismo y el propósito que teníamos de ocultar pudorosamente nuestra luna de miel quedó frustrado. Apenas llegamos al puerto y pisamos el *hall* del hotel, nos encontramos con Gómez Carrillo.

—¿Qué hace usted por aquí? —me preguntó.

—Vengo en viaje de boda.

—Yo también había venido a casarme. Pero no sé si lo haré. La novia no parece muy dispuesta. Quizá me marche mañana sin casar. ¡Allá veremos!

Y se alejó, con su aire cansado y elegante.

Gómez Carrillo les dijo a unos cómicos de la compañía de María Guerrero que yo estaba en Buenos Aires, los cómicos se lo contaron a los periodistas, los periódicos me publicaron retratos y caricaturas, los centros y las sociedades españolas nombraron comisiones que fueron al hotel a saludarme, y a los tres o cuatro días estaba en Buenos Aires como en la Puerta del Sol, rodeado de amigos y admiradores. Nuestro propósito de perdernos se había malogrado definitivamente.

Mi mujer y yo nos metíamos en un restaurante para cenar los dos solitos, divirtiéndonos con las lagoterías y los arrumacos de todos los recién casados; pero cuando más amartelados estábamos, levan-

Grandes faenas de Belmonte.

tábamos la vista y nos encontrábamos asaeteados por las miradas de quince o veinte curiosos, que se daban unos a otros con el codo, diciéndose por lo bajo:

—Es Juan Belmonte, el torero español.

Tuvimos que salir huyendo de Buenos Aires e irnos a Nueva York, donde nadie nos conocía ni había cómicos ni periodistas españoles que nos delatasen a los taurófilos de la colonia.

«¡VALIENTE SARDINA SE HA TRAÍDO JUAN!»

Regresé a España en el otoño de 1918. Mi boda y mi ausencia fueron durante muchos meses la comidilla de los aficionados. Para casarme no me creí en el caso de contar con el consenso de la *afisión*, y como además ni había puesto en antecedentes a nadie, ni había dado explicaciones al público de un asunto que, pese a los deberes de la popularidad, consideraba estrictamente privado, se forjaron alrededor de mi matrimonio muchas leyendas y fantasías, con lo que conseguí precisamente lo contrario de lo que me había propuesto con mi reserva. Yo aspiraba a que mi boda pasase inadvertida, y me las arreglé de tal modo que durante una larga temporada no se habló en España de otra cosa. Un periódico publicó entonces una caricatura en la que aparecía el mariscal Hindenburg, muy pensativo, preguntándose: «¿Será verdad que se ha casado Belmonte?».

Así se explica que, cuando mi mujer y yo desembarcamos en Cádiz, nos encontrásemos rodeados de un inmenso gentío, que se apretujaba «para ver cómo era la mujer de Juan». En Sevilla, aunque procurábamos ocultarnos, y mi mujer, azoradísima, rehuía cuidadosamente toda exhibición, la curiosidad popular nos tenía puesto cerco, y en Triana fue verdaderamente espantoso el asedio de la multitud. Todas las mujerucas del barrio desfilaron delante de nosotros para satisfacer su curiosidad y decir, sin rodeos, su opinión sobre mi mujer. No he de ocultar, porque ellos tampoco la recataban, la decepción de la mayor parte de mis paisanos. Mi mujer no les gustaba. Las viejas comadres trianeras la miraban de arriba abajo y se marchaban rezongando: «¡Valiente sardina se ha traído Juan!».

Hace quince o veinte años, gustaban todavía en España unas mujeres gordas y hermosotas, cuyo arquetipo eran las camareras de café.

El ideal nacional en punto a mujeres era el «peso pesado», y no parecía razonable que un torero popular como yo lo contrariase. Pasados quince años, cuando ya todas las mujeres de España se parecen a la mía, es difícil comprender los caracteres de escándalo público que tuvo entonces el insolente desacuerdo con el canon nacional de belleza en que estaba aquella señorita extranjera, arbitrariamente convertida en la esposa de un torero famoso. «¿Es que ya ni las mujeres de los toreros van a ser como es debido?», pensarían irritados los castizos.

Nos fuimos a Madrid para instalar allí nuestra casa, y también padecimos en la villa y corte el asedio de la curiosidad popular. Una tarde iba con mi mujer por la Puerta del Sol, y la gente, al darse cuenta de nuestra presencia, se arremolinó en torno de nosotros; a los dos minutos estábamos aprisionados por una masa humana infranqueable; se interceptó el tránsito rodado, vinieron los guardias, y mi mujer, avergonzada, juró no volver a salir a la calle conmigo.

LAS CUENTAS DE UN TORERO

Casado e instalado definitivamente en Madrid, me creía en el caso de ponerme a ajustar cuentas por primera vez en mi vida. Hasta entonces, yo había vivido en un régimen económico paradisíaco. Cuando no había tenido dinero me había quedado sin comer; a medida que empecé a tenerlo, lo fui gastando libremente, y como en aquellos primeros tiempos tenía más dinero que imaginación, no hubo para mí problema económico. Al final de cada temporada, Antoñito, mi mozo de espadas, me comunicaba triunfalmente que, a pesar de lo mucho que habíamos gastado, todavía teníamos algún dinero, y este curioso hecho me maravillaba y me daba la impresión de estar concienzudamente administrado. La administración de Antoñito era, en efecto, escrupulosísima. Cuando comenzaba la temporada, mi mozo de espadas se compraba un libro de caja, en el que a diario anotaba las entradas y salidas con todo detalle. Por ejemplo: «Día 17. Cobrado de la Feria de Valencia, 30 000 pesetas; pagado al limpiabotas, 0,50».

A fin de año, yo preguntaba a Antoñito: «¿Cómo estamos de cuentas?». Antoñito traía el dinero que le quedaba y el mugriento libro de caja, en el que todo estaba apuntado. Yo recogía el dinero y con ademán solemne rompía el libro de las apuntaciones, sin echarle siquiera una ojeada, cosa que a Antoñito le llenaba de un legítimo orgullo.

SERVIDUMBRE Y CLIENTELA

Vive el torero rodeado de una servidumbre tan pintoresca y sujeto a las exigencias de una clientela tan compleja, que su régimen económico es siempre inextricable y desastroso. Yo entonces tenía tres administraciones: una en Madrid, la del apoderado, con su cortejo de negociantes y traficantes del toreo; otra en Sevilla, la de los deudos y familiares, cada vez más numerosos, y otra, en fin, que pudiéramos llamar de campaña, la del mozo de estoques.

El mozo de estoques es, como si dijéramos, el intendente general en campaña, y dispone de un verdadero ejército de aguerridos subalternos. Inmediatamente detrás de él aparece otro personaje también importantísimo, que es el titulado: «ayudante del mozo de estoques», quien a su vez se rodea de sus íntimos y de una tropilla de auxiliares de ocasión que ya no viajan con la cuadrilla, sino que se adscriben a ella temporalmente en cada plaza. Ya estos últimos servidores indígenas del torero son casi desconocidos para él y desde luego, irresponsables e insolventes. El matador dispone, por ejemplo, que se ponga un telefonema a alguien; el mozo de espadas confía el texto y el dinero a su ayudante, quien transmite ambas cosas «al que lleva los capotes»; este, a un auxiliar indígena, y en la punta de este complicado sistema de servidumbre, hay un sinvergüenza que rompe el telefonema y se queda con el dinero.

Además de esta pintoresca caterva que le sigue en sus andanzas, tiene el torero en su sede que soportar el fardo de una nutrida clientela; pero no de lo que en el mundo moderno se entiende por cliente, sino clientela al modo clásico tal y como la padecían los patricios romanos.

Los deberes del torero famoso para con esta clientela suya son dilatadísimos, y los hay de orden puramente material o económico y aun de orden moral o espiritual. Mixto de ambos órdenes es uno de los deberes para mí más insoportables: el del padrinazgo en bodas y bautizos.

No sé por qué el torero tiene la obligación de ser una especie de padrino universal, y todo el mundo se cree con derecho a llevarle sus hijos para que se los bautice o los case. Yo me he resistido siempre, con heroísmo rayano en la grosería. Cuando, acosado por todas partes, he tenido que rendirme, ha sido mi hermano o alguno de los hombres de mi cuadrilla quien ha ostentado mi representación en la enojosa ceremonia. Ya he dicho que odio con toda mi alma las ceremonias.

Había en un pueblo, al que iba yo todos los años para torear en las corridas de feria, uno de estos «clientes» o admiradores míos, al que para mi desgracia le nació un hijo, del cual tenía yo que ser padrino, quieras que no. La primera vez que aquel hombre me lo propuso intenté zafarme diciéndole:

—No puedo bautizarte el chico; tengo la superstición de que todos los niños que bautizo se mueren.

—No me importa —replicó aquel hombre con parricida resolución.

Seguí resistiendo obstinadamente, pero el padre se negó a bautizar al chico como no fuese yo el padrino, y todos los años, cuando iba a torear a aquel pueblo, se presentaba en la fonda, llevando de la mano a la infeliz criaturita, que crecía en la más despiadada paganía.

—Te lo traigo —decía en tono de reconvención— a ver si alguna vez se te mueve el alma y te decides a cristianarlo. Es una herejía lo que estás haciendo con el pobre niño.

Un año se presentó en la fonda con su niño al terminar la corrida, en la que un toro me había cogido y me había dado una cornada en la cara. Curado de cualquier modo en la enfermería de la plaza, me habían trasladado a la fonda para que esperase descansando la hora de salida del tren que me llevaría a Madrid, donde los médicos especialistas examinarían la herida y dictaminarían su importancia. Había el temor de que pudiese perder el ojo, y esta perspectiva de quedarme tuerto, unida a los intensos dolores que padecía, me tenían de un humor de perros. Llegó el benemérito papá llevando de la mano a su niño, se interesó por mi herida y, al saber que corría el riesgo de perder un ojo, dijo que él conocía un remedio infalible para estos casos. Consistía en aplicar al ojo lesionado un pedazo de carne cruda, y tanta fe tenía en ello que decidió ir él mismo al matadero de reses a buscar la piltrafa que había de salvarme el ojo. Antes de irse cogió al niño, lo subió a la cama en que yo estaba revoleándome de dolor y lo acostó a mi lado. Apenas se marchó empezó el niño a llorar y a llamarle. Yo no sabía qué hacer con aquella criaturita. Cuando aquel día no cometí un infanticidio, no lo cometeré ya nunca.

En torno al torero se mueve la humanidad más extraordinaria y pintoresca que puede imaginarse. Toda mi vida recordaré a un sevillano, pariente de mi apoderado, Juan Manuel, que este se trajo a Madrid con el propósito de favorecerle, ya que su situación económica era desastrosa en Sevilla; tratábase del auténtico «cliente».

Era el tal un sevillano neto, de esos para los que no hay nada en el mundo como su Sevilla. Aunque en Madrid vivía cómodamente bajo la protección de mi apoderado, que lo tenía a mesa y mantel, sin más preocupación por su parte que la de descubrir dónde se vendía buen aguardiente de Cazalla, no conseguíamos que se aclimatase, y todo cuanto veía le parecía mal. Como no tenía nada que hacer, sacaba una silla y se sentaba a la puerta de su cuarto, en el rellano de la escalera. Cada vez que subía o bajaba un vecino, el buen sevillano le saludaba con la mejor de sus sonrisas, dispuesto a pegar la hebra.

—¡Vaya usted con Dios, vecino!

El vecino, que venía malhumorado de su oficina o de donde se le antojaba, contestaba con un gruñido o no contestaba siquiera al saludo cordialísimo del pobre sevillano expansivo, quien se maravillaba de la grosería y adustez de los madrileños.

Un día estábamos juntos Juan Manuel y yo, cuando se presentó de improviso.

—Vengo a decirles que esta misma noche me marcho a Sevilla.

—¿Pero qué te pasa? ¿No tienes todo lo que necesitas? ¿Qué más quieres?

—¡Quiero un poco de conciencia! —gritó—. Yo no puedo seguir viviendo en esta tierra. Me voy a mi Alameda, a mi Sevilla de mi alma, donde hay gente con corazón. Esto es vivir entre salvajes.

—¿Pero qué te ha pasado, hombre?

—Que yo no vivo tranquilo en un sitio donde se muere el vecino del piso de arriba y el de abajo no se entera. Que yo estaba esta mañana sentado a la puerta de mi cuarto esperando a que bajara el vecino para darle los buenos días y, en vez de bajar el vecino por su pie, han bajado la caja de palo en que se lo llevaban. ¿Somos hombres o somos bestias? En Sevilla, cuando se muere un vecino, se entera toda la vecindad y se le hace un velatorio como Dios manda, y se pasa la madrugada hablando de él, y contando sus cosas, y llorándole, y sintiéndole, y si a mano viene, tomándose una copita de aguardiente

Grandes faenas de Belmonte.

a su memoria. ¡Lo que es de ley, señor! Pero eso de que a uno lo guarden, de la noche a la mañana, como se guarda un trasto que ya no sirve, no lo consiento, ¡ea! Que me voy a morirme a mi Alameda, a mi barrio, a donde haya unos vecinos que vengan a mi velatorio y lloren por mí. ¡Que no se muere un perro, señor!

Y se fue a Sevilla porque no le habían dado parte de la muerte de un vecino, y porque quería que en su velatorio se contasen sus ocurrencias y se bebiese aguardiente de Cazalla.

EL SENTIDO DE LA RESPONSABILIDAD

Aquel año de 1919 estuve unas semanas en el campo entrenándome y empecé a torear a primeros de febrero. Ha sido el año que más he toreado. A pesar de haber perdido doce corridas por diversas causas, toreé ciento nueve y estoqueé doscientos treinta y cuatro toros.

Estaba en todo mi apogeo. Poco a poco había ido adquiriendo una destreza profesional y una seguridad de la que yo mismo no me hubiese creído capaz años antes. Estaba en plena forma y toreaba con un aplomo y un dominio que nunca había tenido de manera tan continuada. Salía a tres o cuatro corridas por semana, cruzaba España de punta a punta constantemente, y, a pesar de este enorme esfuerzo físico, me encontraba descansado, firme, cada vez más seguro de mí mismo y más dueño de mis facultades. Tuve solo dos o tres percances de poca importancia. El año 1919 fue el mejor año de mi vida torera, el más completo y el de mayor rendimiento económico. Y, sin embargo... íntimamente, en lo más hondo de mi ser, fue aquel el año más angustioso, el de más dolorosas vacilaciones y mayor desfallecimiento espiritual. Para explicar esta flagrante contradicción entre lo que aparentaba y lo que por dentro me sucedía, tengo que insistir en mi convicción de que el toreo es fundamentalmente un ejercicio de orden espiritual y no una actividad meramente deportiva. No bastan las facultades físicas. Coincidiendo con el apogeo de mi fama y con el máximo rendimiento —ciento nueve corridas toreadas— empecé a sentir una mortal desgana, un pavoroso desaliento y un íntimo hastío hacia aquello que a diario practicaba. Cuando estaba toreando y veía pasar al toro arriba y abajo una vez y otra llevado por los vuelos de la muleta, tenía la impresión de estar haciendo algo definitivamente estúpido, sin sentido alguno. Aquello no tenía objeto. Era aburrido, triste, monótono. Sentía ante los toros la misma desgana que el albañil ante el tajo, el oficinista en su bufete o el zapatero en su portal. Empezaba a faltarme el entusiasmo.

A medida que crecía mi dominio profesional disminuía el íntimo fervor con que antes toreaba. Aquella desgana me producía una tortura indecible, porque simultáneamente yo había empezado a tener un sentido de la responsabilidad y del espíritu de continuidad que antes no tenía y me preocupaba ya profundamente el prestigio del nombre y el deber de mantenerlo a una misma altura. Estaba toreando con la mejor buena fe y de improviso me daba cuenta de que aquello no valía para nada. La faena se me quedaba cortada y advertía con absoluta precisión el momento crítico en que el triunfo se me escapaba de entre las manos sin que fuese capaz de hacer el esfuerzo espiritual necesario para retenerlo. El público no advertía nada de esto. Es decir, no advertía, como yo mismo, que a lo largo de la faena había llegado al momento álgido y lo había dejado pasar sin conseguir que el esfuerzo de la lidia cristalizase en algo definitivo, en ese instante de emoción que no se olvida ya nunca. Me veían torear bien, valiente, seguro, maestro en el oficio y dueño en todo momento del toro y de mí mismo, y por todo ello me aplaudían con entusiasmo en casi todas las corridas. Pero aquel instante sublime, aquella transfiguración que súbitamente experimentaba en los primeros tiempos, no los lograba ya más que muy de tarde en tarde. Creo que fue aquel el momento más crítico de mi vida taurina. Al entusiasmo desbordante, al fervor y a la iluminación de los primeros años sucedía la necesidad reflexivamente impuesta de torear bien, no por un arrebato lírico del instante, sino por un agudo sentido de la responsabilidad contraída y del prestigio conquistado. Al nudo en la garganta que antes sentía cuando me iba hacia el toro, sustituía ahora un grave y penoso concepto del deber. Triunfar así era más difícil, más doloroso. Ya digo que muchas tardes, en medio de grandes ovaciones, me asaltaban un desaliento y una tristeza invencibles. Y es que positivamente resulta más difícil ser héroe en una hora que cumplir a lo largo de toda la vida con el deber que se nos ha impuesto.

Vencer aquellas íntimas vacilaciones, mantener a través de los años una línea de conducta decorosa y dar a mi arte un sentido de continuidad es uno de mis mayores orgullos.

Pero el público de los toros no estima tanto este difícil sentido de continuidad como los altibajos del trance heroico. Las multitudes llevaban ya demasiado tiempo llenando las plazas para verme torear y se cansaban precisamente de la exactitud y la corrección con que procuraba ejercer mi arte. Lo mismo que a mí, y quizá en mayor grado, le ocurría a Joselito con el público. Manteniendo viva la competencia a lo largo de varias temporadas, habíamos llegado ya a un cierto grado de dominio en nuestro arte que nos permitía dar una sensación de seguridad y dominio tales que el riesgo del toreo parecía no existir.

Ya en este tiempo, Joselito y yo estábamos íntimamente unidos. Toreábamos juntos cuarenta o cincuenta corridas al año, y fatalmente nos encontrábamos hombro a hombro en el tren, en los hoteles, y con el capote desplegado en el ruedo cuando llegaba el momento de peligro. Joselito era en la plaza el compañero más celoso, y su capote era siempre el primero que volaba en socorro del camarada.

En aquellas últimas temporadas pude ir advirtiendo la evolución que la vida iba trazando en su carácter. Joselito era en los primeros tiempos un muchacho lógicamente endiosado, para el que la vida no había tenido más que deslumbramiento. Rodeado siempre de un mundillo exclusivamente taurino, en el que el torero es una especie de divinidad incontrovertible, carecía de la humanidad y la honda comprensión que da la lucha con un medio hostil y el choque con los que no piensan como nosotros. Pero a medida que fue viviendo y hallándose a solas frente a frente con el mundo y con la adversidad, fue humanizándose. El tránsito del muchacho al hombre que se operó en Joselito muy marcadamente, lo advertí yo mejor que nadie, quizá por la índole especialísima de la situación en que nos hallábamos el uno respecto del otro.

En aquella temporada de 1919, cuando nos encontrábamos a solas en los trenes, charlábamos íntimamente con una fraternidad y un cariño que hubiese parecido imposible a gallistas y belmontistas. Joselito me hablaba a pecho descubierto de sus preocupaciones, de su lucha con los públicos, que era también la mía, e incluso de sus desazones sentimentales. Me atrevería a decir que la mayor cordialidad de Joselito, su más íntimo y humano acento, coincidieron con sus estados amorosos, en los que aquel hombre mimado por la fortuna y el éxito no tuvo, en cambio, ninguna dicha. Joselito estaba desesperadamente enamorado de una aristocrática señorita andaluza, hija de un famosísimo ganadero, que se oponía tercamente a aquel enamoramiento. Era aquel el primer obstáculo insuperable que en su vida encontraba el torero, acostumbrado a triunfar siempre, y el reconocimiento de su impotencia para reducir la voluntad de hierro de aquel padre encastillado en sus prejuicios de casta le desesperaba y enloquecía.

Uníanse a esta infelicidad amorosa aquellas graves preocupaciones que el ejercicio de nuestro arte nos traía. A Joselito, como a mí, le preocupaba hondamente la necesidad de seguir triunfando, de mantener indefinidamente el nombre y la gloria a tan dura costa conquistados.

Pero los públicos empezaban a cansarse de nosotros precisamente por la sensación de seguridad, de dominio y de eliminación del riesgo que habíamos conseguido dar. Esto, como digo, era todavía más grave para Joselito que para mí, porque daba más aún que yo la sensación de que toreaba impunemente. Y aquel torero que había gozado como ninguno del favor de los públicos, se desesperaba al ver que las multitudes se volvían injustamente contra él. La gente veía que una y otra vez, y veinte, y ciento llenábamos las plazas, y como ni a Joselito ni a mí nos mataba un toro, empezó a considerarse defraudada, hiciésemos lo que hiciésemos. Tal sensación de seguridad dábamos en los ruedos, que el espectador llegó a creer que le estábamos robando.

La víspera de la tragedia de Talavera de la Reina, Joselito y yo toreábamos en la plaza de Madrid. Ocurrió aquella tarde algo que conmovió profundamente a mi compañero y le produjo una gran amargura...

XXI

JOSELITO

El 15 de mayo de 1920, Joselito, Sánchez Mejías y yo toreábamos en Madrid una corrida de Murube. Aquella tarde, el público estaba furioso contra nosotros. Los toros eran chicos, y los aficionados protestaban violentamente cuando aún no había empezado la lidia. Llegaba entonces a su apogeo aquella irritación de la gente contra Joselito y contra mí, de que he hablado antes. Toreábamos muchas corridas, no nos pasaba nunca nada, cobrábamos bastante dinero y el espectador llegó a tener la impresión de que le estábamos estafando, de que habíamos eliminado el riesgo de la lidia y nos enriquecíamos impunemente.

Estábamos aquella tarde en el patio de caballos esperando a que comenzara la corrida, cuando vimos llegar a un grupo de espectadores furiosos, que, agitando en el aire sus entradas, nos gritaban:

—¡Ladrones! ¡Estafadores!

El grupo de los que protestaban creció y se produjo un gran tumulto, los toreros nos vimos acorralados por aquellos energúmenos que nos injuriaban. Ante aquella avalancha, yo me encogí de hombros filosóficamente y me limité a coger por la chaqueta a uno de los que más gritaban y a decirle en voz baja:

—Y si le robamos, ¿por qué no nos denuncia usted a la policía?

A Joselito, aquella agresión, aquel furioso ataque de los aficionados que le gritaban desaforadamente le produjo una gran impresión. Se quedó cabizbajo durante un largo rato, y luego me llamó y me dijo:

—Oye, Juan, hace tiempo que quería hablarte de esto, y creo que ha llegado la ocasión. El público está furioso contra nosotros, y va a llegar un día en el que no podamos salir a la plaza.

—¿Y qué podemos hacer?

—Esto hay que cortarlo.

—Cuenta conmigo para lo que sea.

—Creo que lo mejor va a ser que dejemos de torear en Madrid durante una temporada larga. Así no podemos seguir. El público está cada día más exigente, y nosotros no podemos hacer más de lo que hacemos. Vamos a dejarlo. Vámonos, Juan, de la plaza de Madrid. Que vengan otros toreros. A nosotros ya no nos toleran. Dejemos libre el cartel de Madrid, a ver si el público se divierte y entusiasma con otros toreros más afortunados. Tal vez dentro de algún tiempo podamos volver en mejores condiciones. ¿No te parece?

—Si esto sigue así, no vamos a tener más remedio —le contesté.

Joselito se quedó un rato pensativo, y agregó con tristeza:

—Sí, hay que irse. Es lo mejor.

Estas fueron las últimas palabras que cruzamos. Al día siguiente tenía Joselito que torear otra vez en Madrid. Rompió el contrato y se fue a torear a Talavera de la Reina. Allí le tenía citado la muerte.

Joselito y Belmonte en la plaza de Murcia pocos días antes de la tragedia de Talavera.

«A JOSELITO LE HA MATADO UN TORO»

Yo debía haber toreado en Madrid aquel día, pero se suspendió la corrida y me quedé en mi casa jugando al póker con unos amigos. Era ya anochecido cuando sonó el timbre del teléfono. Se puso al aparato no sé quién, y nos dijo:

—Me dan la noticia de que a Joselito le ha matado un toro en Talavera.

—Anda, anda, cuelga el teléfono —le dije sin soltar las cartas ni levantar la cabeza.

Seguimos jugando. Al rato llegó jadeante Antoñito, mi mozo de estoques, y repitió:

—En Teléfonos corre el rumor de que a Joselito le ha matado un toro en la corrida de Talavera.

—¡No traes más que infundios! —le repliqué malhumorado. Era frecuente entonces que los domingos por la tarde circulasen muchos noticiones que luego no se confirmaban. Estaba reciente la implantación del descanso dominical para los periódicos, y la falta de noticias ciertas sobre las corridas poblaba el mundillo taurino de falsos rumores.

Al rato volvió a sonar el teléfono. Esta vez era ya una persona de crédito, un conocido ganadero, quien daba la terrible noticia.

—¡Es verdad! ¡Es verdad! —decía, con acento estremecido al otro lado del hilo telefónico.

Aquella espantosa certeza nos hizo mirarnos los unos a los otros con espanto. Dejamos caer los naipes sobre el tapete, y sin articular palabra estuvimos durante unos minutos en un estado de semiinconsciencia y estupor. Mis amigos fueron levantándose, uno a uno, y, sin pronunciar una sílaba, se marcharon. Yo me quedé solo, hundido en un diván y mirando estúpidamente el tapete donde permanecían esparcidos los naipes y las fichas, abandonados por mis amigos.

En aquella soledad en que me habían dejado estuve repitiéndome mil veces aquellas palabras, que me golpeaban en el cráneo como martillazos: «¡A Joselito le ha matado un toro! ¡A Joselito le ha matado un toro!». Poco a poco fue invadiéndome una pavorosa congoja. Miré a mi alrededor y tuve miedo. ¿De qué? No lo sé. El pecho se me anegaba de una linfa amarga, y cuando ya la garganta no pudo contener por más tiempo aquella inundación de dolor, estallé en sollozos. Lloré como no he llorado nunca en la vida. El llanto me hacía mucho bien. Hubiera querido seguir sollozando durante mucho tiempo, porque la extraña conmoción del llanto, a la que nunca, hasta entonces, me había entregado, me libraba de aquel martilleo seco del cerebro, que repetía: «¡A Joselito le ha matado un toro! ¡A Joselito le ha matado un toro!».

Pero advertí que aquel llanto estaba produciendo en los míos una impresión desastrosa. Al verme llorar, mi mujer, sobrecogida, lloraba también. Lloraban, además, allá en el fondo de la casa, los familiares y los criados, y hubo un momento de tal desesperación, que me asaltó la idea de que era a mí y no a Joselito a quien lloraban. Creo que yo mismo sentí un poco mi propia muerte aquel día. Este sentimiento egoísta fue el que me permitió reaccionar enérgicamente. Volví a sepultar en el pecho la congoja que en un instante de abandono había dejado desbordar, y con un tono seco y duro hice a los míos recobrar el dominio de sus sentimientos. Llegaba la hora de la cena y con una artificiosa impasibilidad me senté a la mesa e hice a mi mujer que me acompañara y a los criados que nos sirviesen. Era aquella una grotesca parodia. Recuerdo que para dar ejemplo intenté llevarme a la boca unas hojas de ensalada, que se me agarraron como si fuesen esparto a las fauces resecas. Simulaba que comía con la cara metida en el plato, y no me atrevía a levantar la cabeza ni a mirar a mi mujer, que sentada frente a mí se tragaba desesperadamente las lágrimas. Una vez la miré y hallé en sus ojos tal expresión de espanto, la vi mirarme con tanta alma, que me sentí anonadado.

Dos días después había toros en Madrid. Salí a la plaza con Varelito y Fortuna para lidiar una corrida de Albarrán. Tuve aquella tarde uno de los triunfos más grandes de mi vida. Era el día en que se llevaban a Sevilla el cadáver de Joselito.

LA CONCIENCIA DE LA MUCHEDUMBRE

¿Quién ha dicho que las multitudes no tienen conciencia? A raíz de la muerte de Joselito, el público de los toros fue víctima de un curioso fenómeno de remordimiento colectivo. Pude observar entonces que súbitamente se había despertado en el espectador de las corridas de toros un exagerado temor y un cuidado celosísimo por la vida de los toreros. Durante cierto tiempo hubo en las plazas una extraña tensión nerviosa. El público tenía más miedo que el torero. Cada vez que, a lo largo de la lidia, el diestro sufría una colada peligrosa de la res, o esta hacía algún extraño, un ¡ah! angustioso de la muchedumbre ponía al torero sobre aviso. Parecía como si aquellos hombres que el día antes de la tragedia de Talavera nos agredían furiosos pidiéndonos que nos dejásemos matar o poco menos, se considerasen íntimamente culpables de aquella desgracia y el remordimiento les impulsase a evitar que se repitiera.

Toreé casi a diario durante la temporada de 1920. Tuve un par de percances en Sevilla y Barcelona que me alejaron de los ruedos durante unas semanas y sirvieron para ponerme aún más de manifiesto aquel miedo que entonces sentía la gente por la vida del torero. En el mes de septiembre dejé de torear. La falta de Joselito hacía que recayese sobre mí todo el peso de las corridas, y empezaba a sentirme agotado. Los que tan enconadamente habían disputado sobre nuestra rivalidad, no sabían hasta qué punto nos completábamos y nos necesitábamos el uno al otro.

«NUNCA HE PENSADO EN DEJAR DE SER TORERO»

Empezó a correr entonces el rumor de que me retiraba de los toros. Nunca, esta es la verdad, he pensado en retirarme definitivamente de mi oficio, y aún hoy mismo, quince años después, no lo pienso. He pasado en mi vida por estados de ánimo y ambientes en la opinión que me han obligado a suspender temporalmente el ejercicio de mi profesión, pero es lo cierto que por hondas que hayan sido mis crisis espirituales, o desfavorables que se hayan presentado para mí las circunstancias, nunca he pensado seriamente en dejar de ser torero. En 1914, contestando a unas preguntas que me hizo Gómez Carrillo, escribí lo siguiente: «No pienso retirarme jamás de ser torero. Cuando los públicos me arrinconen por viejo o por inútil, yo seguiré metiendo el capotillo allí donde me dejen, en los beneficios, en las fiestas patrióticas, en las mismas encerronas».

A fuerza de tesón me mantuve en la brega durante toda la temporada, pero cada vez sentía más hondamente el cansancio y la tristeza del oficio. Los públicos me apretaban cada vez más, y triunfar era más duro cada día. Tuve un gran éxito en la corrida de la Asociación de la Prensa, que se celebró en Madrid el día 13 de julio, y en general logré mi propósito de mantener el prestigio del nombre hasta el final de la temporada, en la que, a pesar del tiempo que estuve retirado por la cogida de Sevilla, estoqueé hasta ochenta y dos toros.

Había firmado un contrato para México, y en el otoño me embarqué con mi mujer rumbo a Nueva York.

«CUANDO PEOR TORERO HE SIDO»

Desde Nueva York fuimos en tren a México, donde continuaban las perturbaciones revolucionarias. La primera impresión que tuvimos en territorio mexicano fue la de que el tren en que viajábamos iba a ser asaltado por una banda rebelde. Después resultó que no hubo tal cosa. Se produjo la alarma porque cuando el convoy iba a toda marcha durante la noche, un frenazo le hizo detenerse en seco. Llevaba la locomotora un potente reflector para ir alumbrando la vía, que en cualquier momento podía estar cortada, y los viajeros, al asomarnos asustados a las ventanillas, vimos, plantado entre los raíles, delante del tren, a un hombre con camisa destrozada, la pelambrera revuelta y los ojos espantados, que nos gritaba manoteando desesperadamente:

—¡Prepararse! ¡Van a asaltar el tren! ¡Os cortarán la cabeza a todos!

Se trataba de un infeliz que, yendo días atrás en otro tren de aquella misma línea, asaltado efectivamente por una banda rebelde, había sufrido tal pánico que había enloquecido súbitamente, y en su locura vagaba por los campos, creyendo ver a cada instante que la trágica escena del asalto se repetía con todos los trenes.

En México, tenía contratadas cinco corridas, más una de beneficio, en las cuales toreé sin ningún éxito. Fue entonces cuando peor torero he sido. Me encontré con que la extraordinaria altura a que México está situado me producía una sensación de ahogo invencible. En la plaza, apenas corría un poco detrás de los toros, me ahogaba y me sentía desfallecer. No podía torear. Aquella desastrosa temporada de México es una espina que se me ha quedado clavada. Cuando fui allí por primera vez todavía no estaba bien cuajado como torero; cuando volví aquel año de 1921 me hallaba en un período de agotamiento y me he quedado con el resquemor de no haber podido triunfar en México como la afición de los mexicanos merecía. Pero ya he dicho que no se torea a voluntad.

NAVEGACIÓN POR EL PACÍFICO

Terminada la temporada de México, embarcamos en un puerto del Pacífico con rumbo al Perú. Hicimos el viaje en un barco norteamericano, en el que la vida estaba fastidiosamente estandarizada. La comida era a base de conservas raras: naranjas fritas y otras extravagancias culinarias de los yanquis, con las que no transigían nuestros paladares hispánicos. Suerte que al gran Calderón se le había ocurrido intentar uno de aquellos originales negocios que discurrían en los viajes los hombres de mi cuadrilla, y se había llevado unos jamones serranos que pensaban vender a los americanos a precio de oro. El español, y más concretamente el andaluz, tiene en tan exagerada estima las cosas propias, que su conmiseración por los desgraciados que están privados de ellas le lleva a caer en errores como el que sufrió mi mozo de espadas al creer que los limeños no podrían pasar sin vino de Jerez desde el momento en que lo probaran, y el que entonces padeció Calderón al suponer que los mexicanos se matarían disputándose sus jamones de Jabugo. Nos libramos de las naranjas fritas de los yanquis gracias a los jamones de Calderón y a la destreza que rápidamente adquirimos en el arte de pescar. Cada vez que llegábamos a un puerto echábamos nuestros anzuelos, y lo que buenamente pescábamos nos lo guisábamos a nuestro gusto en la cocina del buque. Venía con nosotros Zapaterito, que era un divertidísimo compañero de viaje. Cada vez que bajaba a tierra en uno de aquellos puertos de Centroamérica daba ocasión a un episodio pintoresco. Turista más extraordinario no se ha visto seguramente en los puertos americanos. Le bastaban dos horas para hacerse popular en cualquier sitio. Recuerdo que en una de las escalas que hicimos, mi mujer le encargó que se proporcionase huevos para seguir manteniendo nuestra independencia gastronómica frente al imperialismo norteamericano. Zapaterito bajó al muelle y, chicoleando a una vieja, dándole un pescozón a un chico, contándole un cuento a un guardia y jaleando a una muchacha, lanzó un verdadero ejército de emisarios en busca de huevos por el interior de la ciudad. Tan buena traza se dio que media hora después teníamos en el muelle a veinte o treinta personas cargadas con cestas de huevos, y quieras que no tuvimos que llevarnos ocho o diez docenas para que se conformasen y no diesen una paliza a Zapaterito.

Era un tipo inagotable. Tenía la obsesión del salón de música del barco, y en cuanto oía tocar el piano iba corriendo a su camarote, se ponía lo que él llamaba el traje de oír música y volvía precipitadamente para colocarse al lado del que tocaba, dando muestras de un enternecedor arrobamiento artístico. El llamado «traje de oír música» consistía en unos pantalones de franela, una camisa con mangas cortas y una boina; es decir, un traje de pelotari. No sé qué extraña relación hallaba su disparatada cabeza entre una cosa y otra.

Lo que al parecer le conmovían más eran las romanzas sentimentales. Una vez estaba una muchacha cantando una romanza tiernísima, acompañada al piano por su madre, y Zapaterito dio tales muestras de entusiasmo, que la madre y la hija le tomaron por un ferviente melómano. La niña, complacida, invitó a Zapaterito a que la acompañase al piano, y con gran estupefacción de los que presenciábamos la escena vimos que nuestro camarada, ni corto ni perezoso, se colocó impávido ante el teclado. «¿Qué pensará hacer?» —nos preguntábamos los que sabíamos que en su vida había visto un pentagrama. Con una seriedad escalofriante repitió el viejo truco de ponerse a buscar la manivela.

—¿Qué busca usted? —preguntó extrañada la jovencita.

—Eso... Buscaba eso que sirve para darle vueltas...

—¡Pero si este no es un piano de manubrio! —rugió la madre.

—¡Ah! Entonces tienen ustedes que perdonarme —replicó Zapaterito—; yo los pianos que sé tocar con mucho arte son estos que suenan dándole vueltas a una manivela.

Se hizo amigo de un viejo francés, pianista también, y sostenía con él largas conversaciones sobre temas musicales. Llegó a hacerle creer que era cantante de ópera, y el crédulo francés se empeñó en oírle cantar algún trozo selecto. Zapaterito se excusaba siempre, pero un día accedió a dejar oír su preciosa voz. El pianista acometió el «Adiós a la vida», de Tosca, y Zapaterito abrió la boca y se puso a lanzar unos berridos y a hacer unos gorgoritos tan extraños, que el francés, furioso, cerró de golpe el teclado y le pegó en la cabeza con la partitura a nuestro desaprensivo camarada.

Presencié en aquella travesía por el Pacífico una escena que no se me olvidará nunca. Murió a bordo una mujer de raza árabe, que iba entre los pasajeros de tercera clase, y aunque se quiso en un principio conservarla insepulta hasta que llegásemos a puerto, la rápida descomposición del cadáver obligó al capitán a tomar la resolución de tirarla al mar. Aquella noche nos la pasamos muchos pasajeros en la cubierta del buque, y al amanecer presenciamos la fúnebre escena, que tuvo todo el aparato que los marinos suelen dar a sus ceremonias. Contribuyó a dar caracteres de impresionante grandiosidad al cuadro una de esas teatrales tempestades de los trópicos, que estalló sobre nuestras cabezas en el momento mismo en que la tripulación, formada en la cubierta, rendía el último tributo al cadáver de la infeliz mujer envuelto en una sábana y tendido en unas parihuelas. Batía el aguacero a los marinos, inmóviles y cuidadosamente uniformados, y el cielo se abría en canal con los desgarrones de los relámpagos, mientras un pastor protestante murmuraba sus latines ante el perfil aquilino y moreno de aquella mujer que el mar se iba a tragar para siempre. Cuatro marineros levantaron la parihuela, la asomaron por la borda y dejaron deslizar el cadáver. Una ráfaga de viento huracanado infló el blanco sudario, y por un momento vimos aquella forma blanca flameando como un pañuelo de despedida en el negro horizonte de la tempestad. Una ola vino un instante después a borrar el momentáneo cráter de la sepultura y el buque siguió luego su marcha por aquel inmenso océano Pacífico, que durante algún tiempo no fue para mí más que la sepultura de aquella mujer árabe.

AQUEL ESPAÑOL QUE TENÍA CARA DE TONTO

En uno de los puertos de Centroamérica subió a bordo un español que iba hasta Panamá, donde se proponía desembarcar para atravesar el canal y seguir con rumbo a España, adonde, según nos dijo, regresaba después de haber estado unos años por América haciendo negocios. A nosotros nos causó gran extrañeza que aquel compatriota hubiese estado haciendo negocios, porque tenía un lamentable aspecto de infeliz y una cara de tonto que hacía imposible creer que pudiese negociar en nada. Era un tipejo gordito, rechoncho, con las piernas cortas y un aire atónito, tan grotesco todo él, que los toreros se dedicaron desde el primer momento a tomarle el pelo y le gastaron bromas tan sangrientas que alguna vez tuve que intervenir para que no abusasen del pobre hombre. Por su parte, se hallaba contentísimo de haberse encontrado con aquellos compatriotas toreros, y no solo soportaba las burlas, sino que llegó a aficionarse a ellas, hasta el punto de que le entraron ganas de seguir en nuestra compañía, y cuando llegamos a Panamá, en vez de continuar el viaje a España, cedió a nuestras instancias y decidió acompañarnos a Lima para vernos torear. La conquista de aquel compatriota entusiasta, al que habíamos descaminado, nos divertía y alegraba.

Con nosotros se vino a Lima aquel infeliz, y por Lima anduvo pegado a nuestros talones todo el tiempo que estuvimos allí toreando. Ya al final de la temporada, un día advertimos su repentina desaparición. Nos extrañó que no se hubiese despedido de nosotros. Pero pronto supimos que tenía sus razones para no dar solemnidad a su partida. En Lima, presentado por nosotros en todas partes, y con nuestro aval, había hecho en dos semanas diez o doce estafas, algunas de ellas considerables. Creo que incluso encontró quien le facilitase unos miles de soles para montar no sé qué comercio. Reconocí entonces que con aquella cara de tonto se podían hacer negocios. Que se lo preguntasen si no a los hombres de mi cuadrilla; a cada uno le había estafado algo.

EL TORERO Y EL AMBIENTE

En Lima, a raíz de la deplorable campaña de México, hice, en cambio, una temporada brillantísima. Debió influir en mi ánimo el ambiente. Lima era para mí como mi propia casa: allí tenía muchos y buenos amigos, de allí había salido mi mujer, me trataban con tanto cariño y encontraba tantas semejanzas con España, que reaccioné vivamente, y en todas las corridas que toreé tuve éxito. Es indudable que el toreo necesita un clima adecuado, el ambiente propicio que para producirse exige todo arte.

Tomé parte en cuatro corridas con Nacional y Valencia. Fueron otros tantos triunfos. Y una vez satisfecho mi amor propio y cumplidos mis compromisos, mandé para España a los hombres de mi cuadrilla: Catalino, Camero, Magritas, Maera y Calderón, y yo me fui con mi mujer a los Estados Unidos, por donde anduvimos correteando a nuestro antojo, libres de toda preocupación taurina. Ya era hora.

XXII

UN CORTIJO CON PARRALES

«Qué suerte es poder tener / un cortijo con parrales, /
pan, aceite, carne y luz, / y medio millón de reales. /
Y una mujer como tú».
Cantar popular de la Andalucía.

Todo lo que el andaluz pobre anhela se encierra en esta coplilla nacida en las gañanías. Así es la felicidad, tal y como los braceros andaluces son capaces de representársela.

Un cortijo con parrales. Es decir, sombra bajo la que guarecerse en el vasto campo achicharrado por el solazo implacable. Pan, aceite, carne y luz. La telera blanda y morena, un bistec, «como los señoritos», y el cuerno colmado de zumo de oliva, con el que se condimenta el guisote, se aliña el gazpacho y se hacen arder por la noche en un rincón del tinado las cuatro piqueras de un candil, a cuya luz deletrean los jornaleros las aleluyas del crimen y el folleto anarquista. Luego, cuando ya se tiene todo esto, que es lo que de verdad se necesita para la vida, el andaluz menesteroso da un salto en el vacío de su imaginación y quiere medio millón de reales, es decir, la riqueza, el puro símbolo del poder, la representación esquemática de la felicidad. Y, finalmente, la mujer, «una mujer como tú», ideal inasequible en una raza vieja llena de prejuicios, para la que el amor tiene casi siempre un sentido trágico y una quebradiza realidad.

Este es el ideal de vida de todo andaluz pobre y este ha sido, naturalmente, mi propio ideal. Diez años de torero habían hecho el milagro de poner al alcance de mi mano la felicidad, tal como los hombres de mi raza la conciben. Me había comprado La Capitana, un cortijo con parrales que vi por primera vez defendido por guardas y mastines una tarde en la que iba hambriento y despeado, bajo un sol de fuego, con mis doce añitos frágiles que se lanzaban a la conquista del mundo. Dueño y señor de aquel cortijo, con mi medio millón de reales en la gaveta y, además, recién casado, me sedujo la idea de consagrarme a realizar aquel ideal de felicidad perseguido por todo buen andaluz. Quise ser como los ricos de mi tierra, labrador y casinista, señorito en el campo y hombre de pueblo en la ciudad.

Había llegado en el toreo a un momento de crisis. Los públicos eran cada vez más duros para conmigo, y yo sentía un cansancio y un desánimo que me incitaban a abandonar aquella lucha en la que llevaba tantos años. No pensé nunca en dejar de ser torero definitivamente, pero me hice la ilusión de que podría vivir durante algún tiempo una vida distinta de la que hasta entonces había llevado. Creí de buena fe que aquello que cantaban los gañanes era la felicidad.

Juan Belmonte en el campo.

Procuré apartarme todo lo posible de las sugestiones toreras. Me hice labrador auténtico y no hubo ya para mí más que mis aranzadas de olivar y mi molino aceitero. Por divertirme, me compuse un tipo muy gracioso de propietario rural un poco extravagante, a lo inglés. Arrinconé la silla vaquera y la sustituí por una montura inglesa; cambié los zahones por unos *breeches*; me compré una trinchera y una pipa y organicé un equipo de *foot-ball* con los jornaleros de mi finca.

A pesar de estas pueriles excentricidades, aquella vida no era tan divertida como me imaginaba. Me convencí pronto de que el hombre consagrado de por vida a una actividad que ha sido siempre su razón de ser no se satisface, ni mucho menos, cuando la riqueza le permite abandonar su lucha de muchos años. Uno cree que es desgraciado porque tiene que pelear sin descanso en su arte o su oficio y espera cándidamente que el día que tenga dinero será feliz descansando mano sobre mano; pero la verdad es que hay muy pocos hombres capaces de resignarse a ese bienestar burgués, que consiste en ver girar el sol sobre nuestras cabezas, bien comidos y bien descansados.

No. Me convencí en pocos meses de que yo no servía para aquella vida. Aburrido, al principio, y desesperado luego, daba vueltas por mi finca como un loco encerrado en una celda. Odiaba las labores del campo y hasta el verde agrisado de los olivos llegó a hacérseme insufrible. La lealtad a mis sentimientos se impuso. Yo lo que quería era ser torero.

En esta disposición de ánimo me cogió la primavera. Alguien cometió la imprudencia de invitarme a un tentadero. Toreé unas vaquillas y volví a sentir el vértigo de los toros. Tiré la trinchera, la pipa y los *breeches*, perdí de vista los olivos y me lancé a los tentaderos como un muchachillo que empieza. Tenía tal ansia de torear que buscaba a los ganaderos amigos y les comprometía para que hiciesen en secreto sus faenas de tienta, con objeto de que no pudiese torear en ellas nadie más que yo. Se dio el caso de que uno de aquellos tentaderos se llevó a cabo con tanto sigilo, que me encontré absolutamente solo y tuve que lidiar cuarenta y tantas becerras en un día, haciéndole a cada una de ellas una faena con la capa y otra con la muleta. Toreaba incansablemente desde las siete de la mañana hasta las cuatro de la tarde. Cuando estaba muy sofocado hacía que me echasen un cubo de agua por la cabeza y seguía toreando. Al final tuvieron que sacarme de la placita a puñados. No podía con mi alma.

La gente, que me veía torear con tanto entusiasmo, empezó a hablar de mi vuelta a los toros, pero yo no me decidía. Aun no hacía un año que había anunciado mi retirada en Lima y me parecía poco serio volver a los toros sin alguna justificación, sin algo que me sirviese de pretexto.

Por aquel entonces un amigo de México me dio el encargo de que le comprase una ganadería para aclimatarla en aquel país. Después de haber comprado una punta de ganado bravo bastante considerable, surgieron dificultades para su exportación y tuve que tomar una dehesa y convertirme provisionalmente en ganadero. Me metí de lleno en el oficio y me pasé varios meses en el campo entre toros. El ser garrochista me divertía más que el ser labrador, y fue entonces cuando decididamente me aficioné a la ganadería. Pensé que la fórmula ideal consistiría en hacerme ganadero, para lidiar y matar yo mismo mis toros. Si no lo he realizado del todo ha sido por la elemental consideración de que siendo yo al mismo tiempo el torero y el

Juan Belmonte en su ejercicio predilecto:
el acoso y derribo de reses en campo abierto.

ganadero, cuando estuviese mal, ¿a quién podría echar la culpa del fracaso? ¿Al Belmonte ganadero o al Belmonte torero?

Me pasé el invierno en la dehesa. Era en la serranía de Ronda, y al hallarme allí a caballo, con la garrocha al hombro, ante aquel paisaje bravío, como cuando echaba pie a tierra para torear con la chaqueta, tal y como exige la faena rondeña pura, me sentía por primera vez en mi verdadero centro. De la sierra de Ronda eran mis antepasados y no sé qué voces ancestrales se alzaban jubilosas en el fondo de mi ser para decirme que al fin había encontrado mi verdadera naturaleza en aquel ámbito grandioso de la serranía.

Cuando al fin embarqué la ganadería de mi amigo mexicano, me encontré con una dehesa de pasto y unas reses mías, y por aquel arcaduz de la ganadería me vi otra vez metido en el mundillo de la tauromaquia y teniendo que tratar a diario con empresarios y toreros.

No me decidía, sin embargo, a volver a los toros. Ignacio Sánchez Mejías, que estaba deseando torear otra vez, fue a verme y me dijo:

—Llevo esperándote un año. Si tú no te decides, yo ya estoy resuelto a volver a los toros.

Aquel verano de 1924 salí a rejonear en un festival benéfico que se celebró en la plaza de la Maestranza de Sevilla. También estuve rejoneando en Badajoz y luego me fui a Zumaya, donde veraneaba mi familia.

En Zumaya estuvo Zuloaga haciéndome su famoso retrato y me pasé el verano ante el caballete vestido de torero. Zuloaga y otros amigos organizaron allí una corrida benéfica, en la que salí a torear con Algabeño, Fernando Gillis y Cañedo. Uno de los toros me dio una cornada que me tuvo un mes en la cama. Estaba reponiéndome en mi finca cuando llegó el ansiado pretexto para torear.

Se celebraban aquel invierno en Lima las fiestas del Centenario de la independencia del Perú y unos amigos de allá me habían escrito pidiéndome que fuese a torear e invitándome oficialmente a ir aunque no torease. Contesté diciendo que aún no hacía dos años que, precisamente, en Lima, había anunciado mi retirada y los aficionados limeños que asistieron a mi despedida podían considerarse estafados. Este era el escrúpulo que me hacía vacilar. Algún tiempo después recibí un cablegrama ofreciéndome medio millón de pesetas por tomar parte en siete corridas y comunicándome que los periódicos de Lima publicaban cariñosos artículos pidiendo que yo volviese.

Cuando recibí este cablegrama me volví loco de alegría. ¡Ya podía ser torero otra vez! Me puse a dar zapatetas y a revolcarme por el suelo. Mi familia, sorprendida, no se explicaba qué era lo que en aquel cable podían comunicarme para que yo diese tales muestras de contento.

Cuando al fin lo leyeron no les hizo tanta gracia.

AQUEL ESPAÑOL DE CUBA

Llegué a Lima a primeros de noviembre de 1924. Con el primero que me encontré en la capital del Perú fue con aquel español de la chistera y la levita que andaba por La Habana aporreando a los negros. Tenía un aire mucho más importante y suntuoso. Según me explicó, había sido llamado por el Gobierno peruano para que una de las grandes empresas que, como él decía, «controlaba» se encargase de filmar las solemnes fiestas del Centenario. Y, efectivamente, en todas las ceremonias se le veía con su levita y su chistera, rigiendo una tropilla de operadores y electricistas que iban recogiendo en el celuloide la brillantez de las fiestas. Colocado junto al *cameraman*, nuestro hombre gobernaba los cortejos oficiales y llevaba de un lado para otro a los personajes políticos y a los bizarros generales, dóciles a las exigencias de aquel importante *regisseur* que había de difundir luego por todo el mundo el esplendor de las fiestas del Centenario.

Lo que ocurrió luego fue que el gran español desapareció de la noche a la mañana y los peruanos no pudieron darse el gusto de ver las fiestas nacionales perpetuadas en el cine por la sencilla razón de que después de cobrar la subvención que se le había concedido, le pareció excesivo al original «promotor» gastarse aquellos hermosos soles que le dieron en comprar celuloide y se había limitado a que sus operadores diesen vueltas a la manivela del tomavistas vacío, ante el que sonreían orondos los personajes oficiales.

Gran tipo aquel español. Le volví a ver en La Habana, y cuando quise reprocharle su conducta para con los peruanos, me contestó altivamente que eran unos difamadores y que estaba dispuesto a querellarse contra quienes se atreviesen a mancillar su honor. Era todo un caballero español.

En La Habana le hizo famoso otra de las grandes empresas que «controlaba». Se le ocurrió fundar una especie de cooperativa, banca o sociedad de seguros, a base de que los españoles residentes en Cuba suscribiesen unas pólizas, merced a las cuales, y mediante el pago de una prima mensual, al cabo de cierto tiempo tendrían derecho a que la entidad les costease un viaje a España y una estancia decorosa en la península durante algunas semanas. La idea era excelente. En Cuba había entonces muchos millares de españoles emigrados que vivían con la ilusión de volver a ver el rincón donde nacieron. Los pocos que lograban enriquecerse satisfacían este anhelo de volver a la tierruca, pero los miles y miles de infelices que se hacían viejos sin haber podido ahorrar unas pesetas, vivían y morían con ese sentimiento. El famoso «promotor» hizo una gran propaganda de su filantrópica empresa. Por toda la isla hizo colocar unos carteles invitando a los españoles a suscribirse. «¡NO TE MUERAS SIN IR A ESPAÑA!» —se leía en letras muy gordas a la cabeza de aquellos carteles—. La frase hizo fortuna y los infelices españoles aquejados de morriña se suscribieron a centenares.

Ocurrió que, después de llevarse una buena temporada cobrando los recibos de las pólizas y dándose la gran vida, nuestro fantástico personaje desapareció una vez más y los pobres españoles que no habían sabido enriquecerse se han ido muriendo sin venir a España, como es natural.

Desde entonces los negros, para burlarse de nuestros chasqueados compatriotas, cantan ese bonito son que dice: «¡Ay, no te mueras sin ir a España!».

EL HUMORISTA Y EL NEGRO LITERATO

Asistió también a las fiestas del Centenario de la Independencia del Perú el gran humorista Julio Camba, invitado oficialmente. Hombre menos amigo de ceremonias que Julio Camba no hay, y todo el tiempo que duraron las solemnidades del Centenario estuvo Camba de un terrible malhumor. En las ceremonias oficiales era obligatorio casi siempre el frac, y Julio Camba, que no lo tenía, había de quedarse forzosamente en el hotel. Se vengaba escribiendo terribles diatribas contra la deplorable costumbre de ponerse de frac que tienen los elementos oficiales. Hubo una fiesta en el Palacio Presidencial y pareció inexcusable que a ella no asistiese Camba, por lo que entre varios amigos se acordó prestarle un traje de etiqueta completo. Camba, resignado, se lo endosó, diciendo:

—Conste que si el presidente me pide café, se lo sirven ustedes.

Gozaba Julio Camba en Lima de un gran renombre literario, y durante su estancia allí fueron muchos los coleccionistas de pensamientos y autógrafos que acudieron a él para pedirle que les escribiese algo en sus álbumes. El gran humorista, malhumorado, recogía los álbumes de sus admiradores y los iba amontonando en un rincón de su cuarto del hotel, con el decidido propósito de no escribir en ellos una sola línea.

—Jamás he escrito nada de balde —decía—. ¿Cómo quieren que venga al Perú a alterar una de mis más saludables costumbres?

Una mañana, el criado del hotel que entraba a despertarle se creyó en el caso de halagar la vanidad literaria del huésped diciéndole que era lector y admirador suyo. Era el criado un negro remilgado y sabihondo que, al mismo tiempo que incensaba a Camba, hacía gala de su vasta cultura literaria.

—¿Tú entiendes de literatura, eh? —le preguntó Camba.

—Soy *afisionaíto na* más —replicó el negro, ruborizándose.

—¿A que has escrito versos?

—¿Quiere el señor que le lea alguno?

—¡No!

A Camba se le ocurrió entonces una idea salvadora.

—Vamos a ver —dijo al negro—. Pon en este papel un pensamiento tuyo.

El negro se remangó el delantal y, torciendo la boca y sacando la lengua, escribió con una preciosa letra redondilla un pensamiento que era una maravilla, un pensamiento de álbum, como seguramente Camba no lo habría escrito en la vida.

Camba lo leyó emocionado y, abrazando al negro literato, le dijo:

—Toma, coge todos estos álbumes, llévatelos a la cocina, pon en cada uno un pensamiento de esos tuyos, de los buenos, y firma debajo: «Julio Camba». Tienes tanto talento y escribes tan bien, que desde este momento te nombro mi secretario.

El negro literato estaba loco de contento por el grandísimo honor que se le hacía. Descubro ahora esta trapacería del gran humorista porque supongo que el negro, vanidoso, la habrá contado ya a cuantos hayan querido oírsela.

UNA GRAN TEMPORADA

Toreé las siete corridas que llevaba contratadas y alguna más. Alterné con Paradas, Gitanillo y mi hermano Manolo. También estuvo allí Rafael Gómez, el «Gallo», en cuyo beneficio se dio una corrida que también toreé. No tuve ningún percance, y conseguí grandes triunfos. Volví a los toros con un gran entusiasmo y el mismo deseo de gustar que tenía en los primeros tiempos. Fue una gran temporada, que iniciaba bajo buenos auspicios mi vuelta a los toros.

Cuando terminaron las fiestas de Lima, fui a Nueva York, para recoger a mi mujer, que se había quedado allí, y me vine a España, dispuesto a emprender de nuevo la lucha. Al desembarcar en Lisboa, me encontré con Eduardo Pagés, y hablé con él de mis propósitos de volver a torear. Yo conocía a Pagés hacía muchos años. Era, y es, un hombre formal, emprendedor y valiente para los negocios taurinos. Me propuso una fórmula de contrato que me gustó, y, aunque se trataba de millones de pesetas, nos pusimos de acuerdo con pocas palabras y sin necesidad de ningún papel. En lo sucesivo, Eduardo Pagés sería mi único empresario.

HOMBRE AGOTADO

Me fui a Sevilla, a entrenarme durante algunas semanas para la temporada que se aproximaba. Tenía tanto entusiasmo por torear, que me entregué fervorosamente a un entrenamiento durísimo. Toreaba a diario, con tal ansia, que no lo dejaba hasta que caía rendido. Con la ambición de ponerme más fuerte que nunca, hacía además toda clase de ejercicios físicos.

Pero yo no he sido jamás un torero de grandes facultades y, por querer superar las mías, me ocurrió entonces algo verdaderamente trágico. El entrenamiento no me sirvió más que para agotar mis energías, y cuando me llegó la hora de torear la primera corrida de la temporada no me podía valer. Apenas me movía un poco en la plaza me ahogaba y sentía que las fuerzas me abandonaban, hasta el punto de que temía caerme redondo al suelo en cualquier momento. Tuve que cambiar radicalmente el régimen de vida que seguía y, en vez de gastar mis escasas energías en hacer ejercicio, me pasaba la semana acostado, y solo me levantaba el domingo para ir a torear. Estaba tan débil, que en aquellas primeras corridas, después de vestirme de torero, tenía que estarme durante una o dos horas tendido en la cama, como un muerto, para cobrar alientos con los que ir a la plaza.

La tercera o cuarta corrida que toreaba se celebraba en Sevilla, y en ella tenía que dar la alternativa al Niño de la Palma. Salí al ruedo como un cadáver, y tuve un gran triunfo a base de torear sin moverme. Me abría de capa ante el toro y allí me estaba toreándolo, hasta que se cansaba y me dejaba irme, poquito a poco, o hasta que se iba él. En cuanto hacía algún esfuerzo se me cortaba la respiración y tenía que apoyarme en la barrera para no caerme. Algunos amigos que me vieron torear aquel día se dieron cuenta de mi lamentable estado, y quisieron tomar cartas en el asunto. Entre ellos estaba el doctor Marañón, quien, después de hacerme un reconocimiento, me expuso sin rodeos cuál era mi verdadero estado. Tenía tal pobreza de sangre, que estaba expuesto a que cualquier herida que me produjese una pequeña hemorragia me costase la vida.

Se reunió el cónclave de parientes y amigos en La Capitana, y me llamó a capítulo. Estuve escuchándoles atentamente y sin contradecirles, tanto por no tener el mal gusto de llevarles la contraria como por no gastar en discutir mis pocas energías, de las que cada vez era más avaro. Hablaron de ponerme en tratamiento, y hasta de operarme; pero como todo aquello significaba dejar de torear durante dos o tres meses, y yo había puesto todas mis ilusiones en aquella temporada, les dejé hablar... y seguí toreando.

Me hice mi composición de lugar. Todo se reducía a ir economizando el esfuerzo físico hasta reponerme. Para torear no hacen falta demasiadas energías. Con el ánimo basta. El quid estaba en torear quietecito y despacio. Me levantaba de la cama para ir al ruedo, y desde la barrera avanzaba la media docena de pasos necesarios para citar al toro. Cuando el animal se iba, liaba tranquilamente la muleta y, con mi pasito lento, echaba tras él. Aquello no tenía más inconveniente que el de dar un tinte más sombrío a mi toreo. Pero ¿torear? ¿Quién ha dicho que las piernas hacen falta para torear?

XXIII

MI TALISMÁN

Mi familia no quería que torease; cada vez le tenían en mi casa más miedo al riesgo de los toros. El único que, como yo, no ha pensado nunca en que la vida sea posible sin torear, es mi mozo de espadas, Antoñito, quien ha considerado como breves paréntesis sin importancia las temporadas en que he estado retirado.

Aún hoy mismo sigue creyendo, ¡y quién sabe si está en lo firme!, que todos los años, cuando vuelva la primavera, emprenderemos, como siempre, nuestra peregrinación por las plazas de los pueblos en feria, él con la espuerta de los avíos y yo con el capotillo de paseo sobre los cansados hombros. Mi pintoresco escudero no tiene, por lo visto, imaginación para representarse otro género de vida y está ya tan identificado con el oficio, que se hace a la idea de que los dos seamos viejos, tan viejos, que no podamos ya con los calzones y estemos, sin embargo, en la plaza, uno a cada lado de la barrera, peleando con los toreritos jóvenes y cumpliendo nuestra eterna misión, él la suya y yo la mía. Yo me resisto a imaginar el porvenir de esta manera simplista, pero la experiencia me hace ser cauto, y, a veces, temo que sea Antoñito quien vea las cosas con claridad.

Entonces, en 1925, peleaba yo duramente en las plazas, animado por una firmísima convicción: la de que pronto dejaría de ser torero. «Dentro de poco —pensaba— cumpliré los cuarenta años, y cuando llegue a esa edad ya no me será posible seguir toreando. No me habré retirado de mi oficio caprichosamente; me retirará la edad». Pero he pasado ya largamente de los cuarenta años y aún sigo en la lucha. ¡Quién sabe si mi mozo de estoques, que acepta el Destino de tan buena conformidad, es el que tiene razón!

Para que los míos se resignasen a verme sin sobresalto toreando a diario, tuve que convencerles de que yo era poco menos que invulnerable a los cuernos de los toros. Llegué a sugerirles que yo poseía una especie de talismán maravilloso que me libraba de las cornadas. Hacía diez o doce años que España entera venía repitiendo, día tras día, que un toro me iba a matar. Mis compañeros más ágiles habían sucumbido y allí estaba yo indemne. ¿No era cosa de pensar en que yo tenía, efectivamente, un milagroso talismán? Y como me veían torear año tras año, llegaron, si no a creer en mi invulnerabilidad, a hacerse la ilusión de que podía tenerla.

El toreo era, en cambio, cada vez más difícil y arriesgado para mí. Al volver a los ruedos, en 1925, empecé a observar en los públicos una actitud severa para conmigo. La cosa era lógica. El arte se juzga no solamente por los resultados, sino también por las intenciones, y la intención del artista cuenta tanto casi como su realización. No se tiene el mismo rasero para medir al que pone en su obra un anhelo de superación, aunque este anhelo no se logre, que para el mercachifle que va a salir del paso como buenamente pueda. Cuando volví a torear, la gente se preguntaba: «¿A qué vuelve este hombre a los toros? ¿Por pura afición? ¿Por necesidad? ¿Por ambición de dinero?». Se admite que el pintor o el poeta lo sean toda su vida. El torero, no. El riesgo que el arte del torero implica parece incompatible con la madurez y el bienestar económico. La gente no comprende qué estímulo que no sea la necesidad o la codicia puede llevar a un hombre que ya ha logrado el triunfo a seguir arriesgando la vida entre los cuernos de un toro. «Este hombre —piensan—, no tiene ya, indudablemente, el entusiasmo de la juventud, no torea por el impulso romántico de la conquista de la fama ni tampoco por la necesidad; luego torea pura y simplemente por ganar más dinero, por codicia».

Este sencillo razonamiento me hacía mucho daño. Durante las temporadas de 1925, 1926 y 1927, la gente iba a verme torear con la convicción de que yo pretendía únicamente explotar mi renombre. «Belmonte —se decían— viene solo por el dinero, y es lógico que procure torear con el menor riesgo posible el mayor número de corridas, aceptando, desde luego, que en cada una de ellas perderá algo de su fama a cambio de unos miles de pesetas».

Creían que yo trataba solo de cambiar en calderilla el oro de mis pasados triunfos. Todo el mundo estaba en el secreto de que lo que yo me proponía era pasarme un par de temporadas más soportando los insultos de los públicos de toda España para volverme a mi casa con unos miles de duros más, y juzgándome con este prejuicio, iban los aficionados a verme torear. No era extraño que fuesen severos conmigo.

Triunfar en estas condiciones fue uno de los empeños más penosos de mi vida. Se emprendió una pugna terrible entre lo que la gente se obstinaba en que debía de ser y lo que yo, por un estímulo de dignidad, quería que fuese. Era verdad que en muchas ocasiones me faltaba aquel entusiasmo juvenil que convertía las buenas faenas en borracheras de triunfo; era verdad también que cuando estaba toreando veía fríamente lo que el arte tiene de puro oficio, de práctica tópica de una destreza. Pero mi voluntad y mi espíritu me ayudaban a superarlo todo y a torear cada vez con más fe y mayor sentido de la responsabilidad. Me obstiné en mantener la línea, en sostener el viejo prestigio, en dar ante todo una sensación de continuidad. Si de alguna hazaña de mi vida estoy orgulloso es de esta. Aguantar el tipo a lo largo de tres temporadas y convencer, al fin, a las multitudes de que uno se mueve por unos estímulos distintos de los que le atribuyen la cazurrería y el sanchopancismo ha sido uno de mis más halagadores triunfos. En aquellas tres temporadas convencí a las gentes de que se equivocaban, de que Belmonte no volvía a los toros por una sórdida codicia, sino por espíritu de continuidad, por puro profesionalismo, por decoro y prestigio del nombre y el oficio libremente elegido. Porque era torero y no había ninguna razón para que dejase de serlo mientras pudiese torear. ¿Qué extraño tiene? Era esta la única obligación que yo tenía en el mundo. Había que cumplirla aunque no fuese más que para poder decirlo ahora con un aire petulante.

PÚBLICO DE TOROS

—¿Pero es que ustedes, los toreros, no oyen las cosas que les dice el público? —me han preguntado alguna vez.

—Lo que no oye el público —he replicado— es lo que le decimos desde el ruedo los toreros.

No niego que muchas veces el público tenga razón pero ¡cuántas no la tiene el torero! El público de los toros ha sido considerado universalmente como el exponente de las malas pasiones multitudinarias. Creo, por el contrario, que es la demostración constante de la buena fe y los mejores sentimientos de las muchedumbres. El público de los toros tiene, a mi juicio, unas virtudes que nunca se han encarecido bastante.

Ahora bien, individualmente considerado, cambia mucho de aspecto. Entre los espectadores de toros hay tipos verdaderamente abominables. Se dan casos en los que el torero llegaría con gusto al asesinato.

Uno de los tipos más desesperantes es ese aficionado de los pueblos, en los que solo se celebra una corrida al año, y que quiere aprovecharla para presumir de entendido. Mientras la multitud aplaude o se divierte sin prejuicios ni mala voluntad, ese aficionado, que no ve más que aquella corrida en la temporada, se cree en el caso de acreditar su tecnicismo tauromáquico manifestando ostensiblemente su disconformidad. Todo cuanto el torero haga es inútil. Aquel hombre ha ido a la plaza dispuesto a conquistar un título de crítico severo y presenciará protestando ruidosamente la faena bajada del cielo.

Otro tipo que a mí me pone frenético es el aficionado madrileño, que en su plaza se deja llevar fácilmente por el entusiasmo, y, en cambio, cuando asiste a alguna corrida en cualquier plaza de provincias, se empeña en molestar a los indígenas manifestando su disconformidad con todo lo que ellos aplauden de buena fe.

—¡Que no todos somos de pueblo! —grita nuestro hombre con un marcado acento de sainete.

Y dan ganas de retorcerle el pescuezo.

En una corrida de Segovia me cayó a mí uno de estos madrileños que quieren presumir de madrileñismo suficiente, y cuando más me aplaudían los segovianos, mi hombre, acodado en la contrabarrera, meneaba la cabeza con mucha prosopopeya y me gritaba campanudamente:

—¡Que no, Juan; que no!

Me irritaba aquel tipo, y, encorajinado, me llevé al toro junto adonde él estaba y di ocho o diez pases de muleta que yo creía irreprochables. Cuando levanté la cabeza hacia él, me lo vi otra vez denegando por señas con un gran énfasis:

—¡Que no es eso, Juan! ¡Que no me gusta, ea!

Me puse nervioso y terminó la cosa cogiéndome el toro. Cuando me llevaban en brazos a la enfermería, me incorporé al pasar a su lado y le grité:

—¿Y ahora? ¿Le parece a usted bien?

Pero no he visto ningún tipo como aquel aficionado asturiano, que en una corrida de Gijón me gritaba: «¡Más cerca!», cuando yo estaba toreando a dos dedos de los pitones. Cada vez que oía en el silencio de la plaza aquel grito estentóreo de «¡Más cerca!» me ponía furioso, porque la verdad era que pocas veces en mi vida había estado más cerca de un toro.

Al terminar la corrida, volvía en el automóvil al hotel, y entre el río de gente que bajaba de la plaza le vi pasar. No se me despintaba tan fácilmente.

—¡Cogerme a ese! —pedí a los muchachos de la cuadrilla. Le echaron mano, y sin explicaciones le metieron en el auto.

—¿Dónde has visto tú torear más cerca? ¿Cuándo, di? ¿A quién? —le preguntaba yo metiéndole las manos por la cara.

Me miró sonriente, con una cara ancha de *babayo*, y contestó:

—No; si yo no pedía que torease usted más cerca del toro, sino que se acercase más al tendido donde yo estaba, porque quería verlo bien.

¿Y si lo hubiese asesinado? ¿No se lo merecía?

EL MAYOR ESFUERZO

Volví a los toros en aquel deplorable estado de salud a que he aludido, pero poco a poco fui fortaleciéndome. Empecé la temporada en el mes de junio y solo toreé unas veinte corridas. Al año siguiente toreé ya treinta y siete, a pesar de las cuatro o cinco cogidas, ninguna grave, que tuve en la temporada. En 1927 tomé parte en otras treinta y cinco corridas, y puedo decir que de cada una de ellas mi prestigio, en vez de menguar, salía acrecentado, a pesar de la justificada severidad con que los públicos me trataban.

Ya entonces no toreaba más que una corrida en cada sitio, y a mi presentación le daban la empresa y el público caracteres de acontecimiento. Cobraba, por lo menos, veinticinco mil pesetas por matar dos toros, y ya no volvía por la misma plaza en toda la temporada. Esto ofrecía el inconveniente de que si tenía una tarde desafortunada no había ocasión para el desquite. Normalmente los toreros contratan tres o cuatro corridas en cada plaza y siempre tienen seis u ocho toros para esperar en alguno de ellos la ocasión del triunfo ruidoso que borra todo el enojo y el desencanto de media docena de faenas mediocres o francamente malas. Yo, no; yo solo tenía dos toros para triunfar. Esto explicará la sobreestimación que tengo por mis campañas de esta segunda época.

No es difícil comprender lo que representa el torear en tales condiciones. El público espera del torero que se presenta en estas circunstancias algo maravilloso y verdaderamente sobrenatural. No basta quedar bien. Recuerdo en una de estas corridas a un señor de esos que se encaran con los toreros, quien, cuando yo volvía a la barrera, después de haber matado mi toro lo mejor que sabía, y mientras el público me ovacionaba, me dijo con un aire de disgusto:

—No ha estado usted nada más que valiente.

—¿Y le parece a usted poco? —le repliqué indignado.

Creo que ni el mismo público sabe lo que espera de estas corridas.

EL TALISMÁN PIERDE SU VIRTUD

El año 1927, en la última corrida que se celebraba en Barcelona, un toro me cogió y me dio una cornada grande en el muslo. Me llevaron a una clínica, en la que estuve durante un mes curándome. Me atrevería a decir que aquel mes fue uno de los más agradables de mi

«Un toro me dio un cornalón y mi talismán perdió su virtud».

vida. Ajeno en lo posible al dolor físico de la herida, me sentía, en cambio, placenteramente sosegado viendo pasar los días en el lecho, sin ningún temor ni inquietud. Llegué a pensar que como se está más a gusto es en la cama con una cornada. Pero cuando, contra mi voluntad, me dieron de alta y me pusieron en la calle mi familia estaba acechándome para dar la batalla definitiva al toreo. Hasta entonces había hecho creer a mi mujer y a mis hijas que, efectivamente, yo tenía aquel talismán maravilloso que me libraba de las cornadas. Pero cuando me cogió el toro en Barcelona y me dio un cornalón, el talismán de mi voluntad —no era otro el que tenía— perdió su virtud. Ni mi gente creía ya que yo fuese invulnerable para las astas de los toros ni yo tenía fuerza moral para seguir sosteniéndolo. Había llegado la hora de retirarse.

Me fui con mi mujer y mis hijas a Utrera y me instalé definitivamente en mi finca La Capitana, ya más conforme y sosegado el ánimo que en mi primer apartamiento de los toros. Los años no pasan en balde.

El negocio de la ganadería y las labores del campo consiguieron distraerme. Con el tiempo iba aprendiendo incluso a ser un rico hacendado. Los amigos conquistados en los años de lucha iban a verme a La Capitana y allí, rodeado de los míos, me sentía feliz.

Entonces empezaron a llamarme «don Juan» y a decirme «el señor». Al principio, cuando decían «el señor», yo no creía que era a mí a quien se referían. No me acostumbraba a que me hablasen en tercera persona.

Lo de «don Juan» no me causaba menos extrañeza. Yo había sido siempre Juan a secas. ¿Por qué la gente se creía en el caso de colgarme el apabullante don? Me miré al espejo. Los años no habían pasado en balde. Me veía serio, grave casi, con el ceño fruncido y el aire adusto. El muchachillo disparatado de Tablada se había ido para siempre. Tenía ya cara de «don».

Pero aunque a todo se acostumbra uno, el mayor homenaje que pueden hacerme, el que de veras me llega a lo hondo, es el que sin propósito de adulación ni deber de servidumbre me hacen mis paisanos al verme entre ellos.

Cuando voy por una calle de Sevilla y pasa a mi lado una pareja de muchachillos y veo a uno de ellos darle al otro en el codo y le oigo decirle por lo bajo: «Mira, Juan», ese codazo furtivo y ese Juan mondo y lirondo me causan una sensación indefinible de satisfacción y de orgullo.

«Cuando voy por una calle de Sevilla y pasa a mi lado una pareja de muchachillos y veo a uno de ellos darle al otro en el codo y le oigo decirle por lo bajo: ‹Mira, Juan›, ese codazo furtivo y ese Juan mondo y lirondo me causan una sensación indefinible de satisfacción y de orgullo» [Bartolozzi].

En la vida social me muevo con torpeza. Tengo una instintiva repugnancia para esos convencionalismos que convierten al hombre en un autómata capaz de decir precisamente lo que en cada caso se debe decir y de moverse con la exactitud de un aparato de relojería. Desde este punto de vista no soy un hombre sociable. Yo, por ejemplo, no sé hablar a los niños; no sé decirles esas cosas amables y convencionales que se dicen a los niños bien educados. Bien es verdad que yo no he sido niño nunca. Una vez, un amigo me presentó a dos hijitas suyas recién salidas de un colegio elegante. Las dos criaturas tocaron el piano y las invité a tomar unos dulces. Al ofrecérselos, dije a una de ellas queriendo ser amable:

—No te los vayas a comer todos, ¿eh?

La chica se echó a llorar como una Magdalena, y yo me quedé más corrido que una mona.

En las grandes ocasiones siempre digo algo inconveniente.

Otra vez, en una corrida en la que tuve mucho éxito y corté una oreja, me llamaron al palco regio, y el rey estuvo felicitándome muy amablemente. Era en los días del desastre de Annual, y mi hermano Manolo había ido a África de soldado. Don Alfonso se interesó por él:

—A ver si tiene suerte y éxito —me dijo.

—Sí —repuse—; vamos a ver si le dan también la oreja.

—¿Cómo la oreja? —me preguntó el rey de mal talante.

—La oreja de algún moro... Como deseaba vuestra majestad que tuviese éxito... —balbucí confuso, comprendiendo que había dicho una inconveniencia.

Aparte esta incapacidad para decir en cada momento lo que se debe decir y mi odio a todo lo que sea ceremonia y protocolo, tengo también un defecto gravísimo para la vida social, que es el de no acostumbrarme nunca a aceptar las jerarquías sociales, que no responden a lo que para mí es el orden natural. Este orden natural es el que yo vi en las relaciones de unos hombres con otros cuando me asomé a la vida. Tengo, por ejemplo, una actitud invariablemente respetuosa para los que son mayores que yo; no sé tutear a un viejo, aunque se trate de un zascandil. Lo mismo me pasa con los que son expertos en su oficio, por humilde que este sea. Hablo siempre de usted y llamo maestro al albañil y al zapatero, aunque estén a mi servicio, y no me molesta nada que ellos, si tienen confianza conmigo, me tuteen. Se da el caso de que en el campo hay muchos vaqueros que me hablan de tú sin que a mí se me haya ocurrido jamás apearles el usted. En cambio, me irrita un poco el tuteo de otras gentes. Estábamos un día en una fiesta campera a la que asistían muchos aristócratas y todo un señor infante de Castilla cuando esperaba mi turno en el rodeo acercó al mío su caballo y se puso a hablarme. Era el infante un muchacho más joven que yo y con un aire insignificante de señorito. Me habló de lo gordos que estaban los novillos, de lo bueno que era el caballo que montaba y de alguna otra cosa. Luego sacó la petaca y me dijo:

—Bueno, muchacho, ¿quieres echar un cigarro?

—Trae, lo fumaremos —le respondí en el mismo tono.

Tiró de la rienda de su caballo, dio media vuelta y se fue. Comprendí que, una vez más, había sido inconveniente. Pero no puedo remediarlo.

Lo mismo que con las personas reales me ha sucedido alguna vez con los jerarcas de la democracia. Una vez, el presidente Leguía bromeaba conmigo amablemente; le seguía la broma en el mismo tono y, por lo visto, no le hizo mucha gracia. El presidente Obregón, en otra ocasión, me saludó efusivamente, diciéndome: «¡Hola!», y puso una cara de palo porque le contesté «¡Hola!» con idéntica franqueza.

Decididamente, no sirvo ni para las ceremonias cortesanas ni para la etiqueta de las democracias. Es seguramente un estigma que me dejaron aquellos anarquistas del Altozano que iban conmigo a torear a Tablada las noches de luna.

EL MIEDO A SER FELIZ

Me pasé un par de años absolutamente felices. Mis negocios prosperaban, mis hijas crecían alegres y mi mujer estaba, al fin, tranquila y libre de aquel sobresalto de las corridas, que le hacía pedir en sus oraciones —de esto me he enterado mucho después— la intercesión de todos los santos de su devoción para que me echasen los toros al corral. Creía mi mujer que solo la reiteración de los fracasos en las plazas me haría alejarme de los toros, y, cuando rezaba, mi hija me lo contó luego, no pedía a los poderes sobrenaturales que me ayudasen a triunfar, sino, por el contrario, que me deparasen las más humillantes derrotas. A ver si así me metía en casa. En La Capitana, una vez retirado, hacía una vida sosegada, de labrador y ganadero. Era feliz.

Pero solo al final de las novelas, y precisamente porque se acaban, se mantiene la ilusión de una felicidad perdurable. Empecé a tener miedo de ser feliz.

XXIV

EL TOREO Y EL AMBIENTE

Hasta 1935 viví tranquilamente rodeado de los míos, disfrutando el bienestar que había sabido conquistarme, sin más preocupación que ese miedo instintivo a perder la felicidad que acompaña siempre en sus mejores horas al hombre reflexivo y prudente.

Estaba entregado por entero a mis aficiones camperas, a la labor de mis tierras y al cuidado de mi ganadería; toreaba mis becerretes para divertirme y divertir a mis amigos, y tenía una jaquita que me servía de pretexto para salir a rejonear, y después echar pie a tierra y matar un novillo en los festivales benéficos a que me invitaban.

Pero el año 35, el castillete de mi felicidad se vino a tierra. Mi mujer cayó gravemente enferma y, al mismo tiempo, las circunstancias sociales y políticas por que atravesaba España me procuraron frecuentes motivos de disgusto y hondas preocupaciones. Yo había invertido en tierras y ganadería el dinero que gané toreando. Era lo que se llama «un señorito terrateniente». Es decir, el hombre contra quien se iniciaba en España una revolución.

La enfermedad de mi mujer me hizo abandonar mi cortijo y mi ganadería en estas difíciles circunstancias. Tuve que irme con ella a Suiza, donde durante muchos meses estuve pendiente del penoso tratamiento y las peligrosas operaciones a que hubo de ser sometida para salvar su vida. Entre tanto, se había proclamado la República, y los campesinos de Andalucía se hacían la cándida ilusión de que había llegado la hora del reparto. Es decir, que de la noche a la mañana yo estaba a punto de perderlo todo.

Fue aquella la temporada más penosa de mi vida. Me pasaba el tiempo yendo de Suiza a Utrera azuzado por la adversidad que de una a otra parte me perseguía. Llegué a pensar que la única manera de librarme de aquellas preocupaciones sería volver a los toros.

Juan Belmonte con su esposa y sus hijas.

El 14 de abril la cosa no se presentó mal del todo. En los pueblos de Andalucía hubo un levantamiento general de los campesinos que creyeron había llegado la hora tanto tiempo soñada de la igualdad social y económica. El sueño del reparto, alimentado en las gañanías por los folletos anarquistas, iba a ser una realidad. Los ricos huían asustados de los cortijos, y los pobres, triunfantes, se hacían los amos de los pueblos, contentos de poder alborotar sin que se metiese con ellos la Guardia Civil, y satisfechos de andar por el campo vengando viejos agravios de los caciques y llevándose de paso lo que buenamente podían con un aire importante de expropiadores. Les guiaba, sin embargo, en estas depredaciones, un cierto espíritu de justicia. A mí me ocurrió un caso significativo.

Cruzaba la plaza Mayor de Dos Hermanas un criado mío, llevando del diestro unos caballos, cuando fue interpelado por un grupo de revolucionarios, a quienes pareció oportuno y saludable para la República quedarse con mis caballerías. Hubo, sin embargo, entre ellos un cabecilla que se opuso al sencillo procedimiento de incautación:

—Hay que devolver esos caballos a su dueño —dijo—; son de Juan Belmonte, y ese capital debemos respetarlo.

—¿Por qué?

—Porque el capital de Belmonte ha sido bien ganado. La revolución no debe ir más que contra el capital mal adquirido.

Y allí, en la plaza del pueblo, se enzarzaron en una discusión teórica sobre los límites, las formas y las causas de lícita expropiación. Terminaron dejando ir tranquilamente al criado que llevaba mis caballos. Cuando me lo contaron, no he de negar que me satisfizo y que me pareció que la cosa no se presentaba tan mal como decían.

Pero el espíritu de la revolución evolucionó rápidamente. El 14 de abril no marcaba la hora del soñado reparto, y cuando desde Madrid intentaron convencer a los braceros andaluces de que era así, los ánimos se ensombrecieron, y la lucha entre los pobres y los ricos se hizo más dura y enconada. Creció el odio al propietario, bueno o malo, solo por ser propietario, y al socaire de las teorías anticapitalistas invadieron el campo cuadrillas de expropiadores, que no eran otros que los tradicionales algarines, los raterillos rurales, que siempre habían andado a salto de mata, y ahora tomaban un aire altivo de ejecutores de la justicia social. Ladrones de campo y cuatreros ha habido siempre en Andalucía; pero nunca, ni en la época del bandolerismo legendario, se ha considerado el robar como un timbre de orgullo. El robo no era entonces un delito, y nadie se avergonzaba de cometerlo. Gentes honradas, trabajadores de toda la vida, se echaron al campo sencillamente a robar. Una tarde, en la finca Quintillo, de Anastasio Martín, presencié un espectáculo inusitado.

Por el caminillo que va desde la finca al pueblo iba y venía un rosario de gente: hombres, niños y mujeres cargados con unos costales que llevaban vacíos y traían llenos de aceituna.

—¿Qué gente es esa? ¿Qué hace?

—Son los que vienen a coger la aceituna —me respondieron.

—¿Cómo a coger la aceituna? ¡Si todavía no se han aprobado las bases para la recolección!

—No —me declararon—; si no vienen a coger la aceituna por cuenta del dueño de la finca, sino a cogerla para ellos; son pura y simplemente ladrones.

—¿Y qué hacen con la aceituna?

—La malvenden en las tabernas del pueblo. Como la aceituna es robada, los taberneros les pagan solo a quince céntimos el kilo.

—¿Y cuánto piden ellos al dueño por hacer la recolección?

—A veinticinco céntimos viene a salir el kilo, con arreglo a las bases de trabajo.

—Pues la cosa es sencilla —repliqué—; vamos a comprarles a veinte céntimos las aceitunas que roban y nos encontraremos los propietarios de las fincas con la recolección hecha por menos dinero del que exigen las tarifas del sindicato obrero.

Aquella elemental deducción produjo al divulgarse un gran alboroto. Los periódicos, no solo de España, sino de todo el mundo, la comentaron, y dijeron que yo estaba empleando el procedimiento en gran escala. Era sencillamente que se trataba de un caso revelador de la situación social y económica de Andalucía.

Este solo hecho explicará mejor que nada el disgusto y la preocupación que mi condición de propietario me ocasionaba. Ya no se trataba de ir contra los caciques ni contra los usureros. Se iba directamente contra el propietario por el delito de serlo. Uno de mis colonos me citó a juicio de revisión de renta, y quise asistir para ver cómo era la justicia republicana. Alegaba el colono seriamente que debía pagarme menos renta, sencillamente porque yo había ganado con gran facilidad en mi profesión de torero el dinero necesario para comprar la finca y además porque el importe de la renta me lo gastaba alegremente en Suiza.

Las cosas habían cambiado radicalmente. Aquellos mismos que al proclamarse la República no se atrevían a incautarse de mis caballos porque yo había ganado lícitamente mi capital, venían un año después a hurtármelos sin ningún escrúpulo teórico.

PÁNICO EN EL CAMPO

Cundió el pánico por pueblos y cortijos. Los propietarios se pusieron a salvo en las ciudades y hubo meses en los que nadie medianamente acomodado se atrevió a asomar por el campo. Yo tenía a la familia en Suiza y me quedé solo en mi finca, esperando a ver en qué paraba todo aquello. Por aquel entonces, unos amigos de Madrid, Zuloaga, Julio Camba, Juan Cristóbal y algún otro, fueron a pasar unos días en La Capitana, y llegaron aterrorizados de lo que habían visto al cruzar los pueblos.

—¡Esto es un levantamiento general de los campesinos! —decían.

—¡Lo van a destruir todo!

—¡Los arrastrarán a ustedes!

—¡Esto se acaba!

Venían tan asustados, que me divirtió seguir suministrándoles la visión catastrófica de Andalucía que los propios andaluces se esforzaban por ofrecer. Yo creo que a todos los andaluces, ricos y pobres, burgueses y revolucionarios, les divertía asustar a los demás y asustarse ellos mismos con los horrores de la revolución. Cuando aquella noche mis amigos fueron a acostarse, se encontraron con que cada uno tenía un rifle a la cabecera de la cama.

—¿Y esto para qué es? —preguntaron.

—Para que cada uno defienda su vida si esta madrugada intentasen los campesinos el asalto del cortijo.

—¿Pero es que van a venir?

—¡Quién sabe! ¿No han visto ustedes mismos cómo los pueblos, hirviendo de furor revolucionario, se disponen a la extirpación de los propietarios?

—Pues venderemos caras nuestras vidas.

No creo que aquellas bromas divirtiesen demasiado a mis amigos. Una noche estábamos al amor de la lumbre, cuando un gran estrépito nos hizo creer que los revolucionarios nos atacaban con dinamita o cosa por el estilo. Pero no, aún no. Se trataba simplemente de unos modestos expropiadores que se llevaban las gallinas que había en el gallinero, con tan poca destreza, que al huir habían producido involuntariamente aquel alarmante estrépito. Estuve por ir al sindicato a quejarme de la falta de competencia de los funcionarios expropiadores de la sección avícola.

Aunque el aparato terrorífico de la revolución era impresionante, la realidad revolucionaria era muy inferior a lo que aparentaba. Todo se reducía a los hurtos en el campo y a los sustos que los jornaleros daban a los propietarios que habían caciqueado o ejercido la usura; les pintaban cruces y calaveras en la puerta de sus casas; la clásica mano negra y la hoz y el martillo soviéticos marcaban cuanto poseían; les hurtaban todo lo que podían y, a veces, les desjarretaban el ganado. Hubo algunos casos en los que el odio al propietario no se contentó con estos daños y vejaciones, pero por lo general la rebelión de los campesinos no fue más allá.

«Invadieron el campo cuadrillas de expropiadores» [Bartolozzi].

Lo verdaderamente dramático era la ruina de la economía campesina, determinada por las huelgas innumerables. Lo peor eran las huelgas por solidaridad. Cuando penosamente, a fuerza de discutir y regatear, se firmaban unas bases entre los propietarios y los jornaleros, venía una huelga por solidaridad, y la cosecha se quedaba en el campo. Los primeros años de la República han sido la ruina de los labradores. Pasará mucho tiempo antes de que el problema se resuelva. Yo he hecho incluso un ensayo de explotación colectiva. Pago su jornal a mis braceros, y al final les doy el cincuenta por ciento de los beneficios. Ni aun así he resuelto el problema. Ahora, los braceros, no pudiendo pelear conmigo, pelean entre sí, y los de un término municipal pleitean incansablemente con los del otro. Mi ensayo de explotación colectiva terminará a farolazos.

LA VUELTA A LOS TOROS

Las desazones que me producía mi condición de señorito labrador y terrateniente de una parte, y de otra, la vida desconcertada que llevaba a consecuencia de la enfermedad de mi mujer, me hicieron pensar que acaso como más a gusto conseguiría vivir sería lanzándome de nuevo a la lucha del toreo, que lo absorbe todo.

Estaba en Suiza con mi familia, a fines de 1933, cuando recibí un telegrama de mi empresario, Eduardo Pagés, pidiéndome que fuese a París para que nos entrevistásemos. Fui a París convencido de que volvería a torear.

Eduardo Pagés me expuso la situación difícil en que se encontraba con el pleito que sostenía con los ganaderos. Le habían puesto el veto y llevaban camino de arruinarle. Contando conmigo le sería más fácil defenderse. Siempre me han sublevado los abusos de poder, y por si algo me hacía dudar todavía, aquel trance en que se hallaba mi amigo acabó de decidirme. Volvería a los toros. Empecé a hacerme a la idea de que tenía que torear. Yo, cuando pienso en los toros, no me acuerdo nunca de las corridas triunfales ni de las plazas con amigos en los sillones de barrera y mujeres guapas en los palcos. Para mí, la representación exacta del toreo es una plaza de pueblo abarrotada de feriantes con largos blusones y caras congestionadas que vociferan en los tendidos, injuriándome como energúmenos. Pelear con una mala

La Capitana, el cortijo de Belmonte en Utrera. Portalón de entrada a la finca, con su espadaña y su esquilón.

bestia resabiada en ese ambiente denso de pasión y encono, es para mí la verdad del toreo.

Este era el panorama que llevaba ante los ojos cuando llegué a París para entrevistarme con Pagés. Era en los primeros días de enero de 1934, y París estaba poco más o menos como Utrera. Los guardias y la tropa habían cargado contra la muchedumbre en la plaza de la Concordia y se había declarado la huelga general. Al bajar del tren me dijeron que aunque los taxistas habían secundado el movimiento, podría encontrarse un automóvil que me llevase al hotel, y, efectivamente, el mozo me condujo al pie de un magnífico coche particular, en el que cargó mis maletas. Al volante estaba un señor bien vestido, de aspecto respetable y con una cintita roja en el ojal. «Este —pensé— debe ser un contrarrevolucionario que ha salido con su automóvil para hacer fracasar la huelga». Admiré la firmeza de convicciones que representaba el hecho de exponer el pellejo y el auto en servicio de los ideales conservadores, y no supe si estrechar la mano de aquel héroe de la defensa social o felicitarle por su valor cívico. «Si los conservadores de mi país —pensaba yo— hiciesen lo que hace este caballero, no estaríamos en España como estamos».

Estas reflexiones iba haciéndome, cuando el respetable caballero se volvió hacia mí y me dijo:

—Le advierto que en tiempo normal, el servicio son veinte francos; pero en vista de las circunstancias, le cobraré cuarenta.

Perdí instantáneamente toda mi fe en la contrarrevolución.

UNA AVENTURA EN PARÍS

Como todo el mundo, yo he tenido una aventura en París. Fue ese día. Iba yo muy orondo en el auto del contrarrevolucionario por los bulevares. Era la hora en que salen a comer los empleados y, como no había taxis, tranvías, ni autobuses, mucha gente, desesperada, se paraba al borde de las aceras, esperando el paso de algún raro automóvil particular que quisiera por favor llevarla. Al detenernos en un cruce, nos hizo señas para que la recogiésemos una muchacha bonita y elegante, que estaba en el filo de la acera. El buen señor que me servía de taxista me miró sonriente, pidiendo mi aquiescencia, y yo, al ver aquella chica tan graciosa, di gustoso mi conformidad.

—¿Para dónde va usted? —me preguntó la muchacha.

—Voy hacia la estación del Norte.

—¡Qué lástima! Yo tengo que ir en otra dirección.

—¡Caramba! Pues lo siento...

—Y yo...

Nos quedamos los dos un momento pensando si teníamos algún pretexto para cambiar de ruta y emparejarnos, pero la verdad era que no lo teníamos. En aquel crítico instante, una mujer fea, con unas gafas grandes y un chapeo inverosímil, que había estado cazando al vuelo el diálogo, intervino:

—A mí sí me conviene ir hacia la estación del Norte. ¿Quiere usted llevarme?

No era exactamente lo mismo llevar a la muchacha bonita que llevar aquel esperpento; pero no acerté con la excusa a tiempo, y tuve que resignarme a decirle que subiera. Apenas accedí, la fea aquella hizo señas a un gandulazo postinero que estaba unos pasos más allá arrimado a un farol, y con un formulario «usted perdone», se metieron los dos en el auto y me arrinconaron. El taxi partió dejando al borde de la acera a la chica guapa, que me despidió con la más dulce y conmiserativa sonrisa, mientras la vieja de las gafas y su gigoló se hacían carantoñas en mis narices.

Esta ha sido mi gran aventura en París.

OTRA VEZ EN LA LUCHA

Aunque le había dicho a Pagés y a todo el mundo que iba a torear de nuevo, ni la gente lo creía ni yo mismo estaba muy seguro de ello. Dos o tres veces salí de casa para dar un paseo, y maquinalmente los pasos me llevaron a la puerta del sastre que me hace los trajes de torear. Pasé de largo por allí unas cuantas veces, hasta que un día, como el que se tira a un pozo, entré y me encargué dos trajes de luces. Ya era inevitable. Me fui a Andalucía y empecé el entrenamiento. Estoy convencido de que si todavía toreo es sencillamente por la sugestión del entrenamiento, que empieza siendo un agradable ejercicio campero y termina por llevarme insensiblemente a la plaza. Mi ganadería me sirve para entrenarme cómodamente. Hago la faena de la tienta poco a poco y toreando gradualmente; empiezo toreando un par de vaquillas, las más pequeñas y suaves; sigo aumentándome la ración de día en día; me habitúo a las reses grandes y de peligro y termino matando dos o tres toros pocos días antes de presentarme al público.

Una de las cosas más penosas del oficio es el acostumbrarse al traje de luces. Pesa mucho, y solo cuando está uno habituado a llevarlo se puede valer estando embutido en él. Por eso, las últimas etapas de mi entrenamiento suelo hacerlas vestido de torero. Esta vez ocurrió que, cuando estaba toreando en el campo, una vaquilla dio un puntazo a un muchacho del cortijo, y tuvimos que llevarlo rápidamente al pueblo para que lo curasen. Me puse al volante vestido de torero, y así anduve por el pueblo buscando al médico, con gran estupefacción de los vecinos, que debieron tomarme por loco.

Comencé la temporada toreando en la plaza de Nimes, a la que acudieron millares de aficionados de todo el Mediodía de Francia. Recuerdo que aquella tarde, cuando estaba ya vestido para ir a la plaza, vino el empresario y, al verme con el capote al brazo, me dijo:

—Ahora es cuando de veras creo que vuelve usted a torear.

Yo, que sabía cómo andaba la procesión por dentro, le contesté:

—Pues ahora es precisamente cuando yo no lo creo.

El miedo no me ha abandonado nunca. Es siempre el mismo. Mi compañero inseparable.

EL DINERO DEL TORERO

Me encontré otra vez en la lucha de siempre, cogido por el engranaje de las corridas y con más angustia y dificultad que nunca. Los públicos me recibían bien, pero con cierta reserva. Tenían la preocupación de juzgar fríamente si iba a robar el dinero o a ganármelo de verdad, jugándome la vida. El torear era cada vez más duro y la responsabilidad mayor. El eje de las corridas era yo; en las plazas me encontraba siempre con veinte mil pupilas espiando celosas cualquier fallo de mi voluntad o de mi destreza. Eran implacables, porque el hecho de que yo cumpliese pundonorosamente les parecía inverosímil, contrariaba la composición de lugar que se habían hecho, y, además, porque habían pagado caras sus entradas.

La Capitana, el cortijo de Belmonte en Utrera. Cancela de forja que da acceso a las habitaciones del torero.

En estas dos últimas temporadas, no sé si por esto o porque la psicología del aficionado a toros ha cambiado, he tenido la impresión de que la gente iba a ver las corridas con un papel y un lápiz para ajustarle la cuenta al torero. Al público, la participación del torero en la empresa le preocupaba más de lo que puede creerse, y se da el caso de que durante la lidia, el espectador está pensando, más que en lo que el torero hace, en el tanto por ciento que le corresponde en la ganancia del festejo. Ya no se pregunta cómo ha quedado el matador, sino cuánto dinero ha cobrado. Antes, los aficionados comentaban si se toreaba con la derecha o con la izquierda, pero ahora lo que preocupa al espectador es el aforo de la plaza, la entrada que ha habido y el importe de la participación del torero. Esto hace que el público actual sea mucho más reacio al entusiasmo. Claro es que cuando el aficionado ve en el ruedo algo que le emociona, tira el papel y el lápiz, se olvida del aforo y del tanto por ciento y se rompe las manos aplaudiendo.

Esta preocupación universal por el dinero del torero es lo más enojoso del oficio. Como los tiempos son malos y nadie gana bastante, ganar fuertes sumas a la vista del público y echándole a uno las cuentas todo el mundo es fastidiosísimo. Sobre todo, porque al torero se le ajustan las cuentas de lo que cobra, pero no de lo que paga. El dinero del torero rueda y salta escandalosamente. A mí no me es lícito, por ejemplo, echar cuentas, regatear ni discutir en ninguna transacción.

—¡Pero a usted qué más le da! —me dicen, invariablemente.

Este pintoresco concepto del dinero del torero está tan arraigado que hasta el mismísimo Estado lo comparte. Hace poco quise impugnar unas tarifas de contribuciones que me habían impuesto arbitrariamente. Me quedé estupefacto cuando oí al recaudador que me decía como todo el mundo:

—Pero, hombre, a usted, ¿qué más le da? ¡Si con torear un par de corridas más tiene todos los problemas resueltos!

Y por esto sí que no paso. Me niego a que el Estado y el Municipio y la Diputación tengan ese concepto liberal de mi dinero. Pase que haya que torear para ayudar a unos infelices que, a fin de cuentas, forman el pedestal del torero. ¡Pero me niego a dar una sola verónica en beneficio del Estado!

XXV

UNA TEORÍA DEL TOREO
Epílogo

Soy un mal teorizante. Ni sé contar lo que le hago a los toros ni acertaré a exponer una discreta teoría del toreo que cualquiera de los avisados exégetas del arte taurino haría seguramente mejor que yo; pero al llegar al término de estas Memorias mías me creo en el caso forzado de hablar, siquiera sea a la ligera, de cómo entiendo y practico mi arte.

El toreo es una de las pocas actividades que pueden permitirse en España el lujo de tener a su servicio un perfeccionado aparato de crítica. Existen el teórico y el doctrinario del arte taurino, con más profusión quizá que los del arte pictórico, musical o literario. La cosa es sencilla. Los toros son una actividad que moviliza una masa de opinión más voluminosa que la que ponen en juego las bellas artes, y la densidad social y económica de la fiesta permite la existencia del buen crítico, el exégeta meticuloso y el teorizante documentado, elementos costosos que solo un arte rico y floreciente puede costearse. Creo que, mientras no se vendan muchos cuadros, no puede haber buenos críticos de pintura, como es difícil la subsistencia de una crítica literaria considerable mientras los libros de versos amarilleen al sol en los carritos de los vendedores ambulantes.

No quiere esto decir que los críticos de toros sean venales. Es sencillamente que una actividad sin cierto volumen de asistencia social, y que a duras penas puede sostener a sus practicantes, mal podría producir y sostener a sus críticos.

La venalidad de los revisteros, que a cartas descubiertas hacen sus revistas a la medida del torero que las paga, y el acoso de los agentes de propaganda con sus modernos sistemas de *réclame*, es una cuestión secundaria que no tiene nada que ver con el arte ni con la crítica. El único problema es que para los toreros esa moderna propaganda es ruinosa, y llegará un momento —creo que ya ha llegado— en el que torear no sea negocio.

La crítica es otra cosa. Es posible que haya críticos, tales críticos, que sean venales. Pero yo no les he conocido. Me he negado sistemáticamente a conocerlos. Y, personalmente, he sido incapaz de corromper o sobornar a ninguno. No hay uno solo que pueda decir que yo le he dado dinero. Por principio, me resisto a conocer a personas honorables a las que haya que pagar unos servicios que no pueden ser cobrados a la luz del día.

Recuerdo que en una ocasión mi apoderado me habló de la conveniencia de que yo mismo diese cierta cantidad a un crítico influyente. Me negué. Si realmente era un hombre honesto que escribía de toros lo que honradamente le parecía, yo no era capaz de intentar su soborno. Si era un revistero más de los de a tanto la línea o un discreto agente de propaganda, que se entendiese con el apoderado o el mozo de estoques. No he reconocido nunca la existencia de ese hombre al que hay que darle dinero, pero «sin que se entere nadie». En cambio, he aceptado siempre con cristiana resignación que mi apoderado, aquel pintoresco Juan Manuel, me hablase de que «había que untar» —era su frase— a Fulano y a Mengano. Allá él con el negociado de propaganda. Lo que no he querido nunca ha sido las mixtificaciones. En aquel caso a que me refiero, me dijo Juan Manuel que el crítico de referencia era de los que recibían subsidios, pero con la condición de que «no podía saberlo nadie».

—Cuando vayas a San Sebastián —me dijo Juan Manuel—, allí estará él; te haces el encontradizo y le das tal cantidad.

—Yo no me atrevo a eso —le repliqué—. Ese señor puede ofenderse, y además me parece ofensivo para mí.

—¡Bah! ¡No tengas miedo!

—¿Pero no dices que ese señor tiene fama de ser un hombre íntegro?

—No seas cándido; ese señor es como tantos otros. La única diferencia que tiene con los demás es que quiere nadar y guardar la ropa.

—Pero atiende, Juan Manuel —le repliqué—, si ese señor es realmente un hombre íntegro, yo no soy capaz de ir a sobornarlo, y si es un sinvergüenza, precisamente para tratar con sinvergüenzas así, te tengo a ti. De manera que arréglatelas como puedas.

Aparte estas corruptelas de la propaganda, que he querido mencionar únicamente para que no pueda parecer que eludo en mis Memorias toda referencia a los bastidores del mundillo taurino y que finjo farisaicamente una completa ignorancia de la fauna picaresca que medra en torno a la tauromaquia, debo reiterar mi estimación y el alto concepto en que tengo a los teóricos del toreo, que los hay verdaderamente admirables. Gracias a ellos se ha llegado a un grado de perfección en el arte difícilmente superable. Creo que la fiesta de los toros ha conseguido tener una literatura propia meritísima y que, por lo tanto, todo lo que yo, torero únicamente, pueda decir sobre el arte de torear no tiene más valor que el de una experiencia personal, todo lo importante que se quiera, pero, naturalmente, limitada.

LA TÉCNICA DEL TOREO CAMPERO

Mucha gente profana y, lo que me extraña más, algunos profesionales, han puesto en duda lo que en estas Memorias he referido sobre el toreo campero, por lo que quiero dar algunas indicaciones precisas sobre su técnica. Estas indicaciones pueden ser oportunas precisamente ahora porque, según me han dicho algunos ganaderos amigos, la evocación que he hecho en mi biografía de aquellos tiempos heroicos de Tablada, ha resucitado entre los muchachillos aficionados a los toros de Sevilla el anhelo de irse a torear al campo durante la noche, cosa que hacía ya muchos años no se practicaba. Y aunque mis amigos los ganaderos no me lo agradezcan, quiero decirles a los muchachos de hoy cómo se torea en campo abierto o, por lo menos, cómo conseguíamos torear los siete torerillos de San Jacinto que íbamos a Tablada durante la noche.

Es verdad, y todo el mundo lo sabe, que el toro en campo abierto no embiste; solo suele embestir el toro abochornado, es decir, el que se separa de la piara después de una pelea. También se arrancan casi siempre las vacas paridas; pero lo normal es que el toro, en el campo, no acuda al reto del torero.

Se decide el toro a embestir solo cuando se le fuerza a ello, cuando no tiene más remedio, cuando está ya cansado de rehuir la pelea. Para que la acepte hay que cansarle antes y llevarle a la convicción de que atacar es la única salida que le queda. Ahora bien, cansar a un toro corriendo en campo abierto es prácticamente imposible para un hombre solo, porque el hombre se cansará siempre antes que el toro. Para cansarle y obligarle a embestir, nuestra cuadrilla ponía en juego una hábil estrategia.

Cuando en su marcha por el campo se encuentra el toro con un presunto enemigo, se limita a dar media vuelta y emprender la retirada a favor de querencia. Se la cortábamos desplegándonos en guerrilla a lo largo de la línea de querencia que suponíamos había de seguir el animal. Formábamos una especie de valla humana alzada ante el toro en su camino natural. Al primer torerillo que le salía al paso, el toro le volvía grupas y, describiendo un semicírculo en torno suyo, procuraba eludir el obstáculo y volver a coger su camino. Pero cuando volvía a hallarse en su ruta, se encontraba con un segundo torerillo que le hacía desviarse nuevamente. Y tras aquel aparecía otro y otro, todos jalonados a lo largo de la querencia del animal. El primer torerillo que había desviado al toro de su ruta, apenas conseguido su objeto, echaba a correr diagonalmente, y conseguía ganarle la vez al toro, que tenía que ir dando rodeos a los demás toreros, y cuando desbordaba al último se encontraba de nuevo con el primero. Así hacíamos una cadena que nos permitía ir corriendo al toro a lo largo de la dehesa, sin demasiada fatiga, y cansarlo antes de que nos cansásemos nosotros.

Cuando el animal, rendido, se irritaba y presentaba al fin batalla, el torerillo que sufría la embestida tenía la obligación de aguantarla a cuerpo limpio y sujetar al animal sorteando sus acometidas hasta que nos juntábamos todos y comenzábamos la lidia. A veces, cuando la res era pequeña o de media sangre, el que conseguía pararla tenía el deber de embarbarla, doblarle el cuello para hacerla caer y sujetarla así hasta que los demás llegásemos. El toro, cogido de cierta manera, pierde toda su fuerza, y cae fácilmente para no poder levantarse mientras con un mediano esfuerzo se le sujeta. Entonces hacíamos el corro y lo toreábamos hasta que el pobre animal, agotado, se aculaba y dejaba de embestir.

Nuestra técnica en esta cacería del toro llegó a ser perfecta. Recuerdo que uno de los guardas de Tablada, gran conocedor del ganado, se resistía a creer que pudiésemos torear en campo abierto, y para convencerse se prestó a que en sus mismas narices y con su aquiescencia hiciésemos un día una exhibición de nuestro sistema cuya práctica le parecía imposible.

No creo, sin embargo, que hubiésemos inventado nada. Aquel acoso a la bestia por parte de unos hombres que solo disponían de la agilidad de sus piernas, la fuerza de sus brazos y su inteligencia, era seguramente el mismo procedimiento que seguía hace miles de años el hombre primitivo que, descalzo y desnudo como nosotros, acosaba al toro en las marismas para cazarlo y comérselo. Así debió ser el toreo primitivo, el que tal vez practicaran los mitológicos pobladores de la Atlántida.

De lo que se trataba era de apoderarse del toro y comérselo.

LA DECADENCIA DEL TOREO

Hoy, al cabo de miles de años, todos nos comemos el toro. La bestia está dominada y vencida. Y, naturalmente, el toreo está en franca decadencia. Se ha logrado todo lo que se podía lograr. El toro no tiene hoy ningún interés. Es una pobre bestia vencida. No se trata, claro es, de apoderarse del toro para comérselo, sino de apoderarse de él para jugar graciosamente con sus ciegos instintos, produciendo un espectáculo de emoción y belleza. Pero hasta esto se ha conseguido ya de manera tan perfecta, que las corridas interesan cada vez menos. A este dominio se ha ido llegando por sucesivas etapas. Yo fui, acaso, una de ellas. Después de mí ha habido otras. Cada vez, el pobre toro está más absolutamente dominado. En la actualidad, el torero hace lo que le da la gana con el toro. Cada día se ha avanzado un paso. Si un torero después de unos lances agarra al toro por el pitón, otro torero viene tras él y lo agarra sin haberlo toreado, cuando el animal, al salir del chiquero, tiene todo su brío. Más tarde viene otro y coge al toro por una oreja, y, finalmente, aparece uno que lo sujeta por el morrillo. Ya no falta más que emprenderla a mordiscos con la pobre bestia y comérsela viva. Por este camino, la lidia se convertirá fatalmente en un espectáculo de circo al modo moderno, es decir, desustanciado. Subsiste la belleza de la fiesta; pero el elemento dramático, la emoción, la angustia sublime de la lucha salvaje se ha perdido. Y la fiesta está en decadencia.

La técnica del toreo es cada vez más perfecta. Se torea cada día mejor, más cerca, más artísticamente. Como no se ha toreado nunca. Hay en la actualidad muchos toreros de un mérito insuperable. Con cualesquiera de los toreros de hoy se podría formar una pareja de «ases» como aquellos famosos que hace treinta o cuarenta años entusiasmaban a las multitudes. Y, sin embargo, los toros tienen cada día menos interés.

EL TORO DE LIDIA

A medida que el arte de torear ha ido evolucionando y perfeccionándose en un sentido de dar mayor belleza a la fiesta, el toro, que primitivamente era una bestia ilidiable y que carecía de las condiciones indispensables para que el torero ejerza su arte tal como hoy lo entendemos, ha ido también evolucionando, aprendiendo a ser toreado, pudiéramos decir. El toro es hoy un ser tan cultivado, tan culto en la especialidad a que le consagra el Destino, como un profesor de Filosofía en la suya, y se diferencia tanto de la originaria bestia de las marismas del Guadalquivir o de la desaparecida Atlántida como el torero se diferencia del hombre que salía desnudo e inerme a cazar a la fiera para comérsela.

Esta es la verdad. Los toros de lidia son hoy un producto de la civilización, una elaboración industrial estandarizada, como los perfumes Coty o los automóviles Ford. Se fabrica el toro tal y como los públicos lo quieren. Merced a una lenta y penosa labor selectiva, los ganaderos han conseguido satisfacer los gustos del público soltando en los ruedos unos toros que son perfectos instrumentos para la lidia. Creo que en la fabricación del toro se ha llegado ya al Stradivarius.

No quiere esto decir que los toros que se lidian actualmente sean inferiores en riesgo, poder y bravura a los que se lidiaban antes. Afirmar que los toros de hoy son inofensivos, es una solemne paparrucha. No es verdad que el ganadero, con sus selecciones y cruzamientos, haya procurado eliminar el peligro. De lo que se ha tratado es de polarizarlo en la dirección que la lidia requiere. El toro no ha perdido poder. Tiene hoy tanto empuje como tenía hace medio siglo.

Los que evocan melancólicamente aquellas corridas en las que un toro tumbaba y dejaba despanzurrados en la arena seis u ocho caballos, no tienen en cuenta que el peto, que positivamente salva las vidas de las pobres bestias, impide, además, que el toro derribe con la misma facilidad que antes. Se cree que el toro tiene ahora menos fuerza porque en el encuentro con el caballo no lo derriba fácilmente; pero es que lo que antes hacía caer al caballo no era el empujón de la res, sino la herida que el cuerno le abría en el vientre. En otras épocas, los toros que se lidiaban estaban criados a yerba, no a grano, como hoy, y ocurría que en el mes de mayo «cuando los toros son bravos, / los caballos corredores...» como dice el romance, se lidiaban toros fuertes y con mucho poder; pero el resto del año, las pobres bestias que salían a los ruedos no podían con el rabo. Un torito, mantenido hoy a fuerza de pienso, tiene más empuje cuando sale a la plaza para ser lidiado en el mes de noviembre que los toros que se lidiaban en mayo hace treinta años.

El toro sigue siendo la misma fiera potente y bien armada que era antes. Lo único que se ha hecho ha sido cultivarla, para que la lidia resulte más bella. No es verdad que se le haya quitado bravura. El toro actual acomete muchas más veces que el antiguo, aunque es verdad, tira menos cornadas. Dudo que un toro de los que antes se lidiaban, pueda resistir las faenas durísimas que hoy se hacen, con el número de lances de capa que el público exige, los petos, los inevitables quites y la cantidad de pases de muleta que habitualmente se dan. No se le ha quitado bravura al toro. Se le ha quitado nervio. El nervio no sirve más que para dificultar la lidia, y el espectador quiere, ante todo, ver lidiar.

Lo que se ha hecho es ir elaborando por selección el toro más apto para que las corridas sean más brillantes, pero no menos peligrosas. Con la edad de los toros ocurre algo semejante. El toro de tres años es tan peligroso como el de cinco; pero, eso sí, más susceptible de ser lidiado con brillantez. El público no quiere toros ilidiables. Yo he visto al público de una plaza levantarse en masa, llamándome suicida, porque me obstinaba en torear un animal que, a juicio de la multitud, no reunía condiciones de lidia. Aquellas ganaderías que se hicieron famosas por la dificultad con que se lidiaban sus reses, han ido desapareciendo, no porque el torero las rehuya, sino porque el público tampoco las quiere. ¿Qué aficionado iría hoy a ver una corrida de Palha? ¿No es bastante significativo el hecho de que la ganadería de

Santa Coloma haya sido vendida para carne? ¿Qué les ha ocurrido a las de Parladé, Saltillo y tantas otras?

El público quiere el toro fácilmente toreable. Por eso se prefiere el toro de tres años. La razón de esa preferencia es obvia. Se presta más a la lidia, sencillamente porque embiste por derecho. Al toro, hasta que no va siendo viejo, no se le abre del todo la cornamenta, ni sabe tirar derrotes. El novillo tiene las puntas de los pitones hacia adelante, y por eso está acostumbrado a herir embistiendo recto. Más tarde, cuando ya el toro ha vivido largamente en la dehesa, y en sus luchas con los demás toros ha aprendido a pelear y sabe que tirando derrotes a diestro y siniestro se defiende mejor que dejándose llevar de su noble instinto, es cuando el toro, ya con la cuerna abierta, cornea de otra forma.

Pero el toro viejo y experto no sirve para la lidia que el gusto del público impone.

PORVENIR DE LA LIDIA

A mi juicio, no hay más que dos salidas: o el público sigue siendo partidario de las corridas vistosas y la lidia afiligranada, exacta e igual, a que se ha llegado, o hay que volver atrás, dar armas al enemigo, acumular dificultades en el toro en vez de quitárselas. Pongámonos a lidiar toros viejos, resabiados, broncos, ilidiables. La fiesta quizá vuelva a encender así los antiguos apasionamientos; pero entonces, ¡adiós la torería actual!, ¡adiós la filigrana y la maravilla del toreo! ¡Volveremos a los tiempos en que se cazaba el toro como buenamente se podía!

Yo no sé si el aficionado de hoy se divertiría viendo torear como toreaba Pepe-Hillo. Creo sinceramente que no. Como creo también que toros como los que Pepe-Hillo mataba no los torearían como acostumbran los toreros de ahora y, es más, el mismo público los devolvería a los corrales por considerarlos ilidiables.

Esta es, según mi leal saber y entender, la situación en que el arte de lidiar toros se halla. El público dirá lo que prefiere, y los toreros se jugarán la vida por conquistar su aplauso en el terreno y en las condiciones que el gusto de la muchedumbre exija. Es lo que ha ocurrido siempre y lo que seguirá ocurriendo.

Para mí, aparte estas cuestiones técnicas, lo más importante en la lidia, sean cuales fueren los términos en que el combate se plantee, es el acento personal que en ella pone el lidiador. Es decir, el estilo.

El estilo es también el torero. Es la versión que el espectáculo de la lucha del hombre con la bestia, viejo como el mundo, toma a través de un temperamento, de una manera de ser, de un espíritu. Se torea como se es. Esto es lo importante. Que la íntima emoción traspase el juego de la lidia. Que al torero, cuando termine la faena, se le salten las lágrimas o tenga esa sonrisa de beatitud, de plenitud espiritual que el hombre siente cada vez que el ejercicio de su arte, el suyo peculiar, por ínfimo y humilde que sea, le hace sentir el aletazo de la Divinidad.

«YO HE NACIDO ESTA MAÑANA»

Las temporadas de 1934 y 1935 están tan cerca que me falta perspectiva para referirlas. Estoy demasiado metido en la lucha todavía para que pueda hablar de ellas con serenidad. El año pasado toreé treinta y tantas corridas y me cogieron los toros catorce o quince veces. Fue una dura pelea. Las circunstancias en que ahora salgo a torear son las más desfavorables. El público, atraído por el carácter de acontecimiento que tiene mi presentación, acude a verme esperando algo maravilloso y sobrenatural, y por mucho que yo haga, siempre será inferior a lo que de mí se espera. Esta disposición de ánimo de los espectadores me hace no explicarme nunca a satisfacción las reacciones que en el público provoca mi toreo. La verdad es que en los últimos tiempos no sé nunca por qué me aplauden ni por qué me gritan. Ajeno a la actitud del público, a veces excesivamente severa y otras demasiado entusiástica, he seguido toreando por una íntima convicción que me lleva fatalmente a los ruedos a seguir cumpliendo mi deber. Terminé en este estado de ánimo la anterior temporada, y al empezar esta, un toro me cogió en Palma de Mallorca y me partió la clavícula. Al día siguiente de la cogida me llamó por teléfono un amigo y me dijo:

—Siento mucho que el toro te haya partido la clavícula derecha y siento también que no te haya partido igualmente la clavícula izquierda y el esternón. ¡A ver si así dejas de torear!

La misma esperanza tenían mi familia y algunos otros amigos, por lo que tuve la impresión de que con aquel afán de seguir toreando me estaba haciendo pesado, me obstinaba en seguir enconadamente una lucha de la que ya había que echarse fuera. Pensé que había llegado al final. Decidí acabar la temporada cumpliendo los compromisos que tenía contraídos y meterme en mi casa. Con esta íntima resolución salí a torear las últimas corridas, pero como si el azar se obstinase en contrariar mis propósitos o tal vez porque mi última y más escondida voluntad se rebelase contra la certeza de un término definitivo a mi vida de torero, experimenté en las últimas corridas, que ya por compromiso toreaba, un renacimiento triunfal que culminó en la corrida del 22 de septiembre en Madrid. Esta corrida y la que después toreé en Sevilla han sido para mí como un ocaso con resplandores de aurora. Y me han procurado el inefable bien de acabar como empezaba y de dejarme margen para hacerme la ilusión de que empiezo ahora. Porque la verdad es que yo he nacido esta mañana.

Todas estas historias viejas que me ha divertido ir recordando palidecen y se borran a la clara luz de la mañana de hoy que entra por los cristales del balcón. Todo esto que he contado es tan viejo, tan remoto y ajeno a mí, que ni siquiera creo que me haya sucedido. Yo no soy aquel muchachillo desesperado de Tablada ni aquel novillerito frenético, ni aquel dramático rival de Joselito, ni aquel maestro pundonoroso y enconado...

La verdad, la verdad, es que yo he nacido esta mañana.

Este libro se terminó de imprimir, por encargo de la editorial cordobesa Almuzara, el 8 de abril de 2025, fecha que conmemora el sesenta y tres aniversario del fallecimiento de Juan Belmonte García, el revolucionario del toreo que transformó los cánones del arte taurino. Fue en la docta Córdoba —cuna de califas del toreo— donde el Pasmo de Triana se presentó por última vez ante el público, vestido de luces, aquel 15 de noviembre de 1936, en plena Guerra Civil. Este cartel excepcional reunió a maestros de distintas generaciones, con figuras como el rejoneador cordobés Antonio Cañero y el propio Belmonte.